本书受到国家社会科学基金一般项目"精准扶贫背景下农村贫困户获得感的测度与提升对策研究"（18BGL225）的资助

精准扶贫背景下
农村贫困户获得感测度
与提升对策研究

杨道田 ◎ 著

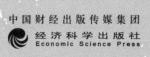

中国财经出版传媒集团

经济科学出版社
Economic Science Press

·北 京·

图书在版编目（CIP）数据

精准扶贫背景下农村贫困户获得感测度与提升对策研
究/杨道田著 . -- 北京：经济科学出版社，2024. 12.
ISBN 978－7－5218－6396－3

Ⅰ. F323. 8

中国国家版本馆 CIP 数据核字第 20243U5Q68 号

责任编辑：顾瑞兰
责任校对：蒋子明
责任印制：邱　天

精准扶贫背景下农村贫困户获得感测度与提升对策研究

杨道田　著

经济科学出版社出版、发行　新华书店经销

社址：北京市海淀区阜成路甲 28 号　邮编：100142

总编部电话：010-88191217　发行部电话：010-88191522

网址：www. esp. com. cn

电子邮箱：esp@ esp. com. cn

天猫网店：经济科学出版社旗舰店

网址：http：//jjkxcbs. tmall. com

固安华明印业有限公司印装

710×1000　16 开　15 印张　240 000 字

2024 年 12 月第 1 版　2024 年 12 月第 1 次印刷

ISBN 978－7－5218－6396－3　定价：69. 00 元

（图书出现印装问题，本社负责调换。电话：010－88191545）

（版权所有　侵权必究　打击盗版　举报热线：010－88191661

QQ：2242791300　营销中心电话：010－88191537

电子邮箱：dbts@ esp. com. cn）

总　序

习近平总书记在哲学社会科学工作座谈会上指出，一个国家的发展水平，既取决于自然科学发展水平，也取决于哲学社会科学发展水平。坚持和发展中国特色社会主义，需要不断在理论和实践上进行探索，用发展着的理论指导发展着的实践。在这个过程中，哲学社会科学具有不可替代的重要地位，哲学社会科学工作者具有不可替代的重要作用。

习近平新时代中国特色社会主义思想，为我国哲学社会科学的发展提供了理论指南。党的十九大宣告："经过长期努力，中国特色社会主义进入了新时代，这是我国发展新的历史方位。"中国特色社会主义进入新时代，意味着近代以来久经磨难的中华民族迎来了从站起来、富起来到强起来的伟大飞跃。新时代是中国特色社会主义承前启后、继往开来的时代，是全面建成小康社会、进而全面建成社会主义现代化强国的时代，是中国人民过上更加美好生活、实现共同富裕的时代。

江西财经大学历来重视哲学社会科学研究，尤其是在经济学和管理学领域投入了大量的研究力量，取得了丰硕的研究成果。财税与公共管理学院是江西财经大学办学历史较为悠久的学院，学院最早可追溯至江西省立商业学校（1923 年）财政信贷科，历经近百年的积淀和传承，现已形成应用经济和公共管理比翼齐飞的学科发展格局。教师是办学之基、学院之本。近年来，该学院科研成果丰硕，学科优势凸显，已培育出一支创新能力强、学术水平高的教学科研队伍。正因为有了一支敬业勤业精业、求真求实求新的教师队伍，在教育与学术研究领域勤于耕耘、勇于探索，形成了一批高质量、经受得住历史检验的成果，学院的事业发展才有了强大的根基。

为增进学术交流，财税与公共管理学院推出面向应用经济学科的"财税文库"和面向公共管理学科的"尚公文库"，遴选了一批高质量成果收录进两大文库。本次出版的财政学、公共管理两类专著中，既有资深教授的成果，也有年轻骨干教师的新作；既有视野开阔的理论研究，也有对策精准的应用研究。这反映了学院强劲的创新能力，体现着教研队伍老中青的衔接与共进。

繁荣发展哲学社会科学，要激发哲学社会科学工作者的热情与智慧，推进学科体系、学术观点、科研方法创新。我相信，本次"财税文库"和"尚公文库"的出版，必将进一步推动财税与公共管理相关领域的学术交流和深入探讨，为我国应用经济、公共管理学科的发展做出积极贡献。展望未来，期待财税与公共管理学院教师，以更加昂扬的斗志，在实现中华民族伟大复兴的历史征程中，在实现"百年名校"江财梦的孜孜追求中，有更大的作为，为学校事业振兴做出新的更大贡献。

江西财经大学党委书记

2019 年 9 月

前　言

　　贫困是人类社会面临的重要难题之一，反贫困始终关系到国家发展和民生福祉。党的十八大以来，党中央和国务院把农村扶贫开发摆在更加突出的位置，并确立精准扶贫、精准脱贫作为基本方略。2020年，我国脱贫攻坚成果卓著，832个贫困县全部退出和成功摘帽，5575万农村贫困人口得以脱贫，我国决战脱贫攻坚取得决定性胜利。党的二十大报告强调，"我们深入贯彻以人民为中心的发展思想，人民群众获得感、幸福感、安全感更加充实、更有保障、更可持续，共同富裕取得新成效"。

　　2015年2月，习近平总书记首次在中央全面深化改革领导小组第十次会议上提出"要让人民群众有更多获得感"。"获得感"一词的提出，深刻体现了坚持以人民为中心的共享发展理念，成为衡量改革发展成效的新标准和新要求。党的十九大报告进一步明确指出，要"使人民获得感、幸福感、安全感更加充实、更有保障、更可持续"。党中央推进精准扶贫、精准脱贫，加强农村贫困治理，并持续推进巩固拓展脱贫攻坚成果同乡村振兴有效衔接，就是要不断保障和提升农村贫困人口的获得感。因此，立足我国扶贫开发的时代背景，开展农村贫困人口获得感的测度与提升研究，是近年来扶贫开发实践中的一个亟待解决的重大现实课题。

　　本书的研究通过汲取不同学科、理论资源和营养，坚持以人民为中心的发展思想，以中国特色反贫困理论为指导，以需求满足层次理论为直接依据，参照借鉴相反相成的相对剥夺感理论、相关相近的顾客满意度和主观幸福感理论，深刻解析农村贫困户获得感的深刻内涵与特点，基于结构方程模型提出和验证精准扶贫视野下农村贫困户获得感指数模型，进而揭示贫困户期望、感知获得和公平感对农村贫困户获得感的影响及其作用机制，为政府贫困治理策略调整提供决策依据。

农村贫困户获得感是人民获得感的重要组成部分，也是人民获得感的短板。研究农村贫困户的获得感可以补齐短板的同时扩展对人民获得感的认识深度和广度。农村贫困户获得感主要可从经济获得感、民生获得感、政治获得感三个维度来测度，测度水平的高低会对扶贫成效评价及政府信任产生有效的激励和导向作用。本书通过预调查和正式调查的数据分析，探索和验证了农村贫困户获得感测度模型的科学性和有效性，找出了影响农村贫困户获得感的关键影响因素及其对政府信任的驱动效应，较好地解释了获得感的生成和作用机理，为政府扶贫开发和乡村振兴提高农村人口获得感改进策略提供具有实际价值的启示和参考。

本书是对农村贫困户获得感知及获得感测度所作的实证研究。首先，对本书的研究背景、意义和目的等进行了分析。其次，对贫困户获得感知（需求满足）和获得感传导机制等有关问题进行了回顾，在已有研究成果的基础上，提出农村贫困户获得感指数模型。该概念模型主要包括获得感的前置因素和后置变量。再次，本书在文献评论和访谈研究的基础上，提出了获得感知（需求满足）概念的多维度及其他获得感各个结构变量间关系的研究假设，通过实证研究，验证模型的合理性，并检验研究假设是否成立。基于需求满足的精准扶贫策略提升贫困户获得感案例，进一步深层次分析和总结了贫困户获得感形成的基本模式和经验。最后，在此基础上得出结论和对于我国贫困治理绩效的贫困户获得感提升的启示和管理借鉴。

全书由 9 章构成，具体结构安排是在上述技术路线的基础上，按照一定的逻辑进路和研究步骤推进。具体包括：第 1 章是关于本书的缘起、背景情况、国内外研究现状、研究目的和意义、研究方法和工具等方面的内容介绍。第 2 章是有关概念的界定和理论基础介绍。主要内容包括有关概念的定义、辨析及其维度构成，农村贫困户获得感的理论基础、形成机理和测评工具等方面的介绍和讨论。第 3 章是有关研究设计和方法的介绍。首先是概念模型的构建，共提出 7 个研究假设；接着是概念的操作化，测评工具及开发应用，实证研究步骤和获得感调查执行情况，分析方法和工具介绍以及结构方程模型简介等内容。第4章是对预调查数据的探索性研究。内容包括预试研究样本概况，感知获得维度的探索性因子分析，预试问卷总体质量评价，以及基于预试数据对概念模型的初步验证和概念模型的相关修正情况。第5章是有关正式调查数据的资料分析和模型检验的结果。内容包括正式调查研究样本概况，开展正式调查问卷质量评价，对感知获得维度的验证性因子分析，农村贫困户获得感的测量模型评价和结构模型检验，假设关系验证以及获得感指数模型的计算等内容。第6章是数据量化统计分析与应用。内容包括对各个观测变量或指标的描述性统计分析和对获得感指标的重要性—获得感矩阵分析。通过对正式调查获得的数据进行描述统计分析和推论统计分析，以及基于《中国住户调查年鉴》和CSS2021的数据分析，得出2020年以来中国农村居民获得感水平和特征。第7章是基于需求满足的精准扶贫提升贫困户获得感案例研究。从精准扶贫领域选取了4个典型案例，分别从提升农村贫困户的经济获得感、民生获得感、政治获得感和公平获得感等方面提炼，比较和形成基本模式和经验。第8章是提升农村居民获得感的基本路径与对策建议。分别从精准扶贫视野下提升农村居民获得感的路径与对策，以及乡村振兴和共同富裕背景下农村居民获得感提升路径研究，进行了政策思考和提供对策建议。第9章是本书的结论部分。总结本书的研究结论与余论，以及对管理实践和应用的参考，概括研究的贡献与不足，提出后续研究展望等。

目　录

第 1 章

导 论

本章主要在对研究选题的由来、研究意义进行阐述的基础上，进一步对相关主题的国内外研究概况进行述评，据此提出本书的研究思路、研究方法和技术路线，以及各个章节基本内容和结构安排。

1.1 研究的缘起

任何一门学科或理论的产生，都是呼唤和回应社会需求的产物，扶贫治理及其治理绩效的获得感研究也不例外。"获得感"研究具有鲜明的时代性和学术价值。精准扶贫背景下农村贫困户获得感的测度研究作为减贫领域研究的重要内容，既是在反贫困理论和评估学等相关学科的沃土里生长发育的，也离不开治贫减贫的奋斗历程和时代背景。因而，对精准扶贫背景下农村贫困户的获得感测度研究具有重要意义。

1.1.1 问题的提出

（1）坚持精准扶贫就是要切实增强贫困群众获得感。消除贫困、实现富裕，是人类千百年来不懈追求的崇高理想，很长时期内也是中国经济社会发展中面临的重大难题。为了进一步提高扶贫成效，我国的扶贫开发政策和扶贫机制在不断优化和完善。2012 年 12 月，习近平总书记到河北省阜平县考察扶贫开发工作时强调"消除贫困，改善民生，逐步实现共同富裕是社会主义的本质要求"。2013 年 11 月，习近平总书记到湖南湘西考察首次提出"精准扶贫"

战略构想，后来还强调精准扶贫"要扶到点上、根上，让贫困群众真正得到实惠"。2013 年 12 月，中办、国办印发《关于创新机制扎实推进农村扶贫开发工作的意见》，明确提出建立精准扶贫工作机制和健全干部驻村帮扶机制的工作要求。2014 年 5 月，国务院扶贫办联合六部委印发《建立精准扶贫工作机制实施方案》，从精准识别、精准帮扶、精准管理和精准考核四个方面对精准扶贫工作作出了全面部署和安排。2015 年 11 月 29 日，中共中央、国务院出台《关于打赢脱贫攻坚战的决定》，指出要"实施精准扶贫方略，加快农村贫困人口精准脱贫"，要"确保我国现行标准下农村贫困人口实现脱贫，贫困县全部摘帽，解决区域性整体贫困"。2017 年 10 月，党的十九大报告进一步强调，"要动员全党全国全社会力量，坚持精准扶贫、精准脱贫，……做到脱真贫、真脱贫"。2019 年 10 月，党的十九届四中全会公报指出，"坚决打赢脱贫攻坚战，巩固脱贫攻坚成果，建立解决相对贫困的长效机制"。2021 年，国务院政府工作报告指出，"2020 年我国决战脱贫攻坚取得决定性胜利，脱贫攻坚成果举世瞩目，5575 万农村贫困人口实现脱贫，832 个贫困县全部摘帽，绝对贫困现象历史性消除"。

2015 年 2 月，习近平总书记在中央全面深化改革领导小组第十次会议上首次提出"要让人民群众有更多获得感"，并在不同场合数十次提及和强调。党的十九大报告进一步明确指出，要"使人民获得感、幸福感、安全感更加充实、更有保障、更可持续"。"获得感"概念的出现，深刻体现了坚持以人民为中心的共享发展理念，成为衡量改革发展成效的新标准和新要求。这与罗兰·彭诺克的观点不谋而合，"评价的注意力应集中在那些能够满足不只是国家自身的需求，而是人类自身的需求。满足人类自身的需求，政策才对人类具有价值，政策才能证明其存在的合理性"[①]。脱贫攻坚，精准是要义。在推动脱贫攻坚中坚持精准施策，以扎实的工作举措推动发展，落实攻坚举措。坚持精准扶贫，就是要让人民群众尤其是农村贫困居民在这场脱贫攻坚战役中全面增强自身的获得感、幸福感、安全感。

因此，从这个意义上来说，如何实现精准扶贫增强"人民获得感"目标，

---

① ［英］罗兰·彭诺克. 政治发展、政治体系和政治产品［J］. 世界政治，1996（18）.

我们需要积极探索和创新的同时，还要参考借鉴国内外有关研究成果，包括从理论、方法和技术等方面学习，再结合我国国情探索出农村贫困户获得感测度的模式和做法，才能有效推进以人民为中心的改革和发展。

（2）贫困户获得感指数将成为衡量贫困治理绩效的重要指标。近 30 年来，"对治理绩效问题的关注是公共管理学科辩论的中心和公共管理学科体系的构架基石"①。扶贫治理成效，一方面可用统计的客观硬指标来测度，另一方面也可从贫困人口主观感受的获得感、满意度等指标测量。提升农村贫困户的获得感是新时代贫困治理的必然要求，有无提升农村贫困户的获得感也应是精准扶贫绩效评估领域需重点关注的问题。2015 年 2 月 27 日，在中央全面深化改革领导小组第十次会议上，习近平总书记提出，"把改革方案的含金量充分展示出来，让人民群众有更多获得感"。同年 10 月，党的十八届五中全会强调，"坚持共享发展，必须坚持发展为了人民、发展依靠人民、发展成果由人民共享，作出更有效的制度安排，使全体人民在共建共享发展中有更多获得感，增强发展动力，增进人民团结，朝着共同富裕方向稳步前进"。"让人民群众有获得感"是检验任何改革含金量的重要标尺。可以说，增强农村贫困户获得感是新时代贫困治理的根本目标和旨归。至此，获得感测度成为近年来评估学领域的一个热门话题之一。在我国，传统的贫困治理成效评价模式，一般采取"上级部门通过听取下级部门的报告及其有关资料来作出评价，缺乏代表机关或权力、立法机关和社会对政府部门的评估与控制"②，"存在单向性和不平衡性"③，需要进一步补充和完善"自下而上"的绩效评价模式，更需要发展新的指标来度量治理绩效水平。评价的价值取向正逐渐从"政府本位"向"公民本位"转变④，体现以人民为中心的发展思想。

自精准扶贫战略实施以来，我国减贫脱贫成绩斐然。2020 年底，经过全党全国各族人民共同努力，我国精准扶贫的最后阶段即脱贫攻坚顺利完成，困扰我们千百年的绝对贫困现象彻底消除，全面建成小康社会成为现实，正式迈

① 卓越. 试论公共管理学科体系的构架基石 [J]. 新视野，2005（3）.

② 周志忍. 公共组织绩效评估：英国的实践及其对我们的启示 [J]. 新视野，1995（5）.

③ 吴建南，庄秋爽. "自下而上"评价政府绩效探索："公民评议政府"的得失分析 [J]. 理论与改革，2004（5）.

④ 杨道田. 公民满意度指数模型研究 [M]. 北京：经济管理出版社，2011.

入中国式现代化建设进程，农村基层群众获得感明显提升。然而值得注意的是，我国精准扶贫实施中仍然存在一些制约农村贫困户获得感提升的因素，包括精细化与碎片化、条块化的矛盾①、"精英俘获"现象②、精准扶贫资源配置的"内卷化"③、"数据脱贫"、扶贫考核"形式化"④ 等，这些问题的存在严重影响了农村贫困户的获得感的提升。虽然当前我国已经全面进入巩固拓展脱贫攻坚成果同乡村振兴有效衔接的阶段，但是农村相对贫困治理还需持续发力，因此围绕精准扶贫背景下农村贫困户获得感的研究，对当前我国农村相对贫困治理的政策实践大有裨益。

相比于传统的客观指标，贫困户获得感（指数）则更多的是站在农村贫困居民的立场，从自身客观收益或感知获得等来对扶贫开发成效、政策效果和服务质量做出测评，可见，贫困户获得感指数作为扶贫成效测度指标将更加具有说服力。提升人民群众获得感，评价的风向标更加凸显以人民为中心，坚持问政于民、问需于民、问计于民。由是观之，贫困户获得感指数必将成为衡量贫困治理成效的重要指标。

（3）我国获得感指数模型的研究较为滞后。由于"获得感"是一个本土性、实践性非常强的政治概念，在国外尚难找到直接的概念对应，因而很有必要上升和转换为理论性、学术性概念，丰富其内涵和理论体系。更重要的是，获得感在实际中应该如何进行测度，指标体系包括哪些内容，获得感的影响因素有哪些，其生成机理如何，有什么影响效应，等等。对这些问题，在国外已有的研究中得不到现成答案，国内学界的回答正在热议和推进之中，研究正如火如荼、方兴未艾，并取得了许多可喜的成果。学者们对"获得感"的提出背景、研究意义、理论内涵、维度构成、实现路径等方面进行了广泛的研究和阐释，也在积极推进相关领域、特定对象的获得感实证研究，构建了

---

① 许汉泽，李小云. 精准扶贫：理论基础、实践困境与路径选择——基于云南两大贫困县的调研[J]. 探索与争鸣，2018（2）：106 –111，143.

② 孙冰清. 精准扶贫实践中"精英俘获"现象及其治理[J]. 领导科学，2018（35）：58 –60.

③ 陈成文，吴军民. 从"内卷化"困境看精准扶贫资源配置的政策调整[J]. 甘肃社会科学，2017（2）：112 –117.

④ 吴晓燕. 精细化治理：从扶贫破局到治理模式的创新[J]. 华中师范大学学报（人文社会科学版），2016，55（6）：8 –15.

测度指标体系，但是针对群体差异较大、指标选取纷呈各异、测量维度不一、理论逻辑含混等现象还不少。不难发现，在我国获得感指数模型方面的研究较为滞后。

众所周知，国内公民评议政府的活动形式最早是从 1998 年开始，从沈阳市"市民评议政府"，到珠海、邯郸、南京、杭州、北京等地，名称虽不尽相同，形色各异，但都属于"自下而上"的政府绩效评估活动，可以说，"公民评议政府"活动已经在我国各地的评估实践中遍地开花，并逐步形成了一种重要模式——公民满意度模式①。在国外，许多国家都纷纷开发了顾客满意度指数模型（CSI），并将之运用于公共部门评价，力图深化公共部门公众满意度的相关测评模型和方法的研究，取得了许多成果。无论是国内的满意度研究还是国外的满意度指数模型研究，都对获得感研究有很好的启发，但究竟获得感和满意度之间有什么关系，能否借鉴满意度形成机理来研究获得感，都需要进一步理论辨析和实证检验。因而加强获得感指数模型研究，并运用于我国的贫困治理绩效评价，就显得十分必要而迫切。

1.1.2 研究意义

1.1.2.1 理论价值

首先，科学论证扶贫成效的获得感评价模式。"在发达国家，评估学已经成为了一门专门的学科，并迅速发展成为超学科的显学。"② 本书从贫困治理成效来看，通过理性考察扶贫成效边际效应递减和农村贫困户获得感钝化的现象，践行"以人民为中心"的发展思想，建构贫困户获得感评价框架，探索扶贫成效评价的主观获得感测度理论和评价体系。显然，从评估的主体角度来说，农村居民尤其是贫困人口是直接受益者，无疑具有根本的选择权、话语权和监督权。贫困户获得感测度及其指数模型构建与操作化，可以作为贫困治理成效评价的重要机制。据此，探讨作为扶贫成效的"一种评价机制和工具的获得感指数模型，无疑可以丰富和深化治理评估的研究主题，提供一个崭新的

---

① 卓越，杨道田. 基于战略的公共部门绩效评估模式构建［J］. 天津行政学院学报，2008（4）.

② ［美］斯塔弗尔比姆，等. 评估模型［M］. 苏锦丽，等译. 北京：北京大学出版社，2007.

视角"①，推进贫困治理理论和扶贫成效评价的本土化进程，成为精准扶贫开发效应的检验标尺。

其次，准确解析贫困户获得感的内涵与形成机理。提升人民获得感，是公共管理理论研究和实践追求的基本目标之一，但如何科学地测度获得感和正确设计评估指标体系，一直困扰着人们。根据贫困户的需求和对美好生活的向往来规划、提供精准扶贫资源配置和服务，并根据农村群众的获得感来评价贫困治理成效，"从而确定政府管理对公众负责、提高服务质量的公共责任机制与运行机制，这是政府绩效评估的宗旨"②。本书的研究，从贫困户需求满足视角出发，通过镜鉴相对剥夺感理论路径和顾客满意度框架，辩证地运用于获得感内涵解析和机理阐释，可有效构建获得感的科学理论，有效挖掘和厘清贫困户获得感的理论内涵和形成机理，构建起农村贫困户获得感测度研究的基本理论范式。

最后，有效拓展贫困户获得感理论的实证研究。一方面，国外公民（顾客）满意度指数模型的研究相对较为成熟，理论研究和实践运用比较广泛，取得了很多成效。"他山之石，可以攻玉。"在此基础上，充分把握当前研究前沿，辩证地吸收借鉴相关研究的国外成果，吸收借鉴相对剥夺感理论模式和顾客满意度指数模型的思路，探索适合我国国情需要的农村贫困户获得感指数模型，在理论上无疑具有丰富的拓展空间和研究价值。另一方面，我国当前理论研究和实践运用中，获得感研究定性和定量的研究都取得一定的成果，但在实证研究方面，对扶贫成效的研究还不够。本书运用结构方程模型的研究方法，力图构建农村贫困户获得感指数模型和实证检验，实现对获得感理论研究的操作化和具体应用，可以有效弥补现有研究成果的不足。

1.1.2.2 实践意义

一是为农村贫困户获得感测度提供可靠工具和手段。在传统发展观和评价观的扬弃基础上，习近平总书记提出的"人民获得感"这一概念，具有重大意义，彰显了以人为本为第一要义，践行了以人民为中心的发展思想。本书运

① 杨道田. 公民满意度指数模型研究 [M]. 北京：经济管理出版社，2011.
② 蔡立辉. 西方国家政府绩效评估的理念及其启示 [J]. 清华大学学报（哲学社会科学版），2003（1）.

用规范研究和实证研究相结合的方法，通过借鉴满意度指数和相对剥夺感等理论框架和模型，结合精准扶贫治理的特点，从贫困户需求满足视角出发，开发出获得感测度量表、问卷和贫困户获得感指数，为精准扶贫成效评价和其他改革发展评价提供实用可靠的测量手段。

二是提出精准扶贫政策优化和机制创新的路线图。本书运用案例研究和定量研究方法，开展农村贫困户获得感的定量测度和政策运用研究，开展农村贫困户获得感测度、诊断和分析，反向思考和矫正精准扶贫战略实施中出现的执行偏差，从贫困户需求满足偏差出发，提出政策优化路线图。

三是分析影响农村贫困户获得感的主要因素和提升对策。本书通过问卷调查和访谈，结合具体案例，准确找出影响获得感钝化迟滞的原因，提出有效增强贫困户获得感的具体对策措施，为政府有关部门调整扶贫政策提供决策咨询依据，为新时期相对贫困治理、乡村振兴和农村贫困户获得感的持续提升提供有效的参考建议。总之，构建适合我国国情的农村贫困户获得感指数模型，符合以人民为中心的发展思想，模型的应用在微观上和宏观上都具有积极的实践运用价值和政策指导功能。

1.2 国内外研究现状

一般而言，要想推进某个方面的研究，必须先准确把握相关研究的国内外概况，站在前人的肩膀上，作出科学、客观的评价，方能找准下一步研究的方向和切入点，推进研究向纵深发展。贫困问题是一个世界性难题，评估学也早已成为一门显学。近年来，针对国内外贫困治理及其绩效评价的相关主题，有着非常丰富的研究文献，为扶贫开发和治理提供了充分的理论指导和经验参考，也为本书的研究奠定了重要基础。

1.2.1 国外相关研究现状

1.2.1.1 关于贫困及其治理的研究

贫困的概念是动态的，不同的时代有着不同的经济社会特征，因此对贫困的定义也有所不同。在国内外对贫困的界定中，早期由于生产力发展水平和国民生活水平较差，所以多以收入、食物支出等指标来衡量。[①] 格雷贝尼克（Grebenik，1942）提出利用收入水平来衡量贫困，认为贫困是指总收入水平无法满足人类获得的最低生活必需品的需求。《1990 年世界发展报告》中指出"贫困是指缺少达到最低生活水准的能力"，而最低生活水准的确定应该考虑日常维持费用、地区经济发展情况及财政状况等因素。随着研究的深入，贫困的认知逐渐"从单一的经济维度拓展到符合多维层面"，阿马蒂亚·森（Amartya Sen，2001）提出了"赋权反贫困理论"，认为"判断一个人是否贫穷不应该只考虑收入水平，而应该根据一个人在实现自己想要的基本物质生活和自由的可行能力，即贫困的实质源于权利的贫困，而不是由于食物供给减少造成的"。乌德亚·瓦格尔（Udaya Wagle，2003）提出，经济状况、能力和社会排斥三个方面都与贫困的解释和衡量有着密不可分的关系。托多和高桥（Todo and Takahashi，2013）通过对印度某些地区的考察发现，人口增长率较高、人均收入低、基础设施不完善、就业率低及贫富差距大等是造成印度贫困的主要原因。阿尔基尔等（Alkire et al.，2017）提出，贫困是由于人类营养、收入、教育、生产条件等多方面的缺失与不足导致。关于贫困的治理，发展经济学认为关键在于促进国家宏观经济增长，福利经济学则基于社会福利水平和分配的视角提出缓解贫困的途径要靠改善社会资源分配。

1.2.1.2　扶贫绩效的相关研究

关于扶贫政策和扶贫效率的评价，最早始于美国 20 世纪 60 年代对约翰逊政府"大社会计划"和"对贫困宣战"各个项目、法案的政策评价。加拉索（Galasso，2005）提出，对扶贫绩效评价，应该采用定性与定量相结合的方法，才能保证扶贫绩效评价方法的合理性与正确性。赛奇（Saich，2010）则主要研究财政资金投入对扶贫成效的影响。布兰登等（Blandón et al.，2017）通过监测尼加拉瓜贫困地区的健康数据，发现政府的干预能够有效降低贫困的发生，据此建议政府应该在医疗卫生、环境保护、饮水安全、改善住房、保障入学及就业方面加强投入，通过政府的有效干预降低贫困。

---

① 陈鹰峰. 农村精准扶贫绩效评价研究［D］. 镇江：江苏大学，2020.

1.2.1.3　公民满意度、主观幸福感和相对剥夺感等研究

基于社会和试验心理学的顾客满意理论，早在 20 世纪 30 年代一些学者就已着手研究，他们发现满意感和自尊、信任以及忠诚有关（Hoppe，1930；Lewin，1936）。蒂布特（Tiebout，1956）最早将市场与顾客选择的观念引入税务稽查等服务机关，公民若不满意可以采取"用脚投票"。安德鲁斯和威瑟（Andrew and Withey，1976）指出，顾客满意度是一种以初始标准及数种来自内在参考点的认知差异所形成的函数。起初，许多的研究主要集中在公民对政府特定服务的满意研究，如税收和市政花费（Hero and Durnad，1985；Beck et al.，1987），以及警察服务等领域。进入 20 世纪 90 年代后，顾客满意度测量技术得到很大的发展，尤其在 90 年代末，随着美国顾客满意度指数模型（ACSI）在私营部门的成熟运用（Fornell et al.，1996），美国许多服务管理机构也纷纷采用了此模型测评公民对于联邦政府服务的满意度。格雷·雷兹（Gregg Van Ryzin）等学者在 2000 ~ 2001 年运用 ACSI 模型，通过对纽约市民的电话调查，开展对纽约市公民满意度的跨年比较研究，尝试验证公民期望、绩效、满意度之间的关系，并试图寻找公民对地方政府总体满意的驱动和行为后果。

顾客满意度理论研究指出，顾客期望、感知质量、认知不一致性等单独或共同主导顾客满意度形成，关键影响因素包括感知质量、顾客期望、感知价值、品牌形象等（Oliver，1980）。顾客满意度研究还探讨了顾客抱怨、顾客信任、顾客忠诚等方面的后向影响效应（Fornell，2005）。主观幸福感研究指出，遵循人的需求层次理论，是由目标—挑战、成功—喜悦、期待—满足的机制产生（Folkman，2000；Cynthia，2004），影响因素有个体心理、经济收入、社会福利、公共物品和服务质量、政府效率、财产权利保护等指标（Steele and Lynch，2013；Easterlin，2012）。相对剥夺感研究了多重影响效应包括心理健康、身体健康、个体行为、群际态度、集群行为（Berkman，2009；Cole，2012；Smith et al.，2012）。

通过上述国外相关研究的梳理，不难看出国外学者对于贫困内涵、原因及其治理等方面的研究成果不少，尤其是在公民满意度、主观幸福感和相对剥夺感等相关研究方面有非常多的成果可借鉴，这对我国开展贫困治理绩效评价的

相关研究以及探索基于贫困户视角的获得感研究具有一定的启发和借鉴价值。当然，囿于国情的差异，我国精准扶贫的治理成效不能简单照搬西方的理论和做法，更需要着眼于实际国情和制度特色，深入思考中国制度优势转化为治理效能的人民获得感是如何生成和有效测度。

1.2.2　国内相关研究现状

获得感是一个具有中国特色的词汇，国外没有现成的概念相对应，相关理论和测度没有现成研究作参考。精准扶贫则是我国扶贫开发的重大基本方略，以贫困人口和贫困户为直接扶贫对象的精准扶贫、精准脱贫和区域性扶贫工作有机结合，这是中国特色减贫之路的又一突出特征。2020 年，我国决战脱贫攻坚取得决定性胜利，脱贫攻坚成果举世瞩目。以上两个方面的特色决定了开展相关研究，更多地要立足于中国大地，深耕中国理论沃土，探索符合中国实际的农村贫困户获得感研究。因此，相关的研究现状分析显得十分必要，这也是本书的一个重要内容。值得指出的是，本书写作期间经历了 2020 年全面脱贫攻坚目标胜利达成，并全面开启了中国式现代化建设之路，人民获得感不断显著得到增强。我国扶贫开发已经从绝对贫困的精准扶贫转入相对贫困治理的新时代，转入全面推进乡村振兴新时代。为了尊重当前学者的贡献，本书采取包容性、宽泛性态度，对近年来的研究进行较为全面的梳理和分析。

1.2.2.1　精准扶贫政策绩效评价研究

精准扶贫的概念是 2013 年 11 月习近平总书记在湘西考察时首次提出，此后受到了学界的广泛关注，从期刊发文量上来说，以"精准扶贫"为主题的文章数量在 2013～2018 年快速增加，中国知网（CNKI）数据库显示，2018 年以"精准扶贫"为主题的论文达到了 10031 篇，2018 年之后文章数量慢慢回落。绩效评价是精准扶贫政策研究的重要内容，这个方面的研究贯穿于我国精准扶贫政策实施的全周期中，既有利于精准扶贫政策达到预期目标，也能够为我国后续扶贫减贫实践和乡村振兴建设提供有益经验和参考。精准扶贫政策有别于我国以往农村扶贫开发阶段，在世界上更具有鲜明的中国特色，因此国内学者是精准扶贫政策评价研究的主要力量。基于此，本书立足于精准扶贫政策评价主题，使用 CSSCI 数据库、北大核心数据库 2013～2022 年的学术论文，

从我国农村扶贫政策实施进程、精准扶贫政策评价指标体系构建和精准扶贫政策实施成效三个方面作文献回顾和总结。

（1）我国农村扶贫政策实施进程。事实上，我国农村扶贫开发实施由来已久，自20世纪70年代末实行改革开放政策以来，"中国政府在致力于经济和社会全面发展的进程中，在全国范围内实施了以解决贫困人口温饱问题为主要目标的有计划、有组织的大规模扶贫开发，极大地缓解了贫困现象"①。直到习近平总书记提出"精准扶贫"，我国农村扶贫政策已经历了不同的阶段，每个阶段具有不同的时代特征，而精准扶贫政策也明显有别于以往的农村扶贫政策。张伟宾和汪三贵（2013）将改革开放以后中国政府开发式扶贫政策演变分为四个阶段：针对特殊贫困地区的扶贫开发（1985年以前）、以区域瞄准为主的扶贫开发（1986～1993年）、改善资金投入和贫困瞄准的"八七扶贫攻坚计划"（1994～2000年）和以整村推进为主的中国农村扶贫开发（2001～2010年）。中国政府官方将农村扶贫开发历程总结为三个阶段：第一阶段为体制改革推动扶贫阶段（1978～1985年），第二阶段为大规模开发式扶贫阶段（1986～1993年），第三阶段为扶贫攻坚阶段（1994～2000年）②。2011年以来新的扶贫开发纲要颁布实施和2013年"精准扶贫"政策的提出，则标志着我国扶贫政策进入了精准扶贫新阶段。与以往扶贫开发阶段不同的是，精准扶贫阶段标准更高，不单单是"解决温饱"，而是要"全面小康"；精准度也不同，不光聚焦于"区域整体"，更要"精准到户"。贫困治理的政策更加具体、目标更加明确、措施更加精确③。总的来说，"精准扶贫"政策有别于以往扶贫开发阶段的最大特征是精准。长期以来，中国的农村扶贫的主要特点是区域瞄准，没有识别到户④，而精准扶贫政策则要求扶持对象、项目安排、资金使用、措施到位、因村派人、脱贫成效各个方面都要精准。

（2）精准扶贫政策评价指标体系构建。从多维度精准扶贫政策评价指标体系来看，国内学者们构建了包括二维、三维、思维、五维等多种维度的指标

① 胡祥勇，范永忠. 中国农村扶贫资金使用效率实证分析［J］. 中南林业科技大学学报（社会科学版），2014（6）.

②③ 胡建军，张勇，田洪荣. 农村精准扶贫：理论基础、多维约束及路径选择——基于四川省南溪区的调查研究［J］四川行政学院学报，2017（4）：20.

④ 汪三贵，郭子豪. 论中国的精准扶贫［J］. 贵州社会科学，2015（5）：147－150.

体系。从精准扶贫政策评价内容上来说，减贫效应、经济效应、社会效应、精准性等客观指标是学者们关注的主要指标。林文曼（2017）构建了扶贫项目投入、扶贫项目管理、扶贫项目产出和扶贫项目效果四个方面的农村精准扶贫项目指标体系，对海南农村精准扶贫项目的绩效进行了评估。杨希（2017）在构建精准扶贫绩效评估指标体系时，将准则层设为经济发展、社会发展、生产生活、可持续性、效率五个方面。马媛和孔龙（2017）从减贫效益、经济效益、社会效益三个维度对甘肃省精准扶贫进行绩效分析，并作出绩效评价。陈爱雪和刘艳（2017）建立的贫困地区精准扶贫绩效评价指标体系中，涵盖了精准识别、精准帮扶、经济社会发展、基础设施建设、减贫成效五个方面。杜永红（2018）构建了包括可持续性、公平性、效率和合作性在内的精准扶贫绩效评估指标体系。王立勇和许明（2019）从家庭人均纯收入、贫困发生率两个角度研究我国精准扶贫政策的减贫效应。王林雪和殷雪（2019）从扶贫对象的识别、资源投入、教育扶贫的产出以及成效四个方面建立一套教育扶贫绩效评价指标体系。张全红和周强（2019）研究了精准扶贫政策对农村贫困人口在家庭纯收入、转移支付收入、家庭人均消费、生活改善和外出务工等方面的影响。杨照和张正尧（2018）从特色产业选择精准、经营方式精准、支持方式精准、贫困人口受益精准四个角度，构建了产业精准扶贫评价指标体系及指标权重。为了使得学者们构建的评价指标体系维度和内容更加清晰，下面由表格的形式总结，如表1-1所示。

表1-1　　　　　　精准扶贫政策评价指标体系维度和内容

维度	指标内容	代表作者
二维	家庭人均纯收入、贫困发生率	王立勇和许明（2019）
三维	减贫效益、经济效益、社会效益	马媛和孔龙（2017）
四维	扶贫项目投入、扶贫项目管理、扶贫项目产出和扶贫项目效果	林文曼（2017）
	可持续性、公平性、效率和合作性	杜永红（2018）
	扶贫对象的识别、资源投入、教育扶贫的产出以及成效	王林雪和殷雪（2019）
	特色产业选择精准、经营方式精准、支持方式精准、贫困人口受益精准	杨照和张正尧（2018）

续表

维度	指标内容	代表作者
五维	经济发展、社会发展、生产生活、可持续性、效率	杨希（2017）
	精准识别、精准帮扶、经济社会发展、基础设施建设、减贫成效	陈爱雪和刘艳（2017）
	家庭纯收入、转移支付收入、家庭人均消费、生活改善和外出务工	张全红和周强（2019）

（3）精准扶贫政策实施成效。2021 年 2 月 25 日，习近平总书记在全国脱贫攻坚总结表彰大会上宣告脱贫攻坚战取得全面胜利，区域性整体贫困得到解决，我国完成了消除绝对贫困的艰巨任务[①]。这在宏观层面上总结了精准扶贫政策的减贫效应，同时也得到了学界在微观层面上的例证。王立勇和许明（2019）发现，我国精准扶贫政策对农村贫困居民具有明显的减贫效果，精准扶贫政策明显提高了家庭人均纯收入，降低了贫困发生率，且随着时间推移，扶贫效果具有持续性。张全红和周强（2019）发现，精准扶贫政策显著提高了贫困户家庭的纯收入和转移支付收入水平，降低了人均消费支出和外出务工比例。李芳华等（2020）从贫困户收入和劳动供给两个方面入手，发现精准扶贫新政策显著提高了贫困户的劳动收入和劳动供给，易地搬迁和产业扶贫是贫困户劳动供给增加的主要渠道，而光伏扶贫对劳动供给的影响呈现负激励，削弱了其他政策的减贫效果。李明月和陈凯（2020）基于可持续生计理论和可行能力理论，构建了生计资本、生计能力、生计环境三个维度的评价指标体系，发现精准扶贫在改善村域社会环境和提升农户生活能力方面成效显著。

除减贫这一主要目标得到实现之外，学者们从更多视角研究了精准扶贫政策的实施成效。陈昊等（2020）考察精准扶贫对贫困群体医疗服务利用水平的影响，发现精准扶贫政策显著提高了贫困群体的医疗服务利用水平，具体表现为同时提高住院医疗费用、住院外医疗费用和全年医疗支出，并且促进了贫困群体自付医疗费用的增长，意味着精准扶贫政策提高医疗服务利用水平的效果，将直接助力健康中国战略。尹志超和郭沛瑶（2021）检验了精准扶贫政

---

① 在全国脱贫攻坚总结表彰大会上的讲话，新华社，2021 年 2 月 25 日，https：//www.gov.cn/xinwen/2021 - 02/25/content_5588869. htm.

策对贫困家庭消费的影响，深入探讨了精准扶贫分类施策的政策效果，发现精准扶贫政策使贫困户人均消费、生存型消费、发展型消费均提高。从消费结构来看，政策显著增加了食品、衣着、居住、交通通信及教育文娱等支出，同时，居住类、交通通信支出占总消费的比重显著提高，医疗保健支出占比显著降低。徐灿和高洪波（2021）分析和评估了精准扶贫政策对贫困县域经济发展的影响，发现精准扶贫显著拉动了当地经济发展，且作用效果呈现出逐渐增强的趋势，精准扶贫显著改善了当地的融资环境，表现为居民储蓄率、地区融资能力有效提高，同时显著改善了贫困县第二产业发展水平，优化了当地产业结构。此外，也有学者从收入分配、产业发展、劳动能力和生活质量等方面进行了精准扶贫政策评价研究（周强，2021；张英和龙安娜，2019；黄薇和祝伟，2021）。

除了以上所述用客观指标来进行精准扶贫政策评价之外，贫困户的主观评价和心理也成为精准扶贫政策评价的重要内容。刘裕和王璇（2018）对贫困户精准扶贫满意度及影响因素进行分析，发现建档立卡贫困户对精准扶贫总体评价为"基本满意"，其中对扶贫政策的满意度最高，对帮扶措施的满意度最低，年龄、文化程度、家庭收入来源、致贫原因、对精准扶贫政策的了解程度、贫困户人均收入增长情况及退出精准度是影响建档立卡贫困户对精准扶贫满意度的主要因素。易爱军和崔红志（2018）对农村扶贫的现状及影响农民对精准扶贫政策成效评价的因素进行分析，发现现阶段农民普遍认为所在村贫困户的选择和扶贫项目的安排比较合理，并且村及户层面的扶贫效果都比较好，但同时有约12%的农民对当前的精准扶贫政策不太了解，所在村贫困户选择是否合理、扶贫项目安排是否合理、人均纯收入水平、年龄、是否患有大病、是否参加村委会选举、生活污水是否通过管道排放，是影响农民对精准扶贫政策成效评价的重要因素。白描（2018）在农户调查数据的基础上，探讨扶贫政策对农民主观福祉的影响。发现农民的生活满意度总体而言比较高，具体到各个维度，农民对婚姻和居住环境的主观评价最高，对住房状况的满意程度则相对低一些。虽然农民对现阶段扶贫政策体制与机制及政策效果的主观评价很高，但1/5以上的农民对扶贫政策的认知不足。在其他条件不变的情况下，扶贫政策的实施有助于改善农民的主观福祉水平，其与年龄、婚姻状况、

健康状况、收入与消费水平、就业状况、社会关系、忙碌程度、居住便捷程度以及性格因素，共同构成了影响农民主观福祉的重要因素。邢敏慧和张航（2019）实证分析了贫困人口对教育扶贫政策满意度，重点考察家庭资本、政治信任对教育扶贫政策满意度的影响机制，研究结论表明贫困人口对教育扶贫政策满意度处于中等水平，教育扶贫政策还有待进一步提升，家庭资本、政治信任对教育扶贫满意度具有重要预测作用，其中政治信任的作用尤为显著。钱力和倪修凤（2020）通过理论分析与数理推导，构建结构方程模型，对贫困人口扶贫政策获得感进行综合评价与提升路径研究，发现贫困人口物质需求、安全需求、社交需求、公平需求、能力需求在一定程度上得到满足后均能对其扶贫政策获得感的提升产生正向促进作用，且位于需求层次高低两端的物质需求与能力需求的正向促进作用最强，各维度正向促进作用在不同脱贫状态群体中差异性较大，能力需求对于已脱贫群体获得感提升的影响更为显著，大别山片区整体贫困人口扶贫政策获得感较高，各维度上指数得分差异性较小，但不同地区间存在一定差距。张航和邢敏慧（2020）为准确把握我国教育扶贫政策的实施效果，运用路径分析法探究贫困人口脱贫能力和内生动力对教育扶贫政策满意度的影响机制，发现贫困人口对教育扶贫政策满意度处于中等水平，干部工作、村务公开、程序公正和政策成效等政策执行环境直接影响教育扶贫政策满意度，初始变量中年龄、健康、家庭规模、是否村干、社交对象、家庭收入、脱贫信心和政策质量期待均不同程度地影响着教育扶贫政策满意度。当前，需拓展贫困户视角的精准扶贫政策评价研究，更加注重个体心理，将个体获得感作为我国精准扶贫政策评价的重要指标，将有利于进一步巩固脱贫攻坚成果同乡村振兴相衔接。

1.2.2.2 获得感的内涵与评价指标研究

"获得感"一词源于 2015 年 2 月 27 日习近平总书记在中央全面深化改革领导小组第十次会议上的讲话。其后，党的十九大报告中明确提出要"使人民获得感、幸福感、安全感更加充实、更有保障、更可持续"。从此，"获得感"成为政界、学界等社会各界高度关注的词语，"获得感"这一老百姓实实在在的心理感受，已经成为衡量我国改革和发展各项工作成效的重要标尺。

（1）获得感的内涵界定。"获得感"是一个有"中国特色"的"新词"，准确把握"获得感"的内涵，不能简单地将其解释为"幸福感""主观生活质量"等外来概念的"同义词"，必须将其放在我国全面深化改革、转变经济社会发展模式、实现共享发展的时代背景下来理解（曹现强，2017）。国内外学界对主观幸福感的研究由来已久，但国内学者普遍认为"获得感"的概念有别于幸福感，甚至在指导具体实践时，获得感是更优指标。康来云（2016）认为，与幸福感相比，获得感具有更高的含金量，因为幸福感虽然是经济社会各项工作的最终目标和价值追求，但是这是一个抽象概念，同时存在简单化、绝对化、凝固化倾向，而获得感则能为幸福感找到确切坐标。邢占军和牛千（2017）同样觉得相比于追求国民幸福，获得感则更具操作性与外部指向性，获得感不仅可以反映出民众到底在多大程度上切实感受到受益于社会改革成果，而且可以在社会改革与民生福祉事业推进中发挥出协调器的作用。

针对获得感的具体定义与理论内涵而言，学术界已达成一定的共识。张品（2016）通过拆文解字和分析其政治语境探究了"获得感"的理论内涵和现实意义，认为"获得感"是指因物质层面和精神层面的获得而产生的可以长久维持下来的满足感。郑风田（2017）认为，我们之所以用获得感这一指标来衡量改革成效，是因为幸福感作为一种纯主观感受，以此来评价改革成效缺乏严谨性，而获得感最优的特质在于具有客观性，是一种基于客观获得而产生的主观感受。田旭明（2018）提出，获得感是幸福感、归属感、安全感的前提，是人们的利益得到维护和实现后而产生的一种实实在在的满足感和成就感，获得感具有时代性、务实性、全面性、可持续性等鲜明特征。王浦劬和季程远（2018）指出，获得感是我国改革开放事业的产物、是我国经济社会发展的结果、是社会公平正义价值取向的现实显示、是人民群众在社会发展中收益的正向考量，是人民群众基于社会发展带来的实际收益的考量和比较而产生的感觉。吕小康、黄妍（2018）认为，获得感是在当前中国全面深化改革的基本社会背景下，人民群众尤其是底层民众对改革发展带来的物质利益与基本权益的普惠性的一种主观体验。对于"获得感"的内涵，不同学者对此进行了定义，虽然表述不同，但内涵大致相同，"获得感"是指在一定的社会坏境下评价主体基于客观获得生成的正向的主观心理感受和情感反应（张正和金丽馥，2021）。

（2）获得感评价指标体系研究。从已有文献来看，当前学界对获得感的维度研究已取得了较大的进展。大多数学者将其划分为二维、三维或四维。例如，王浦劬等（2018）借鉴相对剥夺感理论，将获得感区分为横向获得感和纵向获得感两个部分。赵卫华（2018）基于消费视角，认为获得感包括绝对获得感和相对获得感两个维度。文宏等（2018）基于中国城乡社会治理数据的实证分析，认为获得感包括经济获得感、政治获得感和民生获得感三个核心维度。姚迎春等（2018）结合泰勒原理的"学习经验"和课程的特殊性，将思政课获得感划分为知识论层面、价值观层面和方法论层面三个维度。董瑛（2017）结合新形势下反腐倡廉建设新理念新布局，指出获得感由政治获得感、经济获得感、精神获得感和社会获得感四个维度构成。阳义南（2018）认为，民生获得感包括便利性、充足性、普惠性、均等性四个维度。此外，也有学者认为获得感是五维、六维的结构。例如，谭旭运等（2018）通过编制量表、实证分析，得到获得感的五个维度：获得环境、获得内容、获得体验、获得途径和获得分享。原光（2018）引入关键绩效指标法，将基本公共服务获得感解构为服务数量感、服务质量感、便利可及感、服务公平感、服务持续感和服务支持感六个维度。表1-2为学者们构建的评价指标体系维度及其内容总结。

表1-2　　　　　　　　　获得感评价指标体系的维度划分

维度	内容	代表作者
二维	横向获得感、纵向获得感	王浦劬等，2018
	绝对获得感、相对获得感	赵卫华，2018
	物质利益等"外在获得"、精神发展等"内在获得"	张卫伟，2018
三维	经济获得感、政治获得感、民生获得感	文宏等，2018
四维	政治获得感、经济获得感、精神获得感、社会获得感	董瑛，2017
	个人发展感、社会安全感、社会公正感、政府工作满意度	吕小康等，2018
	民生公共服务便利性、充足性、普惠性、均等性	阳义南，2018
五维	获得环境、获得内容、获得体验、获得途径、获得分享	董洪杰等，2019
六维	基本公共服务数量感、质量感、便利可及感、公平感、持续感、支持感	原光等，2018

杨玉浩（2018）从习近平总书记系列讲话语境分析获得感的运用条件，提出使用获得感语境的三要素，即主体指向性属性、客体具体性和方法可行率，认为获得感是基于特定的语境来说的，每种语境是针对不同的群体、不同的内容。比如说，习近平总书记参加全国政协十二届四次会议民建、工商联界委员联组会时的讲话，"让民营企业真正从政策中增强获得感"，特指"民营企业"这个群体；习近平总书记在网信工作座谈会上讲到，"作出贡献的人才有成就感、获得感"，特指"作出贡献的人才"。与此相应的，学者们则按照不同研究主题，对不同社会群体"获得感"建构了不同的评价指标体系。例如，吴克昌和刘志鹏（2019）使用"灾后重建 10 年来，您的生活改善情况"与"灾后重建 10 年中，您觉得个人获得更高的社会或经济地位的可能性"两个题项得分之和作为灾民获得感的代理指标。刘轩和马海韵（2023）基于期望—确认模型和心理所有权理论的整合框架，构建了农业转移人口城市基本公共服务获得感的测度指标体系，分别从个体和群体水平探析了获得感的影响机制，认为农业转移人口公共服务获得感包含公共服务客观获得、期望满足感和心理拥有感三个二级指标。李燕（2021）研究发现，公众通常从服务质量、系统质量、信息质量、可得性、实效性、办事成本、公平性七个维度来评估自己关于"互联网 + 政务服务"获得感。王莹莹和岑艺璇（2023）基于马斯洛需求层次理论，认为乡村体育老师培训获得感的层次可分为安全感、归属感和成就感。章秀英等（2021）从大学生成长发展视角，将大学生思政课获得感划分为知识获得感、方法获得感和信仰获得感三个维度，编制了 28 个测量指标。

如表 1 - 3 所示，学者们在不同主体指向下构建了不同的获得感评价指标体系，这为本书的研究提供了丰富的经验和参考。本书的后续研究需牢牢把握住精准扶贫政策这一情景、贫困户这一主体指向，构建更加合理的贫困户获得感测量体系。

表 1 - 3　　　　　　　　不同主体指向的获得感评价指标

主体指向	内容	代表作者
灾民获得感	生活改善情况、社会或经济地位提高可能性	吴克昌和刘志鹏，2019
"互联网 + 政务服务"获得感	服务质量、系统质量、信息质量、可得性、实效性、办事成本、公平性	李燕，2021

续表

主体指向	内容	代表作者
乡村体育老师培训获得感	安全感、归属感和成就感	王莹莹和岑艺璇，2023
大学生思政课获得感	知识获得感、方法获得感和信仰获得感	章秀英等，2021
大学生学业获得感	资源拥有感、自我提升感、成就达成感、社会身份认同感、积极情绪体验	许磊等，2021
农户种粮获得感	经济获得感、精神获得感和总获得感	范辉等，2022
少数民族流动人口获得感	经济获得感、政治获得感、文化获得感、民生获得感	冀慧珍，2021
农村居民获得感	经济获得感、政治获得感、文化获得感、社会建设获得感、生态获得感	王喆等，2021
脱贫户获得感	现有收入获得、基本医疗保障、教育扶贫扶持、产业扶贫支持、职业技能培训 、住房安全保障	张沁洁和张开云，2021
贫困人口扶贫政策获得感	物质需求、安全需求、社交需求、公平需求、能力需求	钱力和倪修凤，2020

1.2.2.3　获得感的影响因素及形成机制研究

（1）个体、家庭和社会经济因素的影响。从现有研究来看，个体因素、家庭因素和社会经济因素均会对人民获得感受产生影响。获得感因群体而异，个人的阶层状况、家庭收入、年龄、户口、民族、健康、政治面貌、工作和子女数量影响居民获得感的高低（王恬等，2018）。邵雅利（2019）发现，在获得感影响因素中，首先宏观社会发展变量对主观获得感的影响最大，其次为微观心理变量的影响，最后是个人特征变量。季程远和胡悦（2022）基于一种贝叶斯方法和全球 1695 项调查中的 229 万受访者，构建 1980～2020 年 113 个国家和地区的纵向获得感全球面板数据，发现一国人均 GDP 水平与该国纵向获得感水平存在倒"U"型关系，人均 GDP 增速对于纵向获得感的正向作用具有组内、组间和即时效应，失业率的负向作用具有组内和组间效应，通胀率的负向作用具有组内效应。于洋航（2021）通过对我国东中西部青岛、武汉和昆明 3 座城市 2417 位城市社区居民进行问卷调查，分析发现城市社区公共服务对生活满意度和居民获得感具有显著的正向影响，生活满意度在城市社区公共服务对居民获得感影响过程中发挥中介作用。徐延辉和刘彦（2021）从社会分层视角探究城市居民获得感的影响机制，发现社会经济地位和居住空间对城市居民的获得感具有显著影响，具体表现为客观社会经济地位和居住空间通过人们的主观社会经济地位作用于获得感。获得感不仅与个人实际占有的资源相关，而且表现出了明显的阶层化特征。李玉水和韩雅清（2021）通过构建计量模型，从个体层面的资本禀赋、主观感知与宏观层面的医疗卫生供给分析其对居民医疗卫生服务获得感的影响，发现经济资本与获得感间呈倒"U"型关系，文化资本与获得感呈反向关系，社会资本和社会公平感知不仅直接显著正向影响获得感，且能有效调节财政医疗卫生支出对获得感的负面影响，省级层次卫生技术人才供给水平对获得感有显著正向影响，商业医疗保险也有助于提升居民医疗卫生服务获得感。徐延辉和李志滨（2021）运用社会质量理论考察社会发展对城市居民获得感的影响，发现社会质量是影响城市居民获得感的重要因素。社会质量的四个维度即社会经济保障、社会凝聚、社会包容和社会赋权均对居民获得感有促进作用，其中社会经济保障的影响最大。谢珍萍（2021）发现，当代青年在美好生活追求上仍积极认同"重整体尚和合"的文化价值取向，其美好生活获得感包含个我、人际、人群、天人四个生活圈的维度，与主观社会经济地位和中央政府信任度显著相关。冯帅帅和罗教讲（2018）从市场激励、国家供给和个体特质三个层面探讨了我国居民获得感的影响因素，发现市场激励因素中的绝对收入和相对收入、国家供给层面因素的社会保障和社会公平、个体特质因素中的信任倾向和情绪体验对居民获得感都有显著的正向影响。

（2）社会保护和社会保障制度的影响。社会保护和社会保障制度是影响民众获得感的重要因素。张仲芳和刘星（2020）利用2015年中国综合社会调查（CGSS）微观数据测量民众"获得感"，发现参加基本医疗保险未对民众的经济获得感和发展机会获得感产生显著影响，但显著提升了全样本和城市居民群体、低收入群体的公共服务获得感和政治获得感。罗叶等（2021）发现，参加新农保对农村老年人的总体经济获得感有显著的正向影响，而对相对经济获得感的影响甚微；参加新农保显著提升了自评身体状况为"不健康"或处

于贫困家庭的农村老年人总体经济获得感；新农保对留守老人总体经济获得感的影响比对非留守老人的影响更大。王喆（2021）发现，社会公平感对获得感产生直接效应，人均月收入、主观经济地位、社会保障通过直接作用和间接作用共同对农村居民获得感产生影响。路锦非（2022）借鉴国内外已有的测量方法，结合中国实际和上海浦东新区社会救助政策实践来设计民生三感测量工具，以上海浦东新区作为案例进行实证研究，发现社会救助对提升获得感有积极正面作用。贾洪波和周心怡（2023）发现，城乡居民基本养老保险能够显著提升参保者的经济获得感、政治获得感和社会获得感，以此三个维度衡量的参保者整体获得感也有显著提升，城乡居民基本养老保险对不同性别、年龄、学历、户籍、地区的参保者获得感的影响具有异质性。

（3）农村贫困和反贫困的影响。在农村贫困和反贫困的情境下。张玫和霍增辉（2022）认为，公共服务短板显著抑制了获得感，其中教育服务短板的影响效应最大，农业生计策略、婚姻不幸及大病风险冲击等负向生计能力显著降低获得感，经商生计策略、党员身份、教育借款、家庭收入与耕地面积等正向生计能力显著提升获得感。刘濬远和陈始发（2020）发现，公共性扶贫资源配置对农村贫困人口获得感具有显著影响，不同的配置方式或不同的配置渠道对农村贫困人口获得感的各个维度的影响不同。其中，"输血式"扶贫资源配置方式给农村贫困人口带来了较大的获得感，而"造血式"扶贫资源配置方式尚未给农村贫困人口带来较大的获得感。季程远（2021）实证考察了免征农业税改革对改革省份农民群体的因果干预效应，研究结果表明，改革显著提高了农民的纵向获得感，研究发现指明了再分配改革带来的公众纵向获得感提高是改革实现稳定的重要微观机制，也为政策评估提供了客观指标之外的关键主观评估指标。李涛等（2019）对民族地区精准扶贫过程中贫困群体的人民获得感相关问题进行实证研究，发现政府承诺与政府信任对人民获得感都有显著的正向促进作用，即政府承诺和政府信任越高，人们就越容易产生获得感，而且政府信任在政府承诺与人民获得感之间发挥着部分中介作用。结合以上研究，需进一步探析精准扶贫、乡村振兴视角下，困难群体获得感的形成机制，找到制约贫困群体获得感的主要原因，并转化为实际的政策建议，应用到农村相对贫困治理当中。

1.2.2.4 获得感的作用和影响效应研究

人民获得感不仅受个人、家庭、国家、社会等因素的影响，同时也对幸福感、政府信任、人民美好生活需要等国家治理目标产生了积极作用，这成为不断提升人民获得感的应当性、必要性和紧迫性条件。

（1）获得感的幸福效应。杨宝和李万亮（2022）认为，公共服务的"客观获得"对"主观幸福感"产生了显著的积极影响，他们实证检验了客观获得与主观幸福感的辩证关系，发现公共服务供给稳定时进一步提升获得感的差异化路径。王俊秀和刘晓柳（2019）从量化的角度进一步揭示了客观获得、主观获得与幸福感之间的关系。具体内容是：获得内容与幸福感之间几乎不存在相关性；获得体验对幸福感的影响最大，获得体验与幸福感之间存在中等程度的显著相关；获得环境和获得方式与幸福感之间存在显著相关，获得分享与幸福感存在显著相关。从上面的分析可以看出，获得感、幸福感和安全感之间存在相关关系，而且进一步分析获得感的提升不同维度对于理解获得感与安全感、幸福感之间的关系也很重要。阳义南（2022）基于 CGSS 微观调查数据，在运用非线性结构方程模型探查民生公共服务带来的获得感、公平度与被访者幸福感之间内在关联的过程中，发现获得感与幸福感之间呈"U"型曲线关系，当获得感持续增加并超过拐点之后方能正向提升幸福感，公平度具有显著的正向调节作用，公平度上升能进一步增强获得感、提升幸福感的正向效应。

（2）获得感对政府信任的作用。王亚茹（2020）基于 2015 年中国综合社会调查数据，分析民生保障获得感与社会公平感对政府信任的影响，发现民生保障获得感与社会公平感对全体居民的政府信任有促进作用，但民生保障获得感各项的影响是有区别的，对全体居民政府信任的影响程度由高到低依次是医疗服务获得感、养老服务获得感、公共教育获得感、住房保障获得感、就业服务获得感和基础设施获得感。李东平和田北海（2021）系统考察了民生获得感对城乡居民选举参与的影响及其作用机制，研究结果表明，民生获得感和政府信任是影响城乡居民选举参与的关键变量，对其选举参与具有显著的正向影响。从作用机制来看，政府信任是民生获得感影响城乡居民选举参与的一个重要机制，并发挥着部分中介作用。杨三等（2022）分析了基本公共服务主观

绩效对地方政府信任的影响机理，并引入公共参与和获得感变量，讨论其内在机制，分析发现基本公共服务主观绩效对地方政府信任存在显著正向影响。

（3）获得感的生活满意效应。谭旭运等（2020）基于 CSS 2013 数据库，探索获得感概念内涵、结构及其对生活满意度的影响，研究结果支持了获得内容、获得环境、获得途径、获得体验和获得共享五维度的获得感概念结构，证实了获得感对生活满意度的预测作用。谭旭运（2021）进一步研究发现，获得感不同维度与美好生活需要关系紧密，但各维度相关指标的具体影响存在明显差异。其中，"获得环境"中的社会公平和社会安全以及"获得共享"中的赞美贡献者，与美好生活需要国家社会维度的关联更为紧密；"获得内容"中的身体健康和"获得环境"中的社会安全，对美好生活需要家庭关系维度有更显著影响；"获得内容"中的升职加薪和"获得体验"中的过得舒适，则对美好生活需要个人物质维度有更显著影响。明确不同层面获得感对美好生活需要的具体影响，可以为新时代创新社会治理，以促进社会改革发展、保障民众生活质量提供有效路径参考。

在精准扶贫的视域下，不断提升贫困户获得感正是不断提升贫困户幸福感、政府信任，不断满足他们美好生活需要的关键一招，这是完善基层治理、不断推动农村现代化水平的必由之路。

1.2.2.5　获得感的提升路径研究

（1）优化公共服务水平。提升公共服务水平，促进基本公共服务均等化，是公认提升人民获得感最重要的路径。胡洪曙和武锶芪（2019）从提升民众获得感的角度，认为我国基本公共服务供给的整体失调度较高，公共服务供给力度不足和公共资源浪费现象并存，其中医疗卫生和环境保护模块的供需失调最为严重，需要进一步优化公共服务供给结构以提升人民获得感。缪小林等（2020）认为，我国基本公共服务均等化治理，指向人民群众获得感最大化的目标嬗变是前提，追求获得感提升带来行政效能的制度保障是关键，厘清"投入—产出—感知"链条并形成内外联动的 3E 绩效体系是重点。技术上需要突破两点：一是以"基本"范畴和"均等"程度为起点，分别构建满足充分性和均衡性的绩效指标体系；二是获得反映人民群众获得感的基本公共服务大数据信息。廖福崇（2020）认为，财政投入直接提高了基本公共服务质量，进而提升了民生获得感，增进民生福祉和提高公民获得感，需要各级政府切实践行新发展理念，坚持协调发展和共享发展，政府进一步加大对公共服务的投入，促进基本公共服务均等化，推进社会公平建设。白秀银和康健（2020）认为，基本公共服务均等化增强民族地区群众获得感过程中存在价值、制度、现实与认知的四重逻辑，应在四重逻辑基础之上，调试基本公共服务均等化相关政策与措施，以加强党的领导、完善制度体系、提升政策效果与民族地区群众的主观体验为抓手，构建基本公共服务均等化过程中全方位增强民族地区群众获得感的多维路径。

（2）完善政府引领和经济政策。政府行为、政治经济政策是提升人民获得感的重要路径。辛超丽（2021）在脱贫攻坚全面胜利、乡村振兴方兴未艾的背景下，基于马克思主义幸福观，立足于新时代脱贫攻坚的执政理念、现实需求、时代选择和价值走向四个维度分别阐释中国乡村全面振兴逻辑，并据此构建提升农民获得感的路径，同时依据马克思主义幸福观的主体性、客观性、历时性和多维性，构建了持续增加农民收入、强化公共服务配套建设、缩小贫富差距、提高政府基层治理能力四个维度提升农民获得感的路径。戴艳清和孙一鹤（2022）提出引导用户全程参与、提升服务易用性、完善反馈机制等对策，以期提升用户的公共数字文化服务获得感。郑建君等（2022）从政府透明度的视角，分析了居民的公共服务参与如何提升其获得感。具体来看，只有当政府具有较高的透明度时，个体的公共服务参与才会对其获得感表现出显著的正向影响，而当个体对政府信任和政府透明度的评价水平都比较低时，其公共服务参与对获得感的影响作用将不再显著，他认为政府透明度是一个非常的前提，需营建共建共治共享的现代化治理格局，才能不断提高居民获得感。陈喜强等（2022）发现，区域一体化政策在缩小地区居民收入差距的基础上，可对等地提升居民获得感，行政措施是提升居民获得感的主要政策措施。地区居民收入差距的收敛是居民获得感提升的客观基础，区域一体化政策缩小地区居民收入差距的政策效果在不同阶段和不同地区具有异质性。区域一体化政策中的交通措施和行政措施通过引导资本形成扩散效应能显著缩小地区居民收入差距，是提升居民获得感的主要渠道。

（3）促进社会公平和个体发展。社会公平、社会资本等社会建设内容同样是提升人民获得感的重要条件。张惠和邹彤彤（2023）基于 2018 年汶川地震灾民调查数据，研究社会公平性产品评价对获得感的影响机制，发现社会公平性产品评价对获得感有显著影响，影响效果在不同性别、受教育情况和婚姻状况的个体之间具有明显差异，社会资本对社会公平性产品评价与获得感间关系具有显著负向调节作用，存在挤出效应。研究结果意味着政府在灾后重建中应更关注公共产品供给规划，从更精细的角度考虑不同灾民群体需求的差异与变化，从而不断提升其获得感。谢刚和苗红娜（2023）发现，自发型参与对公共服务获得感具有正向影响，而政府主导型参与对获得感的影响不具有统计显著性。即时的互动型沟通渠道，对公共服务获得感具有显著的正向影响。公民参与效能感和政治信任发挥着重要的调节作用。提出在提升基层社会治理能力时，要注重扩大公民自发性参与，并增强政府与公民的互动沟通。李萍（2021）基于民营企业家的视角，提出安全感、获得感和主观幸福感之间密切相关，要增强企业家的整体主观幸福感，应在保证他们体验到充分安全感的基础上，着力提升其获得感。戴从容（2021）认为，在网络空间中，需革新传统化网络空间治理理念、创设灵活化网络空间治理制度、共建信息化网络空间治理监管机制、构筑共治化网络空间治理新范式，厘清多元主体在网络空间治理中的相互关系是提高网络空间治理效能的前提条件，作为一项涉及广大人民群众网络空间福祉的公共服务，需要依靠政府广泛动员、各区域大力倡导、财政部门的鼎力支持和人民群众的广泛参与，为网络空间的多元共治营造良好的氛围，才能提升人民获得感。吕小康和孙思扬（2021）通过实证方法，验证了个体发展与社会公平对获得感的双重提升作用，同时发现个体发展对获得感的积极预测作用略强于社会公平，同时这种提升作用呈现"U"型分布，即个体越强烈地感受到高获得感或越强烈地感受到低获得感，发展或公平对获得感的正向预测作用就越明显。这说明进一步且更全面的发展仍是解决中国社会主要矛盾进而提升全民获得感的首要途径。洪业应（2021）则认为，包容性发展是实现新时代农村脱贫人口获得感的一个理论分析视角，农村脱贫人口获得感的核心要义就是要践行包容性发展。这就要求一是追求公平正义，坚持正确的价值取向，二是立足民生为本，建立健全各种制度保障，三是注重全面协调，重视可行能力建设。

1.2.3　对国内外研究的评述

通过以上文献回顾可以看到，随着国外顾客满意度研究在企业管理领域进一步拓展以及在公共部门的逐步应用和积极推进，国外学者关于公民满意度、主观幸福感和相对剥夺感的研究取得了较为丰硕的成果；国内学界近年来聚焦扶贫绩效及其贫困人口的获得感研究产生了许多很好的成果，有些研究成果还非常有独特性和创新性。

当前，国内外学术界对贫困治理和反贫困政策的研究以及获得感相关研究都日益走向成熟。可以说，上述成果为本书提供了重要的研究起点和理论基石，但从深化研究的角度来看，尤其是对照扶贫治理及其评价的获得感指数模型构建方面来说，还存在几个尚待拓展的研究空间：一是从客观指标来评价精准扶贫政策绩效的居多，从政策客体——贫困群体的主观心理来进行精准扶贫政策绩效评价的较少，尤其是使用农村贫困户获得感这一指标的研究偏少，没有产生系列的科研成果。二是虽然对获得感内涵和测量方法的探讨很丰富，但没有对精准扶贫、乡村振兴视角下农村贫困户获得感的评价指标进行聚焦，缺乏系统性和全面性的考量，技术上缺乏科学的量表开发，衡量指标没有进行实证筛选和信度效度检验，主观随意性较强。三是对获得感结果的阐释较多，对贫困群体获得感存在的"钝化"和"相对剥夺感"形成原因和机制的阐释较少，无法有效回应政策诉求。四是政策建议片面化、碎片化，未能从全貌出发，思考政策之间的协调和政策实施的条件，没有提出成系列、有成效、可操作、易实施的政策工具包。这些问题正是本书工作的理论现实意义和目标所在。

总体而言，获得感研究在理论机理、量化测度和政策应用等方面都显得还比较薄弱。由于获得感的测度，需要严格的模型构建、抽样设计、数据收集和分析，目前还缺乏普遍接受的方法，已有研究方法的回归分析技术不能很好地处理获得感前因后果多元复杂因果关联，因而为学术界和实践应用提供了广阔的空间。

本书的写作目的是在对国内外贫困治理成效的评估学理论的广泛借鉴的基础上，充分考虑我国贫困治理的具体实际，结合农村贫困户需求满足和美好生活的需要，认真梳理模型和指标体系之间层级关系、逻辑关联，通过理论假设和模型构建，基于数据分析及实证检验，进而得出拟合度高的适合我国国情的农村贫困户获得感指数模型，从而更好地为我国贫困治理实践和增强人民获得感提供理论和决策参考。鉴于此，本书主要通过农村贫困户获得感研究，揭示获得感的影响因素和形成机理。运用结构方程模型（SEM）建立贫困户获得感指数模型，科学测度贫困户获得感水平，研究获得感的影响效应，进而提出增强贫困户获得感的政策建议。

1.3　研究方法与技术路线

科学的研究方法和合理的技术路线是实现科学研究的目标之前提条件和有力保障，正所谓"工欲善其事，必先利其器"。

1.3.1　研究方法

农村贫困户获得感研究是多学科研究方法的综合运用，研究路径主要通过实证研究和规范研究相结合，资料的收集方法上选取了访谈法、案例法等做法，具体分析方法上采用定性分析和定量分析相结合，包括描述统计、假设检验、因子分析和结构方程分析等。

（1）规范分析与实证研究相结合。本书总体采用规范研究与实证分析相结合的方式来推进。规范分析阶段，通过问题的提出和文献评论，提出本书的研究假设和理论模型。"实证研究方法是建立在事实观测的基础上，通过一个或若干具体事实或证据而归纳出结论。"[①] 实证研究通过大量访谈和问卷调查等方式收集资料，并运用结构方程模型建模方法来检验理论假设的合理性，对模型进行检验、修正和解释。具体来说，一是以需求满足理论为基础，探讨农村贫困户获得感的研究进展。并结合获得感形成机理及相关文献，探讨获得感生成的影响因素和形成机理。二是在对获得感的概念、维度等基础理论综合分析的基础上，进行了农村贫困户获得感概念界定和梳理。三是基于影响农村贫

---

① 李怀祖．管理研究方法论（第二版）［M］．西安：西安交通大学出版社，2004：126．

困户获得感评价的若干因素，提出它们之间的结构关系，据此构建了农村贫困户获得感指数模型，提出若干条相关研究假设，并予以操作化。

（2）访谈法与问卷调查法相结合。访谈法和问卷调查法相结合进行了资料的收集。有目的、有计划地收集研究对象有关资料，对取得的第一手资料进行整理和分析。

访谈法包括三个步骤。首先，针对农村贫困户获得感的专家访谈调查，对问卷所测量的构念①进行内容效度和表面效度的检验，以期得到感知获得的一般维度，还对构念用于农村贫困户获得感量表调查的可行性进行分析。其次，针对贫困户的一般开放性结构式访谈，了解他们关心和注重的感知获得（需求满足）维度和基本要素，用于编制量表。最后，进一步对农村贫困户感知获得的量表进行指标重要性和隶属度访谈和问卷填答，进而确定最终量表。

问卷调查法，在文献梳理和访谈调研的基础上编制了农村贫困户获得感评价调查问卷，计量尺度采用李克特10级量表进行测量。问卷设计和调查工作主要分为四步：第一步是编制感知获得的量表；第二步是在初步形成问卷的基础上不断调整、调适，并进行小样本测试；第三步是进行预调查，收集样本数据，并根据研究结果进一步修订和完善问卷；第四步是正式发放问卷，对选定地区抽取的样本进行大范围调查，同时进行信度、效度检验，为后续实证研究提供数据。本书通过大量的实证调查，包括开展对农村贫困居民和专家的多次访谈和两次问卷调查（预调查和正式调查），取得了获得感测度研究的第一手资料。在数据收集与处理的基础上，为提出和修正概念模型奠定了坚实的基础。

（3）质性研究法和定量研究法相结合。质性研究法的运用，数据收集主要通过访谈、观察和文献等方式来进行，也包括案例。案例研究法是从整体上

---

① 构念一词来源于英文constuct的翻译，在心理学、组织行为学、管理学中广泛使用，通俗的解释，就是指被构造出来需要加以测度的概念。实际上就是指特殊的概念，其特殊性表现在四个方面：（1）构念是为了满足科学研究的某种特别需要而人为构造出来的；（2）是抽象的、不可直接观察的；（3）是与理论和特定模型相联系的；（4）是清晰而明确的。构念、概念与观念这三个词有某种程度的相似性，一般研究者会交替使用，但在结构方程模型就中，构念通常会和潜在变量交替使用。参见黄芳铭. 结构方程模式：理论与应用 [M]. 北京：中国税务出版社，2002.

来处理一个对象或个案的方法，通过详细地调查一个个实例来了解所属整类个体的情况。案例选取要具有典型性，以小见大。本书通过选取精准扶贫领域的四个典型案例，总结探究基于贫困户需求满足（经济获得、民生获得、政治获得、公平公正）基础上的扶贫成效和获得感提升的内在关联。

定量分析法，主要在获得感测度数据分析上，运用计量统计的 SPSS 软件和 Stata15.0 软件等对贫困户获得感调查的数据进行描述性统计分析、感知获得的象限图分析。利用结构方程模型对感知获得转化为农村贫困户获得感的过程和机制进行实证分析，具体包括感知获得各个项目、公平感、贫困户期望对贫困户获得感的影响效应，公平感与贫困户期望在其中的中介效应，以及贫困户获得感的政府信任效应，实现数据深度挖掘、阐释机理、发现规律。

1.3.2 技术路线

从研究方法的角度来看，技术路线是引导本书从选题、构思到科学结论的总体性研究规划，本书所采用的基本技术路线如图 1 – 1 所示。

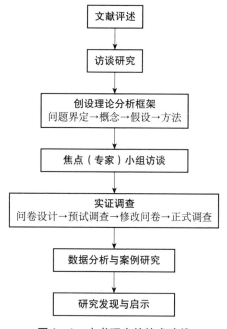

图 1 – 1 本书研究的技术路线

1.4　研究内容与结构

1.4.1　研究内容

本书在坚持"以人民为中心"的发展思想指导下，切入全面深化改革和精准扶贫的时代背景，以农村贫困户获得感为研究对象。在借鉴国内外公民满意度测评、主观幸福感和相对剥夺感的理论和经验基础上，构建我国农村贫困户获得感指数模型。

（1）获得感的内涵范畴。在文献评述的基础上，对农村贫困户获得感测度的可行性和科学性进行研究设计。借鉴相对剥夺感的反向路径思考和界定获得感的内涵、特征和类型。农村贫困户的获得感主要包括经济获得感、社会获得感和政治获得感。透过全面深化改革提高"人民的获得感"和精准扶贫时代背景，科学解析获得感钝化现象和原因。

（2）研究的理论基础。针对现有主流满意度指数模型的特点，并广泛借鉴幸福感和剥夺感研究成果，在吸收其合理内核的基础上，运用结构方程模型方法构建一个适合我国国情的精准扶贫成效评价的农村贫困户获得感指数模型。通过系统研究国内外相关研究成果，积极镜鉴社会心理学的"相对剥夺感"理论，吸收"主观幸福感"研究以及管理学中的顾客满意度理论、期望理论、公平理论、马斯洛需求层次理论和政府信任理论等理论基础。

（3）农村贫困户获得感指数测度指标体系与模型构建。在指数模型的结构变量选择上，参照顾客满意度指数模型的思路，引入公平认知框架，初步提出贫困户期望、感知获得与公平感知是贫困户获得感的前因变量。利用来自江西省吉安市多县、乡镇的调查数据对该模型进行实证分析。探索农村贫困户获得感的前置因素对获得感的影响及其与后置因素政府信任之间的作用机理，分析获得感指数模型的整体拟合状况，并作出模型评价与修正。

（4）农村贫困户获得感测度结果诊断与相关分析。一是各变量测度结果分析，二是获得感的人口统计特征分析。分析和验证人口统计学因素对获得感测度中各潜变量得分评价是否具有显著性差异，并提出相关政策建议和措施。

（5）基于需求满足的贫困户获得感案例研究。通过精选若干典型案例，进一步印证基于需求满足的贫困户获得感提升的基本策略和主要维度。

（6）提升农村贫困户获得感的政策建议。根据农村贫困户获得感指数模型的指标结构和预设，在实证研究的基础上，围绕贫困户期望、感知获得的四大因素、公平感和政府信任等方面提出政策建议。建立政策需求对接机制（贫困户期望），夯实农村贫困户实际所得，消除贫困户的不公平感（公平感），增强贫困户对党和政府的信任（政治信任）。有效回应精准扶贫时代农村贫困户获得感和"后扶贫时代"乡村振兴和共同富裕视角下农村居民获得感提升路径和对策。

1.4.2　结构安排

本书是对农村贫困户获得感知及获得感测度所作的实证研究。首先，对本书的研究背景、意义和目的等进行了分析，然后对贫困户获得感知（需求满足）和获得感传导机制等有关问题进行了回顾，在已有研究成果的基础上，提出农村贫困户获得感指数模型。该概念模型主要包括获得感的前置因素和后置变量。同时，本书在文献评论和访谈研究的基础上，提出了获得感知（需求满足）概念的五维度及其他获得感各个结构变量间关系的研究假设，通过实证研究，验证模型的合理性，并检验研究假设是否成立。并基于需求满足的精准扶贫策略提升贫困户获得感案例进一步深层次分析和总结了贫困户获得感形成的基本模式和经验。最后在此基础上得出结论和对于我国贫困治理绩效的贫困户获得感提升的启示和管理借鉴。

全书由 9 章构成，具体结构安排是在上述技术路线的基础上，按照一定的逻辑进路和研究步骤推进，各章内容如下。

第 1 章导论。本章是关于本书的缘起、背景情况、国内外研究现状、研究目的和意义、研究方法和工具等方面的内容介绍。

第 2 章概念界定与理论基础。主要内容包括有关概念的定义、辨析及其维度构成，农村贫困户获得感的理论基础、形成机理和测评工具等方面的介绍和讨论。

第 3 章研究设计与方法。内容包括概念模型的构建，共提出 7 个研究假设，接着是概念的操作化，测评工具及开发应用，实证研究步骤和获得感调查执行情况，分析方法和工具介绍，以及结构方程模型简介等内容。

第4章预试概念模型的探索研究。内容包括预试研究样本概况，感知获得维度的探索性因子分析，预试问卷总体质量评价，以及基于预试数据对概念模型的初步验证和概念模型的相关修正情况。

第5章农村贫困户获得感指数模型检验。内容包括正式调查研究样本概况，开展正式调查问卷质量评价，对感知获得维度的验证性因子分析，农村贫困户获得感的测量模型评价和结构模型检验，假设关系验证，以及获得感指数模型的计算等内容。

第6章数据量化统计分析与应用。内容包括对各个观测变量或指标的描述性统计分析和对获得感指标的重要性—获得感矩阵分析。通过对正式调查获得的数据进行描述统计分析和推论统计分析，以及基于《中国住户调查年鉴》和CSS2021的数据分析，得出2020年以来中国农村居民获得感水平和特征。

第7章基于需求满足提升贫困户获得感案例研究。从精准扶贫领域选取了4个典型案例，分别从提升农村贫困户的经济获得感、民生获得感、政治获得感和公平获得感等方面提炼、比较和形成基本模式和经验。

第8章提升农村居民获得感的基本路径与对策建议。分别从精准扶贫视野下提升农村居民获得感的路径与对策，以及乡村振兴和共同富裕背景下农村居民获得感提升路径研究，进行了政策思考和提供对策建议。

第9章结论与研究展望。总结了本书的研究结论与余论，以及对管理实践和应用的参考，概括了研究的贡献与不足，并提出后续研究展望等。

第 2 章

概念界定与理论基础

本章主要就核心概念进行界定和辨析，进一步厘清研究视域、概念范畴和理论基础，把握公民满意度的形成机理，对当前国内外公民满意度测评工具进行简要介绍，并主要就国内外顾客满意度指数模型进行系统分析，据此提出相关研究启示和借鉴。

2.1 概念界定

核心概念的界定是任何学术研究的基础，作为研究话语体系的基本构成细胞，准确的界定和辨析是通往科学研究的必经之路。考虑到本书研究跨度包括精准扶贫阶段以及目前巩固拓展脱贫攻坚成果同乡村振兴有效衔接的阶段，围绕本书的研究对象和研究阶段，研究一方面聚焦了消除绝对贫困背景下的农村贫困户获得感，另一方面也回应了今天相对贫困治理的新阶段新特点新要求。

2.1.1 农村贫困户获得感

2.1.1.1 农村贫困户

本书研究对象是农村贫困户获得感测度与提升问题，其中农村贫困户是指家庭年人均纯收入低于国家农村扶贫标准、有劳动能力或劳动意愿的农村居民，是精准扶贫背景下扶贫开发的对象。需要指出的是，2020 年 11 月 23 日，贵州省宣布所有贫困县摘帽。至此，中国 832 个国家级贫困县全部脱贫摘帽。但在此前，农村贫困户指生活居住在农村的生活困难家庭，也通常指年人均纯收入低于一定标准的家庭。农村贫困人口为绝对贫困人口和相对贫困人口，都是社会弱势群体，也是贫困治理所关注的对象。

2.1.1.2 获得感

2015 年 2 月，习近平总书记在中央全面深化改革领导小组第十次会议上首次提出"要让人民群众有更多获得感"。由此，"获得感"开始成为中国最有特色的最具民意的词汇。2015 年 12 月，语言文字期刊《咬文嚼字》发布 2015 年度"十大流行语"，"获得感"排第一。2016 年 5 月 31 日，教育部、国家语委在京发布《中国语言生活状况报告（2016）》，"获得感"入选十大新词。"获得感"具有鲜明的时代性和政治性，概念的内涵范畴需要进一步阐释和研究。

学界对"获得感"进行了诸多讨论，但尚未形成统一的概念界定。唐钧（2017）指出，获得感是付出劳动使得自身需求得到满足后的愉悦感。熊建生等（2018）认为，习近平总书记心中的获得感是指最广大人民群众从改革发展中获得实实在在的物质精神利益和共享改革发展成果后产生的满足感。叶胥等（2018）指出，获得感在某种意义上可被理解为公众基于实际获得而产生满足的积极心理态度。辛秀芹（2016）、樊红敏（2022）基于马斯洛需要层次理论，提出获得感是一种主观满足感。王浦劬等（2019）认为，获得感产生与比较当中，是对实际收益的考量和比较而产生的感觉，是对公共服务预期与实际获得相结合而产生的心理体验。周海涛等（2016）认为，获得感是对参与机会、认同程度、成就水平和满足状况的综合感受。阳义南（2018）从公共服务范畴出发，认为获得感更多地来源于公共服务，包含服务数量感、服务质量感、便利可及感、服务公平感、服务持续感和服务支持感。

从语义上来看，所谓"获得"，就是收入增长、生活改善、品质提升等。"获得感"是基于"获得"而产生满足和幸福的积极心理感受（陶文昭，2016；曹现强等，2017；辛秀芹，2016）。从内容上来看，"获得"包括显性和隐性两个层面，"获得感"包括"实在获得感"与"意义获得感"（杨伟荣和张方玉，2016），既有物质方面的要求，也有政治、文化和环境方面等更高层次的要求，是全面的、多样化的要求。获得感有绝对、相对的层面，也有纵向比较、横向比较的感觉（陶文昭，2016），包含经济基础、上层建筑范畴的内容。获得感的结构含义丰富：获得感的主体，获得感的客体，不同获得物的获得感之间的关系，不同社会群体获得感的结构（王思斌，2018），低中群体的获得感关系到社会和谐稳定。

获得感是主观感受，是人们对主观状况的客观映射[①]，是指实际社会生活中的人们享受改革发展成果的主观感受与满足感，包括客观获得与主观满足两个方面，二者缺一不可。客观获得是前提，是以实实在在的物质受益、经济利益满足为前提，体现在收入增长、就业满意、民生福祉和良好公共服务等。除了物质方面的"客观获得"之外，还包括文化和荣誉等精神和心理满足，以及知情权、参与权、表达权、监督权等政治权利的政治获得等内容，内容和层次非常丰富。

"获得感"的"获"是体现在改革发展成果共享获取的过程，"得"是成果受益的客观结果，"感"是个体主观需求满足后的心理状态。先有客观"获得"，才会主观有"感"。个体需求满足，达到期望，满足感和获得感油然而生。与此同时，这种获得感又与公平感紧密相连，如果发展不均衡、改革成果分配不公、弱势群体权益得不到保障，就会产生"相对剥夺感""失去感"，自然就会大大降低甚至抵消"获得感"。

综合来看，本书认为，获得感是指个体或群体在改革发展进程中通过与参照群体横向或纵向比较而感知自身实际所得满足自身需求而形成的积极心理体验和主观评价。获得感是横向获得感和纵向获得感的统一，是绝对获得感和相对获得感的综合，也是显性实在获得感和隐性意义获得感的复合。

2.1.1.3 贫困户获得感

在社会经济发展的主客观要素有机结合的基础上界定农村贫困户获得感内涵，农村贫困户获得感是基于感知获得而产生的实际感知需求得到满足，体现为从贫困户生存、生活到发展的不同层次的需求，具有包容性和明显的个体差异性。贫困户期望、公平感知、感知获得（需求满足）、个体特征等促进农村贫困户获得感的生成。在精准扶贫背景下，农村贫困户获得感对扶贫成效评价及其对党和政府产生信任行为形成有效的激励和导向作用。农村贫困户获得感

---

① 曹现强. 获得感的时代内涵与国外经验借鉴［J］. 人民论坛（学术前沿），2017（1）.

是人民获得感的重要组成部分，是人民获得感的短板。研究农村贫困户的获得感可以补齐人民获得感的短板，同时也可以深化对人民获得感的认识深度和广度①。农村贫困户获得感主要包括经济获得感、民生获得感、政治获得感三个维度。

从我国精准扶贫、精准脱贫的总体方略来看，精准扶贫是粗放扶贫的对称，是指针对不同贫困区域环境、不同贫困农户状况，运用科学有效程序对扶贫对象实施精准识别、精准帮扶、精准管理的治贫方式。最根本的是要实现贫困人口"一有""两不愁""三保障"。"一有"是指增加收入，即是脱贫的基本前提，围绕实现这一目标，各地要坚持把发展生产扶贫作为主攻方向，确保贫困户有稳定的收入来源和增收渠道。"两不愁"是指要与时俱进确保稳定实现农村贫困人口不愁吃、不愁穿。"三保障"是指保障其义务教育、基本医疗和住房。扶贫中关注其享受义务教育、医疗卫生等基本公共服务状况，居住等基本物质生活，注重基本公共服务均等化，改善生产生活生态条件。为此，国家提出了精准扶贫的"六个精准"（扶贫对象精准、项目安排精准、资金使用精准、措施到户精准、因村派人精准、脱贫成效精准）和"五个一批"（发展生产脱贫一批、易地扶贫搬迁脱贫一批、生态补偿脱贫一批、发展教育脱贫一批、社会保障兜底一批）的基本方略要求。

因此，农村贫困户获得感的需求满足主要来源于两方面的考虑：一要考虑满足农村贫困人口脱贫基本需求，二要考察政府扶贫治理客观成效，这两方面构成贫困户获得感的获得内容。结合国内外相关研究成果，本书提出农村贫困户获得感主要包括经济获得感、民生获得感、政治获得感。

（1）经济获得感。经济获得感是物质层面的获得感知，与国家宏观经济状况和家庭收入密切相关，涉及时间比较的纵向获得、社会比较的横向获得。经济获得感是农村贫困户获得感的物质基础和基本前提，低收入家庭的经济获得感相对较低，成为新时代提升人民获得感的关键的"最后一公里"②。经济获得感主要包括宏观经济发展、家庭收入和"吃穿两不愁"三个方面。

---

① 彭利凯. 增强农村贫困户获得感的调查与思考［J］. 农村科学实验，2018（11）.

② 梁土坤. 环境因素、政策效应与低收入家庭经济获得感——基于2016年全国低收入家庭经济调查数据的实证分析［J］. 现代经济探讨，2018（9）：19－30.

宏观经济发展的综合感知包括宏观经济状况和宏观经济增长，二者之间存在相互的正向影响。宏观经济状况和个人家庭收入会转化为经济获得感知，我国税收发展等宏观经济因素与我国居民收入之间存在明确的关系①，国家宏观经济发展状况对个人家庭经济状况有正向的影响，国家宏观经济向好发展，增加贫困户对个人经济发展的信心，促进贫困户正向的预期经济获得感的生成。

　　家庭是社会构成的基本单位，家庭收入作为客观经济获得因素直接影响经济获得感。收入质量对农村居民生活的满意度有影响②，家庭收入包括家庭收入状况、家庭收入纵向获得、家庭收入横向获得与未来家庭收入预期获得。

　　"一有两不愁三保障"是贫困人口脱贫的基本指标，包括收入不足的"贫"与个人或家庭能力不足的"困"，是农村贫困人口实现全面小康的最低门槛③。吃、穿是贫困户最基本的生活需求和生存需要，"吃穿两不愁"是经济获得感的基础构成部分。

　　（2）民生获得感。民生获得感是民生福祉层面的获得感知，关系到人民最关心最直接最现实的利益。当前，城乡之间、区域之间民生发展不平衡的问题突出，医疗卫生、环境保护等民生领域发展不充分，仍然是全面建成小康社会和建设现代化国家的短板④。民生获得感关系到农村贫困户的切身利益，是政府扶贫工作的落脚点，是农村贫困户获得感的基本维度。

　　党的十九大报告指出："深入开展脱贫攻坚，保证全体人民在共建共享发展中有更多获得感。"新时代民生诉求呈现出目标高阶化、体验差异化和需求结构多元化的新特征⑤，民生概念不断发展，以社会建设为主要依托但又超越社会建设⑥，其内涵是满足人民的美好生活需要，让人民有更多的获得感。结合"三保障"的具体内容，党的十九届四中全会进一步提出了"健全幼有所育、学有所教、劳有所得、病有所医、老有所养、住有所居、弱有所扶等方面

---

① 傅樵．居民收入与宏观经济因素影响的动态关系分析［J］．统计与决策，2014（21）：96－98．
② 康慧，张晓林．农村居民收入质量对生活满意度的影响［J］．经济问题，2019（4）：77－84．
③ 王小林．建立贫困退出机制确保贫困人口稳定脱贫［J］．中国财政，2016（12）：6－9．
④ 国务院发展研究中心"中国民生调查"课题组．张军扩，叶兴庆，葛延风，金三林，朱贤强．中国民生调查2018综合研究报告——新时代的民生保障［J］．管理世界，2018，34（11）：1－11．
⑤ 李锋．新时代人民获得感再提升与民生政策调适［J］．云南社会科学，2018（4）：53－58．
⑥ 郑功成．习近平关于民生系列重要论述的思想内涵与外延［J］．国家行政学院学报，2018（5）：4－10，187．

国家基本公共服务制度体系"的要求。本书将民生获得感分解为教育保障、医疗保障、住房安全、交通出行和生态环境等方面，体现贫困户从低端到高端的全方位、多层次、动态发展的民生硬需要和软需要。保障、改善、发展民生，使民生获得感更加充实、更有保障、更可持续，是扶贫工作民生政策的基准和标尺，推动贫困治理主体提升贫困户生活品质，落实贫困户实际获得。

（3）政治获得感。政治获得感是政府质量层面的获得感知，是经济获得感、民生获得感得到一定程度满足之后产生的受尊重和自我实现等的积极心理感受，主要从贫困户参与扶贫开发而使自身利益诉求机会、渠道，参与公共事务，体现为赋权增能和积极参与。贫困群众既是扶贫攻坚的对象，也是必不可少的参与者。政治获得感关注贫困户的参与与评价，重视其在扶贫过程中的权利保障，强调其主体地位。本书将扶贫机制和项目满意状况，选择精准识别、产业扶贫、技能培训、资金使用、工作效率、驻村干部以及贫困户的参与情况，体现了政府质量和服务水平，这些都统称为贫困户的政治获得，作为政治获得感的内容。

2.1.2 获得感与满意度、幸福感、剥夺感概念辨析

一方面，获得感与满意度、幸福感是相辅相成的关系。获得感概念与满意度和幸福感概念有很强的对应性，存在紧密的逻辑联系。满意度是指产品或服务等符合预期、能让人感到满足的心理愉悦状态。幸福感则在满意的基础上，基于自身的满足感而产生的快乐、愉悦的情绪状态。由此可见，满意度和幸福感的主观感要强于获得感。一般而言，满意度是获得感的前提和基础。获得感又有别于幸福感，它强调一种实实在在的"得到""收获"，如果不谈"获得"，容易让幸福感流于空泛。

实际上，在"获得感"概念提出之前，许多研究通常用满意度和幸福感这两个指标来衡量获得感[1]。相同点为：都具有客观与主观相统一的双重性质。获得感与满意度、幸福感都是一种主观评价，但又存在一定的客观性。不同点为：主观性和客观性的含量不同。主观幸福感源于个体的评估、评价，但

---

① David Blanchflower. Well-being over time in Britain and the USA [J]. Journal of Public Economics, 2000, 88 (7): 1359 – 1386.

这种评估、评价并无客观标准①。而满意度的高低通常源于实际效用与心理预期效用的差异，当期望低于实际功效时，表现为满意，反之则表现为不满意②。叶胥等（2018）研究指出，满意度的主观性要强于获得感，而获得感的客观性要强于满意度。因此，从主观性来说，幸福感＞满意度＞获得感，而从客观性来说，获得感＞满意度＞幸福感。与此同时，于洋航（2021）研究指出，满意度的提升意味着个体生活质量的改善，而这种个体现实利益的有效实现有助于激发自身的获得感知。

另一方面，获得感与剥夺感则是相反相成的关系。剥夺感也称相对剥夺感，是指个体与他人产生比较差距导致主观上受到剥夺的心理感受③。相对剥夺具有相对性，主要受到主观上对公平、公正及自己对"应得"的预期等因素的影响，而非客观获得所决定④。从概念界定来讲，剥夺感是与获得感相反相成的概念。减少相对剥夺感，就相当于具有获得感，反之，缺乏获得感，也就容易产生相对剥夺感。

2.2　相关理论基础

农村贫困户获得感指数研究作为公共管理学科的重要分支领域，和其母体学科公共管理一样具有丰富的理论基础，学科边界模糊但不失章法，具有很强的跨学科和交叉应用型特征。

2.2.1　获得感的政治学基础

"获得感"作为中国本土学术概念，由习近平总书记在 2015 年首次提出，因此，首先需从政治学的理论视角进行分析。以人民为中心是马克思主义政党

---

① Festinger L A. A theory of social comparison processes ［J］. Human Relations. 1954, 7 (2), 117 – 140.

② Kahneman D, Deaton A. High income improves evaluation of life but not emotional well-being ［J］. Proceedings of the National Academy of Sciences of the United States of America, 2010, 107 (38)：16489 – 16493.

③ 戴艳清, 戴柏清. 中国公共数字文化服务平台用户体验评价：以国家数字文化网为例 ［J］. 图书情报知识, 2019 (5)：80 – 89.

④ 何林. 新基建背景下的图书馆发展动能与服务升级 ［J］. 图书与情报, 2020 (5)：111 – 114.

性质宗旨的必然要求。党的十八大以来，以习近平同志为核心的党中央明确提出以人民为中心的发展思想，始终把人民放在心中最高位置、把人民对美好生活的向往作为奋斗目标，推动改革发展成果更多更公平惠及全体人民。习近平总书记关于人民获得感的论述、劳动价值理论、人民主体论述等都为"获得感"奠定了坚实的政治学基础。

（1）习近平总书记关于人民获得感的重要论述。2015年，习近平总书记首次提出"让人民有更多获得感"①，使得"获得感"具有了典型的本土特色内涵。熊建生等（2018）认为，人民"获得感"论述是党的"以人民为中心"发展思想和"给人民群众带来实实在在的利益"执政理念的彰显。是习近平新时代中国特色社会主义思想的重要组成部分，是在继承发展马克思主义思想等成果，并紧密结合新时代中国特色社会主义伟大实践而形成的。其主要内容包括：依靠实干持续不断地满足人民日益增长的对美好生活的需要，促使人民群众拥有更多的满足感和幸福感。唐钧（2017）认为，习近平总书记提出的人民获得感与人以及人的需要密切相关，其立场是人民利益为重，目标是坚持以人为本，路径是回应人民期待。张卫伟（2018）提出，人民"获得感"论述是习近平新时代中国特色社会主义思想的重要组成部分，是习近平总书记治国理政理念和实践的重要目标。"获得感"已经从抽象的治国理念的话语形态融入广大人民群众日常生活的心理期许，它也是人民群众对生活质量和幸福体验的最具生活化、大众化的价值表达。

由此可见，习近平总书记关于人民获得感的重要论述直接为"获得感"提供了坚实的理论基础，人民获得感的本质是满足人民群众对美好生活的向往，是中国共产党的奋斗目标。

（2）劳动价值论思想。马克思在《1844年经济学哲学手稿》中，对"异化劳动"进行了批判，阐释工人阶级"越劳动越贫困"的悖论，揭示了资本逻辑下"劳动—获得"逻辑断裂的深层原因。在此基础上，马克思提出"在共产主义社会里，已经积累起来的劳动只是扩大、丰富和提高工人的生活的一

---

① 习近平主持召开中央全面深化改革领导小组第十次会议强调：科学统筹突出重点对准焦距，让人民对改革有更多获得感 [N]. 人民日报，2015 - 02 - 28 (1).

种手段①，这为"劳动—获得"提供了最科学的诠释。习近平总书记继承和发展了劳动价值思想。习近平总书记在中共十八届中央政治局常委同中外记者见面时指出，"人世间的一切幸福都需要靠辛勤的劳动来创造"②。随后，总书记在同全国劳动模范代表座谈时又指出，"劳动是财富的源泉，也是幸福的源泉。人世间的美好梦想，只有通过诚实劳动才能实现"③。在此后的精准扶贫过程中，习近平总书记更是强调"脱贫致富终究要靠困难群众用自己的辛勤劳动来实现，没有比人更高的山，没有比脚更长的路"④。这正是对劳动价值论的继承，发展出了"撸起袖子加油干"的精神，使得全体人民在辛勤劳动和共同努力过程中不断实现全体人民的"获得感"。

基于上述论述，"劳动—获得"对于"获得感"的实现起着关键作用，劳动价值论揭示了"获得感"的来源，为"获得感"提供了重要理论来源。

（3）人民主体思想。人民主体思想贯穿于马克思主义的主线，马克思主义认为，无产阶级运动与资产阶级运动的本质区别就在于，资产阶级运动是"为少数人谋利益的运动"，而"无产阶级的运动是绝大多数人的，为绝大多数人谋利益的独立的运动"⑤。马克思、恩格斯在对未来共产主义社会的设想中，指出要实现"按需分配"，并实现"人的自由而全面发展"。这正是获得感的最高层次，意味着人各种需要都将得到满足，进入美好生活的状态，即"获得感"思想蕴含在马克思主义人民主体思想之中。习近平总书记在党的十八大以后，不断强调让人民有更多获得感，并通过脱贫攻坚、反腐倡廉等具体策略来保障这种获得感，这是马克思关于人民主体思想在新时代中国特色社会主义实践中的继承与发展，是对共产党执政宗旨和规律认识的深化，彰显了执政为民的责任担当，为新时代中国特色社会主义事业发展提供了价值遵循。

实际上，现代宪法的首要原则就是人民主权原则。翻开近现代政治思想史可以发现，卢梭以其社会契约论为基石，极力主张主权在民，"主权在民"学

---

① 马克思恩格斯选集（第1卷）［M］．北京：人民出版社，2012：415.
② 习近平谈治国理政［M］．北京：外文出版社，2014：4.
③ 习近平谈治国理政［M］．北京：外文出版社，2014：46.
④ 习近平谈治国理政［M］．北京：外文出版社，2017：86.
⑤ 马克思恩格斯选集（第1卷）［M］．北京：人民出版社，2012：411.

说也构成了他全部学说的核心和归宿①。所以，人民是国家的主人，国家管理机构的权力来自人民，政府是受人民的委托行使行政权。既然行政权是由人民委托的官吏执行，就必须受人民的监督。公民参与监督政府，通过定期不定期地对扶贫治理绩效开展满意度和获得感评价，才能真正有效地对政府施予监督和评判。马克思主义的人民主权观则是在对卢梭等资产阶级人民主权观的批判基础上而发展起来的②。以马克思主义为指导的社会主义国家人民主权观的基本内涵包括：国家的一切权力属于人民；人民是国家的主人，依法享有管理国家事务，管理经济、文化、社会等各方面事务的权利；国家的权力来自人民，对人民负责，受人民监督。③

获得感的受益主体不是少数人，更不是某个人，而是最广大人民群众。获得感作为一种主观体验，其满足与否由人民群众的需要和需要被满足的匹配度决定，而这正体现了人民主体思想。

2.2.2　获得感的心理学基础

在"获得感"概念诞生之前，在学术和实践层面通常是用生活满意度和主观幸福感来衡量该指标④，这两个指标作为一种主观评价，属于心理学领域。与此同时，诸多学者也认为，"获得感"是"获得"基础上的主观体验、主观感受等⑤⑥。因此，需从心理学领域对"获得感"进行理论溯源。

（1）需求层次理论。1943 年，美国心理学家马斯洛（A H Maslow）在《人类激励理论》中首次提出的需求层次理论认为，人的需求由低到高共分为生理的需求、安全的需求、情感和归属的需求、尊重的需求、自我实现的需求五个层次⑦。前两者属于低层次需求，后三者属于高层次需求。进一步来说，首先，人的需要可以划分为五个层次，生理的、安全的、社交的、尊重的和自

①② 杨道田. 公民满意度指数模型研究［M］. 北京：经济管理出版社，2011.

③ 薛恒. 社会主义国家人民主权的实践探索［J］. 唯实，2000（6）.

④ David Blanchflower. Well-being Over Time in Britain and the USA［J］. Journal of Public Economics，2000，88（7）：1359 – 1386.

⑤ 鲍磊. "获得感"及其概念周边——兼论其政策意涵［J］. 社科纵横，2019，34（7）：69 – 74.

⑥ 郑建君. 中国公民美好生活感知的测量与现状——兼论获得感、安全感与幸福感的关系［J］. 政治学研究，2020（6）：89 – 103，127 – 128.

⑦ Maslow A H. A theory of human motivation［J］. Psychological Review，1943，50（4）：30 – 37.

我实现的需要。其次，人的行为受到人的需要欲望的影响和驱动，但只有未满足的需要才能够影响人的行为。再次，人的各种需要由于重要程度和发展顺序的不同，会形成一定的层次。前两个是低层次的需要，后三个是较高级的需要。当较低层次的需要得到满足后，才会产生更高层次的需要。最后，人的行为由主导需要决定的。对于具体的个人而言，并非任何条件下都同时具有这五种需要且保持它们之间的同等需要程度。这样，对人的行为方向起着决定作用的就是他这段时期的主导需要。

马克思提出"当人们还不能使自己的吃喝住穿在质和量方面得到充分保证的时候，人们就根本不能获得解放"①，即人的高层次的需求建立在低层次需求满足的基础上。谭旭运等（2020）直接指出，"获得感"的形成源于个体生理需求和精神需求的满足。樊红敏等（2022）则认为，"获得感"是群体因物质层面和精神层面的客观获得而产生的主观满足感。钱力等（2020）研究发现，贫困人口物质需求、安全需求、社交需求、公平需求、能力需求在一定程度上得到满足后均能对其扶贫政策获得感的提升产生正向促进作用，且位于需求层次高低两端的物质需求与能力需求的正向促进作用最强。尽管不同学者在需求视角下对"获得感"的解释不尽相同，但毫无疑问他们都认同需求层次理论与"获得感"存在较强的内在逻辑联系。

（2）公平理论。公平理论最早在英国产生。公平理论研究的着眼点是"公平感"（perceived justice），而不是绝对的公平②。组织公平理论的研究是"基于这样的一个假设而展开的，即员工十分关注决定他们的承诺、满意度、离职倾向的组织体制的公平性。总结现有研究成果，公平感主要包括分配公平、程序公平和交往公平"③。

分配公平（distributive justice）是指对资源配置结果的公平感受。1975 年以前的公平研究主要都集中在这一方面。国外学者对分配公平的探讨始于美国行为科学家亚当斯（J S Adams）的开创性研究，亚当斯（Adams，1963）认

---

① 马克思恩格斯文集（第 1 卷）［M］．北京：人民出版社，2009：527.
② 杨道田．公民满意度指数模型研究［M］．北京：经济管理出版社，2011.
③ Dail L Fields. 工作评价：组织诊断与研究实用量表［M］．阳志平，等译．北京：中国轻工业出版社，2004：151.

为，"公平是人们进行社会比较的结果。人们将自己的结果或收益与自己的投入或贡献（如学历、智慧和经验）的比率与参照对象的这一比率进行比较，若两个比率相等则产生公平感；反之，则会产生不公平感"①。随后，西波特和沃尔克（Thibaut and Walker，1975）在他们出版的研究法律程序的公平问题的专著中提出了程序公平的概念，他们将程序公平定义为决策过程的公平感知。程序公平更强调分配资源时适用的程序、过程的公平性。贝斯和莫格（Bies and Moag，1986）关注在程序执行时人际互动方式与公平感的关系，提出互动公平（interactive justice）的概念，并将其定义为"在执行程序时所受到的人际对待"。后来，格林伯格（Greenberg，1990；1993）提出将交往公平分为两种类型：人际公平（interpersonal justice）和信息公平（information justice）。人际公平反映的是员工被那些与执行程序和决定结果有关的当权者以礼相待和尊重的程度；信息公平是指向员工传递有关信息，解释为什么采取某种分配程序和为什么是这样的分配结果的程度②。

大量研究表明，在顾客满意度研究中，公平理论起到了很重要的作用。沃尔斯特和柏斯切得（Walster and Berscheid，1978）指出，人们关注公平在评价顾客满意中的重要性，因为人们需要公平对待。莫温和葛洛夫（Mowen and Grove，1983）的服务营销研究表明，顾客受到不公平待遇与顾客不满意之间存在正相关。费斯克（Fisk，1985）、奥利弗（Oliver，1988）等学者也作了一系列的研究，结果表明，顾客对产品是否满意，不仅取决于期望与绩效之间的比较，还取决于顾客是否认为交易公平合理。当顾客感到自己获得的效用与投入之比，与产品提供商的这一比例相同时，就会感到公平和满意。公平程度越高，顾客就越满意，反之，公平程度越低，顾客就越不满意③。泰克斯（Stephen Tax）、布朗（Stephen Brown）和钱德拉塞克兰（Chandrashekaran）等学者在研究服务投诉过程时，更是完全借鉴了公平理论的内容（Tax et al.，1998）。

社会公平是一个利益关系范畴，其核心是社会各个领域的权利和利益在社会成员之间均衡而平等的配置问题，以及人们对这种权利和利益关系是否合理

---

① ③ 杨道田. 公民满意度指数模型研究 [M]. 北京：经济管理出版社，2011.

② 李晔，龙立荣. 组织公平感对人力资源管理的启示 [J]. 外国经济管理，2003（2）：12 – 17.

的主观价值评判，通常包含起点公平、过程公平和结果公平三方面的内容①。在国家制度层面上，有研究指出，低保制度、扶贫政策等国家宏观政策的实施有助于缩小社会贫富差距，进而平抑社会不公平感和相对剥夺感，提高底层群体的获得感②③。在社会层面上，孙计领（2016）的研究表明，收入分配公平感可以调节不均等与幸福感的关系。在个体层面上，周雪娇等（2021）研究发现，社会公平感对居民幸福感具有显著影响，社会公平感越强，居民幸福感越强。由此，可以从社会公平理论视角来解释"获得感"。

公平感的重要性不言而喻，但这是一个高度抽象的概念，如何将其指标化进行量化研究是一个难题。在本书中，我们将公平感作为一个中介变量来考察其对获得感的效应，实际上也呈现出获得感的一个内容，作为心理获得感，或者称之为精神获得感。公平认知框架对于获得感的生成存在诱导效应。当个体对自我获得处境存在公平认知时，将显著地提升获得感④。公平认知是获得感的重要触发机制。

（3）期望理论。期望是心理学研究的重要内容。管理学也相应地大量引入期望理论这种研究范式和方法。期望是指个人对某一项行为导致某种结果或满足需要的可能性的主观判断。期望理论（expectancy theory）是行为科学家弗洛姆（Vroom）于 1964 年在其著作《工作与激励》中首先提出来的。在弗洛姆看来，期望理论假定人人都是决策者，人们在智力和认知能力上都是有限的，因此，人们只能在有限的认知中形成和选择方案。方案的实施主要取决于这个方案所带来的满足个体需求的程度。该理论可以用公式表示为：激发力量 ＝期望×效价。其基本观点是：一个人把目标的价值看得越大，估计其能实现的概率越高，激励作用就越强。人们的期望值大小取决于激励程度和效价的比值，比值越大，期望值越大，反之则越小。期望理论的运用说明，农村贫

① 龚文君，周健宇. 社会保障核心价值理念再思考——基于社会学视角的社会公平理论分析 [J]. 当代经济管理，2012，34（6）：46－50

② Barry G. The happy worker：An analysis of educational and occupational differences in determinants of job satisfaction [J]. American Journal of Sociology，1980，86（2）：247－271.

③ Marx K. Early Writings [M]. New York：McGraw-Hill，1964.

④ 黄艳敏，张文娟，赵娟霞. 实际获得、公平认知与居民获得感 [J]. 现代经济探讨，2018，（11）.

困户获得感水平与其期望值存在密切关系。

（4）认知不协调理论。根据费斯汀格（Festinger，1957）的认知不协调理论，当期望获得较高回报的人们最终却只获得了低水平的回报，便产生了认知的不协调，并对人们的评价产生压力，促使人们提高对实际回报的评价。费斯汀格列举了四种导致不协调的可能因素：一是逻辑的不一致；二是和文化习俗不一致；三是特殊信念和一般信念的不一致；四是与过去经验不一致。减少或消除不协调的途径主要有：一是改变或否定不协调认知因素的一方；二是同时改变不协调认知因素双方的强度；三是引进新的认知因素，改变原有认知因素间的不协调关系。

密歇根大学弗耐尔（Fornell，1992）认为，从长期来看，顾客满意的两个前置因素——顾客期望和感知绩效会趋于一致。如果将顾客期望和感知绩效作为两个认知因素，他们的这个观点就会在认知不协调理论中找到坚实的基础。有学者认为，一个单位的损失比一个单位的收益对人们心理上的影响更大。因此，当感知质量不如顾客期望时，顾客会增加，而不是如认知不协调理论所描述的那样减少这两个认知要素之间的不一致，由此造成强烈的不满意感[1]。卡多佐（Cardozo，1965）的研究引入了"顾客努力"概念，对这一观点给予了证明。卡多佐指出，顾客在消费之前努力的程度不同，将影响到认知不协调理论产生的作用，当顾客花费了很大的努力，那么即使没有达到预期的结果，由于结果的重要程度，也会使认知不协调理论发挥作用，提高实际的评价水平。

安德森（Anderson，1973）认为，人们心中对顾客期望与感知质量两者之间的不一致存在一个默示的"可接受范围"。如果两个认知要素之间的不一致在可接受范围之内，消费者会如认知不协调理论所说，努力调整其认知来减少二者的不协调性；反之，则会增加两者之间的差异性[2]。

认知不协调理论的运用可为获得感研究提供重要的启发。我们认为获得感是指个体或群体在改革发展进程中通过与参照群体横向或纵向比较而感知自身实际所得和需求满足而形成的积极心理体验和主观评价。这里面就体现出了一

---

[1][2] 杨道田. 公民满意度指数模型研究 [M]. 北京：经济管理出版社，2011.

定的期望和参照，体现了横向和纵向的比较，因此前后、左右的这种认知和比较就会产生不一致、不协调，因而带来需求满足的获得感，或者需求不满足的相对剥夺感，等等。事实上，最早由费斯廷格提出的社会比较理论也可以很好地佐证这个观点。他指出当人们缺乏用来评价的外部客观标准时，就会倾向于通过与他人的比较来实现自我评价。一个人对自己所处情景的认知以及对自己能力的评价将共同影响他的行为①。对于大多数人而言，向上比较会降低幸福感，向下比较则有助于提高幸福感②。王浦劬等（2018）进一步指出，获得感也产生于比较情境中，是对实际收益的考量和比较而产生的感觉，是获得利益后的满足感，即对预期与实际获得比较和评价是获得感产生的重要心理过程和基础。这种期望与实际感受差异的认知比较，决定结果的满意度，这与获得感的心理生成过程完全契合。

（5）主观幸福感理论。主观幸福感理论（subjective well-being theory）是积极心理学研究领域的重要组成部分之一。自 20 世纪 60 年代以来，西方学者，例如迪纳（Diener，1984）、卡尼曼（Kahneman，1999）、阿尔珀和斯科纳（Alper and Skoner，2003）、迪纳和比斯瓦斯-迪纳（Diener and Biswas-Diener，2008）、亨特和德尔加迪略·蔡斯（Hunter and Delgadillo Chase，2017）等，就对主观幸福感理论与实证研究倾注了极大的热情，国内学者，譬如梅锦荣（1999）、吴明霞（2000）、邢占军（2002）、徐维东（2005）、吴捷（2008）、林江（2012）、李路路（2017）、何晓斌（2021）、俞国良（2022）等，自 20 世纪 80 年代以来对主观幸福感的研究也进行了大量探讨。当前，主观幸福感理论同"心理幸福感理论"一样，日益受到了理论与实践界的广泛关注。

就内涵释义，主观幸福感理论认为，"主观幸福感是人们对生活，发生的事件，身心和生活环境的不同评估的总称"（Diener，2006）。主观幸福感既包括人们对自己的生活作出的各种正面评价和负面评价，也涉及人们对其经历的

① Festinger L. A theory of social comparison processes［J］. Human Relations，1954，7（2）：117 - 140.

② Schneider S M，Jürgen Schupp. Individual differences in social comparison and its consequences for life satisfaction：Introducing a short scale of the Iowa-Netherlands comparison orientation measure［J］. Social Indicators Research，2014，115（2）：767 - 789.

情感反应（Diener et al.，2015），是个体或群体在改革发展进程中，通过与参照群体横向或纵向比较，感知自身实际所得而形成的积极性体验和主观评价。主观幸福感的成分，大体包括认知成分和情感成分两种（Diener，1984；Kahneman et al.，2006）。进一步解析其构成，迪纳（Diener，1984）认为，主观幸福感应至少包含消极情感、积极情感和生活满意度三个要素。三要素紧密关联、互为补充，是测量和量化主观幸福感不可或缺的重要指标。

就生成逻辑，主观幸福感理论提供了三个主要解释视角（理论）。一是倾向理论。认为主观幸福感不是来自生活环境本身，而是主要来自影响行为和认知的生物或气质因素，如对生活环境和事件的解释和评估，反过来又影响主观幸福感。二是演化理论。认为某些进化的趋势使人们倾向于更大的主观幸福感，但另一些趋势则使人们难以获得和维持主观幸福感（Nettle，2005）。增强主观幸福感的需求包括强烈的交配纽带、友谊、亲情和与他人合作的需求（Bech and Per，2012）。三是生活环境理论。认为主观幸福感主要是一个人日常生活经历（主要和次要）和人口因素（如社会经济地位、教育和身体健康等）的积极和消极数量的结果。除此之外，生物/气质理论与演化理论类似。目标满足理论认为，主观幸福感来源于对目标达成的成就感；心理状态理论则认为，感知的参照点决定了主观满意度和幸福感（Diener et al.，2015）。

就构成模型，主观幸福感理论提供了五种主要解释形式。一是独立成分模式。认为主观幸福感理论只是一个研究领域，并不意味着三个成分之间存在任何因果关系，尽管它们之间的相关性有时可能很强。因此，该模式倾向于将消极情感、积极情感和生活满意度三个要素"区隔"，分别探究三要素各自对主观幸福感的影响强弱、影响机理和影响结果等。二是层次结构模型。认为主观幸福感自身实际上是一个更高阶的潜在因素，它产生了消极情感、积极情感和生活满意度三个低阶分量之间的相关性。三是因果系统模型。认为主观幸福感是一个关系网络，因为人们在主观思考是否满意时，往往前置考量生活满意度，而生活满意度又通常受到消极情感和积极情感的叠加影响。四是复合模式。认为主观幸福感是积极情感、消极情感和生活满意度的综合，因此在评价主观幸福感时，有必要对这三个因素进行综合评价。五是配置模式。认为积极情感、消极情感和生活满意度虽然都影响主观满意度，但综合环境的差异往往造成个体及其特征的差异，因此三要素的配置针对不同个体时可能存在一定的差异。

相关相近的主观幸福感理论，为厘清精准扶贫视野下农村贫困户获得感的主观层次性和多维构成性提供了必要的借鉴和参考。总体而言，主观幸福感理论指出遵循人的需求层次理论，主观幸福感是经由目标—挑战、成功—喜悦、期待—满足等机制而产生的（Curhan and Katherine B, et al.，2014），受到个体心理、经济收入、社会福利、公共物品和服务质量、政府效率、财产权利保护等因素影响（邢占军，2010；Easterlin，2011；陈刚等，2012；周绍杰等，2012）。以主观幸福感为参照对象，首先，获得感是个体或群体在改革发展进程中，通过与参照群体横向或纵向比较，感知自身实际所得而形成的积极性体验和主观评价。获得感具有三个显著特征：一是基于实际获得而产生的直接感知，体现出人们的需求和对美好生活的向往；二是作为一种心理状态，具有明显的主观色彩和个体差异性；三是兼具公平公正和包容性。

（6）相对剥夺感理论。1949 年，美国社会学家塞缪尔·安德鲁·斯托弗（Samuel Andrew Stouffer）在《美国士兵》[①] 一书中首次提出"相对剥夺感"（relative deprivation）概念。之后，罗伯特·K. 默顿（Robert King Merton）于1957 年在《社会理论和社会结构》[②] 一书中，对相对剥夺感理论进行了系统阐释，使之成为一种理解影响个体和群体的认知和情感过程的社会评价理论。在此之后，国外学者，例如戴维斯（Davis，1959）、兰西曼（Runciman，1966）、克罗斯比（Crosby，1976）、沃克和佩蒂格鲁（Walker and Pettigrew，1984）、威尔金森（Wilkinson，2007）、史密斯等（Smith et al.，2012）等，以及国内学者，譬如王思斌（1998）、李汉林（2000）、刘欣（2002）、熊猛（2016）、孙灯勇（2016）、何伟怡（2021）、陈娇（2023）等，对相对剥夺感理论不断进行修正和补充，使其发展成为相对完备的理论，受到了社会学、心理学、组织管理等领域学者的广泛关注和运用。

相对剥夺感是指人们与一个或多个参照标准进行比较，进而产生比较差

---

① Stouffer, Samuel Andrew. The American soldier ［M］. Regan Books, 1949.

② ［美］罗伯特·K. 默顿. 社会理论和社会结构 ［M］. 唐少杰，齐心，译，北京：译林出版社，2006.

距，导致主观上受到剥夺的心理感受[①]，其与"获得感"概念相对应。相对剥夺并非由客观获得所决定，而是受到主观上对公平、公正及自己对"应得"的预期等因素的影响[②]。相对剥夺感来源于客观现实，但不依赖于绝对现实，具有相对性，感受到的相对剥夺感越强，则获得感越低，反之则越高。郑建君（2020）研究发现，社会地位悬殊和收入差距过大会带来不公平感和相对剥夺感，产生"幸福损失"，而福利供给则可以缓解这种情况。因此，可以镜鉴"相对剥夺感"，对"获得感"进行理论解释。

就内涵释义，相对剥夺感理论认为，当人们将自己的处境与某种标准或某种参照物相比较而发现自己处于劣势时，会产生相对受剥夺感。相对剥夺感是经由历史现实比较、价值尺度比较、期望值比较而产生的横向剥夺感和纵向剥夺感（熊猛等，2016；杨振之等，2022）。根据社会比较中参照对象所处的层次，兰西曼（Runciman，1966）将相对剥夺感进一步划分为个人相对剥夺感和群体相对剥夺感两种类型。在相对剥夺感产生的"三条件""四条件"的研究基础上，克罗斯比（Crosby，1976）通过对以往理论观点进行整合，认为产生相对剥夺感应该大体满足五个条件：看到与自己相似的其他人拥有；自己想要获得；自己感觉有权获得；自己获得是可以实现的；没有获得不是自己的原因。

就演进机理，相对剥夺感理论认为，个体特征变量，如人格特质、归因方式、歧视体验、知觉控制感、不平等感等因素（Kawakami，Kerry，and K L Dion，2010；Moore and Dahlia，2014；张书维等，2012），社会环境变量，如社会经济地位、社会公正性、参照群体特征等因素（Pettigrew，Thomas F，et al.，2008；Salti，2010；潘金玉等，2022），都会对相对剥夺感产生直接或间接的影响。总的来看，个体或群体"价值预期"和"价值能力"之间比较的不一致，为相对剥夺感的"出场"奠定了基础（Curr，1970；Taylor and Marylee C，2001）。史密斯等（Smith et al.，2012）进一步研究发现，相对剥夺感的缘起

① 戴艳清，戴柏清. 中国公共数字文化服务平台用户体验评价：以国家数字文化网为例 [J]. 图书情报知识，2019（5）：80 – 89.

② 何林. 新基建背景下的图书馆发展动能与服务升级 [J]. 图书与情报，2020（5）：111 – 114.

和演进大致经历四个过程：进行认知上的比较；进行认知评价，看自己或者自己所处群体是否处于不利地位；认为处于不利地位是不公平的；产生抵触感。个体对自身劣势地位的主观感知，可能会进一步引起愤怒、不满、怨恨等情绪反应（Smith et al.，2012；Osborne et al.，2015），进而对心理健康、身体健康、个体行为、群际态度、集群行为等产生影响（Subramanyam and Malavika，et al.，2009；Smith et al.，2012；张书维等，2012）。

相反相成的相对剥夺感理论，为把握精准扶贫视野下农村贫困户获得感的形成机理和影响效应提供了相应的启示和参照。总的来说，从相对剥夺感理论来看，相对剥夺感虽然受到诸多因素的影响，但其缘起的内在机理主要源于"价值预期"和"价值能力"之间比较的不一致，即个体基于对公平的认知，在期望和实际所得比较中产生偏差，进而产生相对剥夺感和抵触感。上述观点不仅在理论层面可以实现逻辑自恰，在实践中也极具解释力。因此，将该观点"嫁接"至精准扶贫视野下农村贫困户获得感的探讨，启示本书提出"贫困户期望与实际所得，及其对公平的认知，共同主导农村贫困户获得感的生成"的初步假设，并在后续的构建、检验贫困户获得感测度指标体系过程中，进一步校验、丰富这一假设，进而解析农村贫困户获得感的形成机理及其影响效应，提出相关政策应对措施。

2.2.3 获得感的社会学基础

（1）社会结构地位。社会结构地位意味着对财富、权力等资源的占有情况，是居民客观社会经济政治地位的综合反映[1]。社会结构地位（如社会地位、家庭收入、受教育程度等）越高，获益的可能性就越大，获得感越强[2][3]，反之，则容易成为"获得"的边缘人。例如，民众社会地位越高，公共服务

---

① 穆怀中，范洪敏. 收入不平等认可影响机制：社会结构地位与流动性预期 [J]. 广东财经大学学报，2015，30（1）：12 – 22.

② Fontinha R，Van Laar D，Easton S. Quality of working life of academics and researchers in the UK：The roles of contract type，tenure and university ranking [J]. Studies in Higher Education，2016，43（4）：786 – 806.

③ 赵守盈，臧运洪，陈维，等. 教师工作生活质量问卷的编制 [J]. 心理科学，2010，33（3）：690 – 694.

满意度越高①。具体来讲，在教育方面，教育水平较高的个体，更能追求与感受到机会公平②，因而获得感往往也较高；在收入方面，低收入群体的不公平感往往会较高③；在政治方面，个人政治地位较高的个体对不平等持更加积极的态度④，从而呈现出较高的获得感。因此，当民众的社会结构地位或感知的社会结构地位处于较高水平时，其往往会出现较高的获得感，可在一定程度上解释"获得感"。

（2）社会分层理论。社会分层主要是指社会成员在获取物质、资源或社会机会等方面存在着结构性的不平等，由此形成了不同等级的社会群体，体现了个体或群体之间的结构化不平等，导致处于社会上层的群体享有的特权、财富、资源及社会机会更多，而处于社会底层的群体享有的机会则更少⑤。孙远太（2015）研究指出，客观社会地位与主观社会地位均会影响人们的获得感，而更好的生活环境、更公平的教育环境均能显著提高人们的获得感，社区经济发展水平等地区环境会显著作用于低收入家庭的经济获得感。同时，诸多研究表明，阶层流动对提高幸福感有显著作用⑥，而社会阶层固化则会降低居民幸福感⑦。菲舍尔（Fischer，2009）研究发现，社会流动性高的欧盟国家，其居民生活满意度高，原因是社会流动性较强，居民可以通过自身努力改变其社会经济地位，进而提高幸福感。胡小勇等（2014）进一步研究发现，社会阶层低的居民容易受到社会公平感的影响，社会公平感越高，其幸福感越强，而社会阶层高的居民受社会公平感的影响则较小。因此，可以从社会分层及阶层流动的视角对"获得感"进行解释。

① 姬生翔，姜流. 社会地位、政府角色认知与公共服务满意度——基于 CGSS2013 的结构方程分析 [J]. 软科学，2017，31（1）：1－5.

② 孟天广. 转型期中国公众的分配公平感：结果公平与机会公平 [J]. 社会，2012（6）：108－134.

③ 孙明. 市场转型与民众的分配公平观 [J]. 社会学研究，2009（3）：78－88.

④ 穆怀中，范洪敏. 收入不平等认可影响机制：社会结构地位与流动性预期 [J]. 广东财经大学学报，2015，30（1）：12－22.

⑤ 徐延辉，刘彦. 社会分层视角下的城市居民获得感研究 [J]. 社会科学辑刊，2021（2）：88－97，2.

⑥ Gallo L C，Matthews K A. Understanding the association between socioeconomic status and physical health：Do negative emotions play a role？[J]. Psychological Bulletin，2003，129（1）：10－51.

⑦ 李强. 改革开放 30 年来中国社会分层结构的变迁 [J]. 北京社会科学，2008（5）：47－60.

2.2.4　获得感的管理学基础

（1）顾客满意度理论。顾客满意度研究兴起于 20 世纪 70 年代。1965 年，卡多佐（Cardozo）发表了"顾客的投入、期望和满意的实验研究"[1]，引发了理论与实践界的广泛关注，相关研究随后跟进，逐步发展，形成了广为认可的"顾客满意度理论"（customer satisfaction theory）。当前，顾客满意度理论参考借鉴了政治学、管理学、社会学、心理学等学科的理论基础，在西方，受到了诸如奥耳舍夫斯基（Olshavsky，1972）、安德森（Anderson，1973）、丘吉尔（Churchill，1982）、菲斯克（Fisk，1985）、奥利弗（Oliver，1988）、鲁斯（Ruth，1999）、坦（Tan，2000）、埃博利（Eboli，2007）、雷戈（Rego，2013）、哈斯布拉（Hasbullah，2021）、萨尔玛尼纳（Salmasnia，2022）等学者的热切关注。在我国，董大海（1999）、白长虹（2001）、范秀成（2006）、王永贵（2013）、张正林（2016）、缪秀梅（2019）、姜岩（2021）、胡查平（2022）、曹忠鹏（2023）等学者，也先后围绕顾客满意度理论与实践展开了积极探讨。相关研究涵盖政治学、管理学、经济学、市场营销学、消费心理学等诸多学科领域。

就含义释义，顾客满意度理论认为，首先，顾客可以从"为企业提供收入者、使用产品或服务的决定者、产品或服务的受益者"三个方面论述，广义的顾客是指任何接受或可能接受商品或服务的对象，狭义的顾客是指企业产品或服务的最终消费者（马克·詹金斯，2001）。其次，顾客满意是个人通过将某项产品或服务的可感知效果（或结果）与他的期望值相比较所形成的愉悦或失望的感觉状态（菲利普·科特勒，2001），是成功地理解某一个或部分顾客的爱好，为满足顾客需要作出相应努力的结果（张念萍等，2004）。因此，顾客满意既可以是从状态角度定义，认为其是顾客对购买行为的事后感受（Oliver and Linda，1981），也可以从过程角度定义，认为其是顾客事后对消费行为的评价（Tseand Wilton，1988）。顾客满意既是

---

[1]　Cardozo R N. An experimental study of consumer effort-expectations and satisfaction ［J］. Research Gate, 1965 (1).

出发点，也是落脚点。最后，顾客满意度是顾客消费后对消费对象和消费过程的一种个性、主观的情感反映，是顾客满意水平的量化指标，是从顾客对产品或服务的质量评价中抽取的潜在变量。顾客满意度作为顾客的一种心理感受，具有社会客观性、个体主观性、动态可变性等特征（王志兴等，2009）。

就相关模型，顾客满意度理论目前有五种代表性模型。一是卡诺（KANO）模型。该模型认为，顾客满意度水平取决于产品质量，并将产品（服务）质量分为三类：当然质量、期望质量和迷人质量。当然质量是产品（服务）应当具备的质量，期望质量是顾客对产品（服务）期望或者想象的质量，迷人质量是产品（服务）超越顾客期望和想象的质量[1]。该模型作为定性分析模型，旨在通过对不同顾客的差异性需求进行区别性处理，帮助企业找出提高顾客满意度的切入点、顾客和企业的接触点，识别影响顾客满意的关键因素。二是瑞典顾客满意度指数（swedish customer satisfaction barometer，SCSB）模型。该模型认为，顾客满意是累计式的，是顾客对全部消费经历的整体评价，与特定交易的顾客满意相比，该模式具有感知价值、顾客预期满意、顾客满意度、顾客抱怨、顾客忠诚5个结构变量和6种关系[2]，在衡量经济生活的质量方面更具说服力，也可以更好地预测消费者后续行为和企业绩效。三是ACSI模型。该模型由国家整体满意度指数、部门满意度指数、行业满意度指数和企业满意度指数4个层次构成。该理论假设，顾客满意度与顾客在产品（服务）购买中、后的感受紧密相关，顾客满意程度高低强弱将导致顾客抱怨和顾客忠诚两种结果。而且，该模式将顾客满意度置于一个相互影响、互为关联的互动系统中，主要基于感知质量（产品感知质量、服务感知质量）、顾客期望、感知价值、顾客满意度、顾客抱怨、顾客忠诚6个结构变量、15个预测变量和8种关系，系统研判顾客满意度及其内在机理[3]。四是ECSI模型。该模型由"欧洲质量组织"和"欧洲质量管理基金会"等机构共同资助，继承并发展了SCSB和ACSI等模型。总体来看，ECSI模型包括了形象、顾客预期、感知软件质量、感知硬件质量、感知价值、顾客满意度、顾客忠诚7个结构变量、23

---

[1][2][3]　杨道田. 公民满意度指数模型研究 [M]. 北京：经济管理出版社，2011.

个观测变量和 10 种关系。在 7 个结构变量中，形象、顾客预期、感知软件质量、感知硬件质量、感知价值 4 个变量，是测量、量化顾客满意度的原因变量，而顾客忠诚则是顾客满意度的结果变量。五是 CCSI 模型。该模型是清华大学中国企业研究中心和国家质量技术监督局，根据中国市场的实际情况合作开发的国内首个较完善的顾客满意度指数模型。CCSI 模型以 ACSI 模型为基础，吸收并借鉴了 ECSI 模型的成功经验，包含了品牌形象、感知质量（软件、硬件）、预期质量、感知价值、顾客满意度、顾客忠诚 6 个结构变量和 11 种关系，进一步指明了顾客满意度各变量之间的内在关联和形式机理。

相关相近的顾客满意度理论为进一步细化精准扶贫视野下农村贫困户获得感的测量指标提供了相应的启示和参考。大体来看，顾客满意度理论认为，顾客期望、感知质量、认知不一致等单独或共同主导顾客满意度形成，关键影响因素包括感知质量、顾客期望、感知价值、品牌形象等（Lee and Alvin Y，2003；Anderson，2004）。顾客满意度理论还进一步探讨了顾客抱怨、顾客信任、顾客忠诚等方面的后向影响效应（Hwang，2005；刘武等，2009）。将顾客满意度理论的影响因素、模式和后向影响效应等内容相应"移植"到精准扶贫视野下农村贫困户获得感研究领域，可以进一步发现，首先，获得感是付出劳动而得到收获的愉悦感，与幸福感和安全感密切相关（唐钧，2017；马振清等，2017）；是"结果获得"和"机会参与"的统一，也是"物质经济利益"与"非物质利益"的统一（周海涛等，2016；蒋永穆，2017）。获得感内容包括经济、社会、文化、民生等若干层次、多个方面（赵玉华等，2016；王道勇，2017）。因此，将贫困户获得感先行划分为生活收入状况、安全保障状况、扶贫机制满意状况、扶贫项目满意状况 4 个维度，可以更好地框定贫困户获得感的测定范围。其次，结合顾客满意度理论相关模型可知，贫困户获得感 4 个维度彼此间存在关联。从贫困户感知获得到贫困户获得感，再到政府信任，贫困户获得感的机理演进需要进一步借助更为细致的因素指数进行量化衡量。例如，贫困户的获得感既包括实实在在的利益获取，如脱贫标准"两不愁三保障"，也包括对这种获取发自内心的满足，如"扶贫满意度""公平感"等。

（2）新公共管理理论。20 世纪 90 年代以来，在传统公共行政学的基础上，综合借鉴的公共选择理论、委托代理理论和交易成本理论等经济学理论和企业管理理论的基础上，新公共管理理论应运而生。新公共管理理论主张以私营部门的理念、机制和模式来改造公共部门，为公共部门引入竞争机制，突破官僚制，提高效率和效益。新公共管理理论认为，那些已经和正在为私营部门所成功地运用着的管理方法，如绩效管理、目标管理等并非为私营部门所独有，它们完全可以运用到公共部门的管理中来①。顾客至上理念、结果导向的评价机制、公民问责机制等在公共部门日益显示其生命力。政府绩效评估强调对结果和质量的评价，强调公民的满意度。"这使顾客、消费者、公众与他们作为这个社会的主人、所有者具有了同一的意义"②。以顾客为导向，1993 年，美国率先颁布了《设立顾客服务标准》，之后还出版了《顾客至上：为美国人民服务的标准》。在评价的主体选择上，由于强调"顾客导向"，公共服务的使用者的满意状况如何，许多地方政府纷纷通过公民调查、随访、联系、申诉、意见箱、板报等各种方式来收集公民的回应情况，聆听他们的声音。政府绩效评价中公平及公民（顾客）导向日益突出，公民满意与否具有十分重要的意义。农村贫困户获得感的评价是衡量贫困治理绩效的重要指标。

---

① 杨道田. 公民满意度指数模型研究［M］. 北京：经济管理出版社，2011.

② Bill Clinton, Vice President A Gore. Report of the national performance review ［M］. New York：Washington DC, 1994, 5：16.

第 3 章

研究设计与方法

本章主要就本书的构思、理论架构、模型设计、研究方法和分析工具进行阐述和分析。本章根据农村贫困户获得感模型构建的思路,根据前人理论先导和经验研究积累,提出研究假设,介绍了本书使用的主要分析工具——结构方程模型,并着重阐述和分析了本书中规范研究方法和实证分析方法的具体执行情况。

3.1 农村贫困户获得感指数模型构建思路

3.1.1 贫困治理的现实依据

消除贫困、改善民生、实现共同富裕,是社会主义的本质要求。精准扶贫是中国特色的新时期脱贫方针和扶贫开发方略。2013 年,习近平总书记到湖南湘西考察时首次提出"精准扶贫"战略构想;2015 年,习近平总书记在云南考察时提出"扶贫开发是我们第一个百年奋斗目标的重点工作,是最艰巨的任务。要以更加明确的目标、更加有力的举措、更加有效的行动,深入实施精准扶贫、精准脱贫,项目安排和资金使用都要提高精准度,扶到点上、根上,让贫困群众真正得到实惠"。

精准扶贫工作包括针对不同贫困区域环境、不同贫困农户状况,运用科学有效程序对扶贫对象实施精确识别、精确帮扶、精确管理和精准考核的治贫方式[1]。做好精准扶贫，特别要注重六个精准，坚持分类施策，因人因地施策，因贫困原因施策，因贫困类型施策，通过扶持生产和就业发展一批，通过易地搬迁安置一批，通过生态保护脱贫一批，通过教育扶贫脱贫一批，通过低保政策兜底一批，广泛动员全社会力量参与扶贫[2]。习近平总书记提出"精准扶贫"重要理念以来，我国脱贫攻坚工作取得了决定性进展和历史性成就。精准扶贫方略的成功实践，使得我国提前 10 年实现联合国 2030 年可持续发展议程的减贫目标，对于中国和世界都具有重大意义，也彰显了中国贫困治理的伟大成就，为全球贫困治理难题提供了中国智慧和中国方案。

但与此同时，相关报道和学界研究指出，在精准扶贫的背景下，我国扶贫工作也呈现出"内卷化"的总体性困局，产业扶贫中"精英俘获"使得贫困群体在扶贫项目实践中"主体性权利缺失"（刘磊，2016；黄承伟，2017；马良灿，2017；唐梅玲，2018），社会力量参与精准扶贫出现"碎片化"困境，针对贫困人口的农村实用技术培训"有用但无效"等现象带来极大负面影响（陈成文，2017；陆汉文，2017；莫光辉，2017）。精准扶贫实践与政策落实出现"最后一公里"和执行"变了样"等现象，使得精准扶贫治理效果与预期仍存在一定差距，农村贫困户的获得感大打折扣、呈现明显"钝化"倾向（一种心理的迟缓反应状态），甚至有部分贫困户产生了"失落感"和局部演化为"相对剥夺感"。在这种情况下，让农村贫困户共享改革发展红利，提高农村贫困户获得感已成为当前我国精准扶贫战略实施的一个理论焦点和实践难题。

3.1.2 农村贫困户获得感指数模型的特殊性

从文献评估来看，精准扶贫绩效评价旨在通过对扶贫政策的实施情况进行评估，找出政策实施中的问题和不足，进一步提高政策实施效果，确保扶贫政策真正惠及贫困人口。一般而言，精准扶贫绩效评价的指标包括政策制定、实施和监管等方面，有政策制定公平性、政策效果有效性、资金使用合规性、监

---

①② 吴龙燕. 宿迁市精准扶贫工作对策研究［D］. 大连：大连海事大学，2018.

管有效性和减贫治贫效果等。这些研究大多从政府的角度去评价政策绩效、项目绩效、治理绩效、资金使用绩效等，而较少地从精准扶贫的对象贫困人口角度来评价。虽然也有一些从政策满意度的成果，但从农村贫困户获得感测度视角的研究还是不够多、研究不够深入，因而有很大研究拓展空间。

获得感是近些年的新鲜词汇，具有中国特色，从概念提出到研究阐释、政策运用还有许多值得研究的。可以说，这些年关于获得感的概念、机理、指标体系、模式选择、操作方法等方面有了较多研究积累，然而，应用精准扶贫背景下农村贫困户获得感指数模型化的研究还较为缺乏。可以说，测度模型处于尝试阶段，由于获得感复杂多维，各个结构变量之间关系较难理顺，变量设置是否合理，有待进一步的检验。从实践层面来说，农村贫困户获得感测度是一项复杂系统工程，不仅包括问卷的设计和发放、数据的收集、整理与分析，还包括测度的前后宣传和监督、测度结果的客观公正等等，这些都是现实难题。

本书构建的获得感指数模型，需要从不同学科和视角汲取营养来准确把握其内涵、特征及测量等学术问题和实践指向，试图从相反相成的相对剥夺感、相关相近的顾客满意度和主观幸福感等方面获得研究启发。

基于以上考虑，本书拟建立的精准扶贫视野下农村贫困户获得感指数模型，就是为了测度贫困户对精准扶贫治理的需求满足度和获得感，不仅要考虑影响获得感的诸多因素，也要考虑贫困户获得感前后的行为倾向，包括心理期望和行为倾向等。因此，获得感指数模型，是反映贫困户对扶贫绩效的需求满足逻辑轮廓，为测度贫困户获得感的相对稳定而具体的感知获得结构。该模型具有这么几个特点：一是简洁性。模型构建通常以数学表达式、图形构造等方式对复杂、抽象的问题进行简单化处理。尽管现实中往往比模型复杂得多，但为了研究的方便，我们通常只取其重点，简洁明了地通过模型来揭示。二是近似性。模型构建只将影响获得感的关键变量凸显出来，而忽略了次要的非本质因素。三是直观性。理论模型精炼地概括了模型变量之间的关系，通过形象化的模型来呈现。四是假设性。模型架构是基于经验事实和相关理论指导，由若干理论假设组成。

3.1.3　测度指标设计原则

指标设计研究有诸多方法，我们结合特定的研究对象，从农村贫困户获得感的内涵范畴出发，坚持以下基本原则。

（1）系统性和层次性相结合。农村贫困户获得感是一个系统性与层次性并存的概念体系，包括经济、民生、政治等层层递进的多个维度，各维度包含多项基本指标，各指标包含具体的指标要素，需要从各种角度系统性、层次性地解构，全面、系统、科学地表征农村贫困户获得感的状况。

（2）完备性和独立性相结合。农村贫困户获得感指标体系是一个由多因子构成的有机整体，所选取的指标模型既要尽量从各个不同的结构维度全面地反映农村贫困户在精准扶贫战略实施过程中实际获得的综合状况和整体特征，又要反映各模块层次的具体信息，力求指标的独立性。同一模块的各指标要素互不重叠，相对独立。

（3）科学性和可操作性相结合。农村贫困户获得感作为精准扶贫成效的测度指标，在建构时要坚持科学发展观和正确的政绩观，同时注重实践的可操作性，使得相关的数据易采集。按照围绕主题、体现要素结构等思路，设计和筛选指标，将概念操作化，选取指标要素，构成贫困户获得感的具体评估指标，使测量或操作具有科学性、可行性。

（4）公正性和客观实用性相结合。获得感是一种积极的心理体验和主观评价，设置贫困户获得感指标应该坚持公平公正、客观实用的指导原则。在指标体系的设置和运用工作中，选择的具体指标要客观实用，使被试不受来自各个方面的干扰和影响，独立公正地作出判断，以期收集可靠、权威的评估数据，客观公正地反映贫困户获得感的现实状况。

（5）动态性和可持续性相结合。农村贫困户获得感包括时间空间的维度、横向纵向的对比。从纵向来看，以时间节点为参照，可测度与预测同一群体不同时间阶段的获得感，包括当下与过去比较产生的获得感和未来预期获得感；从横向来看，可测度与分析不同群体同一时间阶段的获得感，如贫困户与非贫困户的获得感、不同地区贫困户的获得感。农村贫困户获得感还包括整体获得感和相对获得感，是动态发展的，指标体系的设置应坚持动态性和可持续性相结合的原则，充分考虑到预期变化，选择有前瞻性的指标。

3.1.4　指数模型构建的基本原则

农村贫困户获得感指数模型，换句话说也就是一套农村贫困户获得感测度指标体系，这是"绩效评估体系中的核心问题，是绩效评估的顺畅程度、有效程度的关键"①。

（1）科学可靠。科学性还表现在模型建构上应符合逻辑性，即贫困户获得感各变量间应具有一定的逻辑关联，指标定义要准确、清楚，技术方法要科学合理。其次还应可靠，指标模型的建构应采取严谨的态度，变量的选择要具有充分的科学依据。

（2）系统全面。系统性很关键，表现在精准扶贫视野下贫困治理成效及其贫困户的感知获得（需求满足）具有多重性和复杂性，这也决定了模型必须是一个相对的开放系统，集中地表现为构成满足贫困户需求的感知获得的若干维度——受益因子，受益因子是由若干相互联系或相互补充的内容组成。然后是全面性，"要求模型中的各指标变量力求包括问题研究所需的关键信息和参数，各指标变量之间应相互衔接、相互补充，测量项目必须全面。但是这种全面不是面面俱到，而是有重点的全面"②。

（3）操作简便。对于多层次的指标模型，在应用操作中，能很方便地运用，这就要求测量项目应该明确、通俗、易懂，让被调查的贫困居民很容易理解所要测量的项目和内容。

（4）客观实用。指标模型应以事实为依据，尽可能消除主观因素，客观地呈现各结构变量之间的逻辑关系。同时，模型应具有一定的实用性，不仅具有应用价值，在贫困治理和扶贫成效层面应具有广泛的适用性，还要符合获得感评价的可比性，包括横向可比和纵向可比。因此，模型构建必须回归实践本身，为实践遇到的问题寻找解决之法，这才赋予了模型以意义和价值。

3.1.5　基本概念模型的提出

3.1.5.1　模型建构理念

一是凸显精准扶贫落脚点，以提升贫困户获得感为目标。习近平总书记的群众观强调，做任何事情都要从群众出发，以群众为归宿，把人民根本利益作为

---

① 卓越. 公共部门绩效评估 [M]. 北京：中国人民大学出版社，2004：33.

② 卓越. 公共部门绩效评估 [M]. 北京：中国人民大学出版社，2004：34.

核心价值和落脚点①。贫困治理新体系把"脱真贫、真脱贫"作为扶贫脱贫的出发点和落脚点②，坚持以人民为核心，精准扶贫根本出发点和落脚点在于满足贫困人口的物质文化生活需要，促进人的全面发展③。由此可见，精准扶贫强调的是维护农村贫困户基本权益，增进农村贫困户福祉。进一步而言，精准扶贫的根本目标在于增加农村贫困户的实际获得，提升农村贫困户实实在在的获得感。

精准扶贫、精准脱贫的重要成效体现在减少、消除贫困户的相对剥夺感，增强获得感。从相对剥夺感的视角反向推理，减少相对剥夺感即实现了获得感。因此，指标体系的建构要突出提升贫困户获得感的目标导向性。镜鉴"相对剥夺感"理论的研究路径，将"贫困户获得感"解析为"贫困户横向获得感"与"贫困户纵向获得感"，基于共享、发展、可持续的理念，从物质、精神层面评价农村贫困户的获得感状况，凸显精准扶贫落脚点和目标导向，推动贫困治理主体落实贫困户实际获得，增强贫困户获得感。

二是体现贫困户需求特色，以满足贫困户需求为宗旨。需求层次理论有助于分析农村贫困户需求的内容、结构，从而建构贫困户获得感的指标体系。农村贫困户是精准扶贫的对象，其家庭年人均纯收入低于国家农村扶贫标准。农村贫困户需求相对于人民群众需求，具有一般性和特殊性。一方面，农村贫困户需求具有人民群众需求的共性，体现出全方位、多层次的特征；另一方面，农村贫困户需求也有其特殊性，"两不愁三保障"是农村贫困户脱贫的最低门槛，得到尊重、安全感、自信心等心理层面的需求会影响其自我实现需求的满足，成为脱贫的精神动力。

农村贫困户获得感是贫困户基于生理和心理需求得到充分满足后产生的积极愉悦的心理体验和感受，是客观实际获得之后真实可感的主观感知，从生存层面到发展层面包括经济、民生、心理等维度。回应"人民对美好生活的向往"是习近平扶贫思想的价值追求④，农村贫困户获得感源自其各层次需要的

① 李景源. 习近平的群众观 [J]. 中共福建省委党校学报, 2016 (10)：4-13.

② 黄承伟. 论习近平新时代中国特色社会主义扶贫思想 [J]. 南京农业大学学报（社会科学版），2018, 18 (3)：12-18, 152.

③ 夏海军, 范明英. 精准扶贫战略思想是中国特色反贫困理论最新成果 [J]. 江淮论坛, 2018 (5)：49-56.

④ 唐任伍. 习近平精准扶贫思想研究 [J]. 人民论坛·学术前沿, 2017 (23)：66-73.

满足。农村贫困户获得感指标体系的设计要客观地体现贫困户的需求特色，以满足贫困户需求为宗旨，反映贫困户的吃穿两不愁、得到尊重、安全感、自信心等独特的基本需求，回应贫困户对美好生活的向往。

三是强调贫困户自我期望，以获得感知的一致性为导向。顾客满意度是通过横向纵向参照产生的心理愉悦感，强调顾客期望与顾客感知的一致性。由此，借鉴顾客满意度理论，农村贫困户获得感指标体系的构建应该体现横向、纵向层面的对比，强调贫困户对扶贫政策成效的当前获得感知、相对公平感和未来获得期望，如教育保障、医疗保障、住房安全、就业保障、养老保障、生态环境等民生方面的感知与期望，彰显良政、善治的治理理念。

以人民为中心的为民情怀构成习近平扶贫开发战略思想的重要理论品格①，以贫困户自我期望与实际感知的一致性为导向，从贫困户对扶贫政策成效的期望与感知的视角来设计贫困户获得感指标体系，体现扶贫工作的人民性和有效性。贫困户期望反映了贫困户对美好生活的向往与追求，获得感知反映了贫困户对实际利益获得的主观感受，能够衡量精准扶贫政策的成效。

3.1.5.2 指数模型框架

农村贫困户获得感指数，测量的是"整体获得感"，包括经济获得感、民生获得感和政治获得感等。借鉴国内外顾客满意度指数模型理论，以及根据国内研究学者对获得感测度的研究，结合我国精准扶贫政策背景和贫困治理情况等多方面因素，本书提出了一个农村贫困户获得感指数初始概念模型（rural poor households gain index，RGI），如图3-1所示。

在指数模型的结构变量选择上，参照顾客满意度指数模型的思路，引入公平认知框架，初步提出贫困户期望、感知获得与公平感知是贫困户获得感的前因变量。此外，从政治学与公共管理学的角度，考虑到政府信任直接关系到扶贫治理的有效性，当精准扶贫等改革发展成果惠及他们时，贫困户对党和政府的信任度就会提高。相关研究也表明，居民获得感对政府信任有显著影响。因此，本书初步提出包含如下五个结构变量：感知获得（perceived gain）、贫困户期望（expectation）、公平感（fairness）、贫困户获得感（sense of gain）、政

---

① 张琦，杨增崟. 习近平扶贫开发战略思想的理论品格［J］. 人民论坛，2018（4）：63-64.

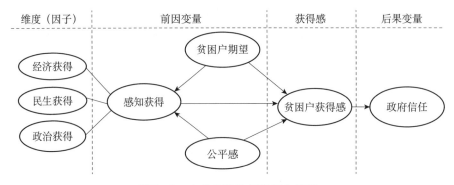

图 3 – 1　本书提出的初始概念模型

府信任（government trust），各个结构变量之间的关系形成了农村贫困户获得感指数模型框架。该模型首先继承了美国顾客满意度指数模型（ACSI）的一些核心概念和架构，如贫困户期望、感知获得、贫困户获得感；其次，剔除了感知价值这个变量，并将顾客忠诚替换为政府信任。

3.2　农村贫困户获得感指数模型研究设计

基于因果关系的农村贫困户获得感指数模型的构建包括两个部分：结构模型和测量模型。结构模型的构建包括结构变量的选取及其结构关系的建立两个部分。

3.2.1　结构变量的选取

（1）贫困户期望。一般而言，经典的顾客满意度指数研究中，顾客期望几乎是所有研究满意度的文献中都采用的结构变量。Oliver 率先将顾客期望引入满意度研究，他提出"期望差距"是指顾客感知质量与期望质量之间的差异，当顾客感知的服务质量小于其期望时，他们往往会感到失望，反之，则会有欣喜感[1]。亨特（Hunt，1977）进一步指出，当你问一个人的满意程度时，他会将其感知到的事实和某种标准进行比较，然后告诉你他的结果。因此，即

---

① Oliver Richard. Effect of expectation and disconfirmation on postexposure product evaluations：An alternative interpreta-tion［J］. Journal of Applied Psychology，1977，62（4）：480 – 486.

使表面上看来你在直接地测度顾客满意度，实际上你得到的仍然是和某种标准比较之后的差异值[①]。

受相关相近的顾客满意度研究启发，在农村贫困户获得感研究中，贫困户的"期望差距"会不会影响其满意度和获得感？这个问题目前研究较少。在鲜有的文献中，学者们探讨了教育期望和移民期望对教育和移民行为的作用。如郜（Kao, 1998）研究认为，教育期望是理性状态的体现，是行动者根据自身处境进行成本效益分析的结果。一旦行动者认为自己在某一层级教育获得的收益大于成本，他便认为自己应接受该层级的教育，用以实现利益最大化。廖桂蓉（2014）研究发现，藏区贫困牧民们由于对学校教育往往抱有过高期望，但当现实的教育回报率不能达到他们的过高期望值时，反而会主动减少甚至放弃对孩子的教育投资。因此，这种贫困户的教育"期望差距"会对教育行为产生直接影响，从而影响其教育满意度。邰秀军等（2018）研究发现，在生态扶贫移民过程中，农户们认为政府主导的搬迁是国家推进的大工程，期盼能得到更多的好处，但受现实条件的制约，政府部门的一些承诺并不能得到有效落实，移民的期望不能得到确认，就会产生很强的失望感、抱怨和社会不适应等，从而影响其获得感。

在本书中，贫困户期望是指贫困户利用过去的经验性或非经验性信息对政府扶贫政策今后可能的成绩和表现，尤其是对其提供的公共产品和公共服务的质量进行的判断或预期，是一种"将会的预期"。贫困户期望的形成，一方面是通过电视新闻、报纸、互联网等媒介口耳相传以及其他渠道获得的信息，另一方面则来源于其在扶贫开发过程中直接与政府打交道的经历和体验，从而会对自身的期望值不断进行调整，因而可能会较大地影响获得感。

（2）感知获得。感知绩效或感知质量是企业界评价顾客满意度时常用的一个结构变量。本书选取感知获得这个结构变量用来衡量政府实施扶贫开发带给贫困户的收益，即贫困户对政府扶贫成效的实际收益感受和认知，这不仅包括贫困户与政府打交道过程中的直接的经济获得感知，还包括贫困户在宏观层面获得的民生福祉感知（医疗、住房和就业保障等）和政治获得（政府质量，

---

① 杨道田. 公民满意度指数模型研究［M］. 北京：经济管理出版社，2011.

扶贫治理实施水平）。显然，这里的感知获得，是指贫困户对政府扶贫开发收益的感知，即对贫困户需求满足的实际感受和评价。

关于贫困户具体感知获得的研究较少，既有研究主要关注于贫困人口扶贫政策获得感的评价和贫困人口扶贫政策获得感提升路径。例如，汪三贵（2018，2020）研究指出，精准扶贫的实施不断向贫困人口赋权、满足其需求，表现为贫困人口的人均可支配收入增长速度逐渐高于全国平均水平，农村基础设施与公共服务不断改进，进而贫困人口的生活条件、福利状况也逐渐得到改善，扶贫政策获得感不断提升。同时，相关研究指出，扶贫深处是赋权，赋权性扶贫着力的是以贫困人群为主体，激发他们的自主意识，提升他们的行动能力，拓展他们的发展自由，保障他们的公平权益①。陈永进等（2021）研究指出，精准扶贫效益可以通过经济生活、社会公平、公共服务来实现与测量。从上述研究发现，扶贫开发带来的贫困户经济收入、民生保障及赋权增能和积极参与是贫困人口感知获得的主要维度，这与前文分析中的农村贫困户获得感主要包括经济获得感、民生获得感、政治获得感三个维度基本一致。

如此，综合学者的研究，以及面向多位贫困户的访谈资料的整理，本书提出感知获得（需求满足）的三个维度作为绩效因子：收入状况的经济获得、民生福祉的获得、政府质量的政治获得。相应的这些指标，有的是直接反映感知获得的指标，如"不愁吃""不愁穿"等，有的是间接反映感知获得的指标，如扶贫开发工作效率、对驻村干部满意度等。

选择经济获得因子，在于衡量扶贫开发在促进贫困户收入增加，满足其物质需求等方面的成效；选择民生获得因子，在于衡量扶贫开发在增加贫困户教育、医疗、住房、基础设施和环境保障等方面的成效；选择政治获得因子，在于衡量扶贫开发在重视其在扶贫过程中的权利保障，强调其主体地位等方面的成效。因此，本书将经济获得、民生获得和政治获得作为影响贫困户感知获得的因子，它们之间的关系如图3-2所示。

（3）贫困户获得感。在精准扶贫背景下，农村贫困户获得感对扶贫成效评价及其对党和政府产生信任行为，形成有效的激励和导向作用。农村贫困户

---

① 半月评论. 扶贫深处是赋权［N］. http：//www.xinhuanet.com/politics/2015 - 06/14/c_127913626. htm.

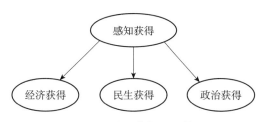

图 3 - 2　感知获得因子关系

获得感是人民获得感的重要组成部分，是人民获得感的短板，研究农村贫困户的获得感可以补齐人民获得感的短板，同时也可以深化对人民获得感的认识深度和广度[①]。在精准扶贫战略背景下，贫困人口获得感的内涵不断丰富。在扶贫开发早期阶段，贫困人口由于物资匮乏、生活艰难，能够满足温饱问题便能使其产生强烈的获得感。随着脱贫攻坚工作的深入开展，贫困人口对于扶贫开发获得感的认知和期望也不断提高，不仅要求在物质层面得到满足，而且逐步注重精神层面和发展层面的满足，这与新时代提出的人们对美好生活需要的满足在价值取向上高度一致[②]。

卡汗（Khan，2013）、王浦劬等（2019）研究认为，获得感是个体在与自身及他人的比较过程中形成的，获得感产生于比较情境中，是对实际收益的考量和比较而产生的感觉，可以参照"相对剥夺感"，设立"纵向获得感"和"横向获得感"的研究路径。研究参考既有理论，以纵向与自己比、与预期比，横向与周边参照人群比较以及总体感受四个指标来测量贫困户获得感。

（4）公平感知。现代经济学理论将公平更多地看成福利的范畴，主要强调社会资源配置在什么条件下达到最优、如何达到最优。从政治学角度来说，社会公平一直是各个国家的不懈追求。党的十八大报告提出，公平正义是中国特色社会主义的内在要求，要逐步建立以权利公平、机会公平、规则公平为主要内容的社会公平保障体系，努力营造公平的社会环境，保证人民平等参与、平等发展权利，让发展成果更多地惠及全体人民。在社会活动中，个体十分注重公平的感受，其工作积极性不仅与劳动报酬有关，且与个体对报酬的分配是

---

① 彭利凯. 增强农村贫困户获得感的调查与思考 [J]. 农村科学实验，2018 (11).

② 李涛，陶明浩，张竞. 精准扶贫中的人民获得感：基于广西民族地区的实证研究 [J]. 管理学刊，2019，32 (1)：8 - 19.

否感到公平更为密切①。处在社会中的个体会将自己所付出的劳动及获得的报酬与他人进行对比，进而对本人所获公平与否作出判断，并直接影响到工作动机和社会行为。

关于精准扶贫实践中的公平感研究，主要聚焦在精准识别、精准帮扶、精准管理与精准考核等四个方面的实践偏差所带来的公平困境②。精准识别体现了起点公平，精准帮扶有利于实现结果公平，精准管理与精准考核则更多地体现程序公平。在具体研究上，李聪等（2019）研究指出，机会供给（程序公平）作为一种"造血"式扶贫资源，如产业扶贫、易地搬迁等，尽管可能在实施过程中存在一定"漏出效应"和"溢出效应"，但可惠及绝大多数"轻度贫困户"和"中、小富户"，对收入不平等有较好的改善作用。曹艳春（2016）研究指出，转移支付（助力结果公平）作为一种"输血"式扶贫资源，直接提高了贫困人口的转移性收入，显著缩小了贫困人口与低收入人口、中等偏下收入户的收入差距，进而对减少收入不平等产生了积极影响。马磊等（2010）研究指出，个体分配公平感（结果公平）的产生取决于其在现有分配状态中获利的多寡，若个体从当前的分配状态中是获益的，那么其就倾向于认为当前的分配状态是公平的。

从现有研究来看，对贫困户公平感的研究主要涵盖起点公平、程序公平和结果公平，由于到精准识别（起点公平）在当前时间节点已不再考虑，同时基于公平感来源的多样性，本书增加一个整体公平感受，即研究将从过程（程序）公平、结果公平以及整体公平感受三个指标来对贫困人口的公平感进行测量。

（5）政府信任。政府信任是指公众对政治体系、政治机构及其运行的信念和信心，是民众对于政治体系的基本评价与情感取向，对于政治稳定与政治体系的顺利运转意义重大③。尽管目前对于中国政府信任水平的测量结果不一，但是学界普遍认同李连江教授提出的当代中国公众政府信任存在着对于中

① 张琦，张涛. 精准扶贫政策的公平效应——基于生存伦理与互惠伦理视角 [J]. 中南民族大学学报（人文社会科学版），2019，39（3）：152 – 157.

② 唐丽霞，罗江月，李小云. 精准扶贫机制实施的政策和实践困境 [J]. 贵州社会科学，2015（5）：151 – 156.

③ Gamson W. Power and discontent homewood [M]. IL.：The Dorsey Press，1968：43.

央和地方政府信任程度的"差序格局"①，即公众对越高层级的政府信任程度越高，对越低层级的政府信任程度越低②。理性选择理论作为政治信任制度生成论的理论，持此种观点的学者们认为，政治信任主要来源于政府的治理或制度绩效③。高学德等（2013）研究指出，在控制其他因素的情况下，政府职能履行的程度及其绩效的好坏等"硬"实力要比人际信任、传统价值观等"软"文化对政治信任的提升有更重要的作用。肖唐镖等（2011）研究指出，政府绩效的好坏直接关系到农民的切身生活和利益，对农民政治信任有着显著的正面推动作用。这种政府绩效在扶贫开发中体现为获得感，即在扶贫开发过程中贫困户获得感越强，其政治信任也可能越高。

政府信任的结构通常包含三个部分，即对政治制度的信任、对政府及政策的信任和对公职人员的信任④。郑建君（2013）研究发现，政治信任感知的增强有利于公民适度、有序政治参与的发展与质量。陈尧（2009）研究提出，政治信任水平越高的政府，公民的政府满意度也越高，能够使公民更加积极地响应政府的号召，参与到各种公共活动中，促进政府目标达成。基于此，本书选用政府信任这个结构变量，并在参考既有学者的概念界定和结合研究范畴的基础上，将政府信任定义为：贫困户对政府的合理预期，以及系统回应基础之上的一种互动、合作关系，是对于扶贫开发施政行为和效果充满信心的态度。

3.2.2 结构关系与研究假设

通过对现有文献的回顾，发现既有相关研究多聚焦在分别从贫困户期望、感知获得、公平感、政治信任及农户个体特征探讨对贫困人口扶贫绩效的影响（Kao，1998；LI，2004；Nguyen，2017；邰秀军，2018；汪三贵，2018；郑长德，2018；李涛等，2019；钱力等，2020；曹艳春，2016；高学德，2013；肖

---

① Li L J. Political trust in rural China [J]. Modern China, 2004 (30)：228 – 258.

② 叶敏，彭研. "央强地弱"政治信任结构的解析 [J]. 甘肃行政学院学报，2010 (3)：49 – 58.

③ Margaret L. A state of trust [C] //Braithwaite V, Margaret L. Trust and governance [A]. New York：Russell Sage Foundation，1998：77 – 101.

④ 刘昀献. 当代中国的政治信任及其培育 [J]. 中国浦东干部学院学报，2009，3 (4)：57 – 60.

唐镖,2011)。本书结合上述理论探讨,将贫困户期望、感知获得和公平感作为测量获得感的前置结构变量(原因变量),将政府信任作为后向结果因素的结构变量(结果变量)。上述前置变量之间互相影响,且均对贫困户获得感产生直接影响;后置变量主要是贫困户获得感的后向结果,贫困户获得感对其产生直接或间接影响。它们的具体相互关系和本书的研究假设如下。

(1)贫困户期望与感知获得的关系。获得感作为一个新概念,对其研究还不算多。相比较而言,与之相联系的满意度研究在国内外都十分成熟,形成了一系列理论。在经典的顾客满意度指数模型中,感知质量、感知价值和顾客期望都是满意度的原因变量。获得感受多种因素的共同作用,除了感知获得和需求满足水平以外,本书还考虑其他因素的作用,将贫困户对于扶贫开发的期望引入模型。约翰·奈特等(2014)研究提出,幸福感随着收入发生正向变化,随着个人的期望发生反向变化。陈飞等(2020)研究发现,由期望水平调整所引致的收入对幸福感的边际效应降低,个体的效用函数将随着收入提高和期望上升而向下移动,导致收入对幸福的边际效用不再明确。

从工商企业和营销学的顾客满意度研究的文献来看,大量的研究表明,顾客期望对感知质量存在正的影响(Anderson,1973;Oliver,1977;Olshavsky and Miller,1972;Olson and Dover,1979)。实际上,贫困户有无获得感不存在完全客观的标准,而取决于"期望获得"与"感知获得"之间的差距。贫困户期望和实际感知获得的差距是造成获得感不足的重要原因。期望越高,期望越难以满足,因此其与期望相比的获得感也就越低。

因此,本书研究将假定和验证下述假设1。

假设1:公民期望对感知获得具有直接的负向影响。

(2)贫困户期望与贫困户获得感的关系。在所有顾客满意的原因变量中,顾客期望对顾客满意度的影响是学者们讨论最多的,但意见也是最不统一的。这些讨论大多从期望不一致模型出发。对期望的看法,以及选用扶贫成效或群众所感知的获得(需求满足),是政府贫困治理成效与贫困户获得感产生落差的主要因素。格雷·雷兹(Gregg Ryzin,2004)发现,公民期望,特别是不确定的期望,对于公民对城市服务的满意判断的形成起主要作用。在累积顾客满意度的范畴内,从顾客期望到顾客满意度有两条路径:顾客期望→感知质量→

顾客满意度（正的间接影响）；顾客期望→顾客满意度（正的直接影响）。参照顾客满意度形成机理，本书的研究属于累积性获得感的范畴，因此类似地选取以上两条路径来测量贫困户期望对获得感的影响。根据前述期望不一致理论可知，期望和获得之间存在反向关系，期望越高，可能越容易失望，即不满足或获得感低。因此，本书研究将验证下述假设2。

假设2：贫困户期望对获得感具有直接的负向影响。

（3）感知获得与贫困户获得感的关系。国内外关于满意度的影响因素研究，大多建立在感知质量和感知价值对顾客满意度的因果关联而进行的实证研究。研究结论也普遍认为公众感知显著影响公众评价结果。在不同的顾客满意度研究领域，质量（quality）或绩效（performance）的定义是有所区别的。市场营销和经济学领域通常认为质量取决于产品或服务的各种属性，绩效可分为客观绩效和主观绩效。客观绩效指的是客观统计数据显示出的施政成效。主观绩效则受顾客本身的价值观、好恶和观点影响，是公民心目中的施政水平。美国学者普拉苏拉曼等（Parasuraman et al.，1985；1988）首开政府服务质量与公民满意两者间关系的研究探讨，研究结果认为，服务品质与公民满意间具有高度相关性，高水平的服务质量感知会导致公民满意度的增加，但并不完全相等。克罗林和泰勒（Cronin and Taylor，1992）的研究同时针对帕拉休拉曼、赞瑟姆和贝利（Parasuraman，Zeithaml and Berry，1985；1988）"服务质量导致公民满意度"及博尔顿和德鲁（Bolton and Drew，1991）"公民满意度导致服务质量"的理论验证，研究显示，服务质量对公民满意度的效果是显著的，公民满意度对服务质量则无显著效果。

感知获得被定义为贫困户对扶贫受益的主观实际感受和认知。从公民满意度相关研究文献来看，大多数实证研究结果表明，感知绩效是公民满意度的前置因素。本书借鉴了主流的国家顾客满意度指数模型通行的做法，将感知获得作为贫困户获得感的前置因素。本书研究作为探索性研究，认为获得感和满意度有着相似的响应途径和生成机理。贫困户获得感是基于贫困户感知到的扶贫治理成效而形成的感受。一般来说，自身感知获得（需求满足）越多则评价越高，则贫困户具有更高的获得感。由此，本书研究将验证下述假设3。

假设3：感知获得对贫困户获得感具有直接的正向影响。

（4）感知获得及其三维度构成。感知获得是贫困户对政府扶贫成效的实际感受和认知，包括贫困户与政府打交道过程中的直接的经济获得感知，是一种主观心理感知，这种感知是主客观获得的前提。钱力等（2020）进一步针对贫困户获得感的研究发现，贫困人口物质需求、安全需求、社交需求、公平需求、能力需求在一定程度上得到满足后均能对其扶贫政策获得感的提升产生正向促进作用。

在需求满足基础上产生的感知获得与收益状况，谭旭运等（2020）研究认为，从获得内容、获得环境、获得途径、获得体验和获得共享五个方面的内容，贫困户个体不同需求内容的客观获得和主观认知，会深刻影响其获得感的生成。本书为了进一步挖掘感知获得的具体影响因素，为改进贫困治理成效提供明确的指导建议，根据精准扶贫的成效考核要求和特点，加入了具体"微观"获得的测量。所谓"微观"，是指相对于整体获得感而言，具体的获得因子都是次级领域，而这恰恰对于提高贫困户获得感具有更强的针对性。具体来说，贫困户感知获得由三个维度构成，分别是经济获得、民生获得和政治获得三个方面。因此，在本书研究中，我们将验证下述假设4。

假设4：感知获得是一个三维度的概念。

（5）公平感知与获得感的关系。党的十九大报告指出，当前我国社会主要矛盾已经转化为人民日益增长的美好生活需要和不平衡不充分的发展之间的矛盾。社会生活中不平衡，尤其是扶贫开发中所带来的不公平感对贫困户获得感会带来很大的负面影响。古人说"不患寡而患不均"，说的就是要一视同仁，平等相待。在精准扶贫过程中，有的地方干部充当"好好先生"，让精准扶贫变成了大锅饭，结果群众虽有获得，但却高兴不起来。阳义南（2022）基于交互效应结构方程模型估计的研究表明，公平度具有显著的正向调节作用，公平度上升能进一步增强获得感。夏敏、张毅（2020）基于社会公平理论、相对剥夺理论，实证检验了社会公平感知与农村流动人口公共服务获得感的关系。社会公平感知是"获得－获得感"作用机制的一个调节变量。基于此，在本书研究中，我们提出下述假设5和假设6。

假设5：公平感知对贫困户获得感具有直接的正向影响。

假设6：公平感知对感知获得具有直接的正向影响。

（6）贫困户获得感与政府信任的关系。信任是对某个人或系统可依赖性所持有的信心①。经济系统抑或政治系统，均需要信任作为一个重要前提。信任一旦缺失，则意味着它就难以在不确定的境况中激发支持性行为②。政府赢得公众的信任与支持，是其政治合法性的坚实基础。政府信任是指"公众基于认知感受而对政府已有表现做出的总体评价与将来表现符合自身愿望的期待"③。政府信任是公众与政府交互关系的重要体现，提升公众对政府的信任水平是实现善治和国家治理现代化的重要着力点。已有研究均论证了政府绩效与政府信任间长期稳定的正相关④，且越来越多的研究指出政府在公共服务、民生福利领域的政绩对政府信任的影响甚于经济绩效⑤。公众对公共服务的质量感知与政府信任有着正向的影响关系⑥。如果政府机构能够满足公众的预期产出，将会极大地提高公众的政府信任度⑦。政府可以通过扶贫成效改善，从贫困人口需求侧出发，增强贫困居民获得感，以此增强公众对政府的信任程度。

在传统的顾客满意度研究中，顾客信任与顾客满意度二者之间的关系仍存有一些争议。部分学者认为，顾客信任是顾客满意度的前置因素（Anderson et al.，1990），更多的学者则将顾客信任视为顾客满意度的后向结果，西方主流的顾客满意度指数模型都支持这一结论。肖唐镖等（2011）研究指出，政府绩效的好坏直接关系到农民的切身生活和利益，对农民政治信任有着显著的正向推动作用。王亚茹（2020）基于 2015 年中国综合社会调查数据，分析获得感对政府信任的影响，发现民生保障获得感对全体居民的政府信任有促进作用。

① ［英］安东尼·吉登斯. 现代性的后果［M］. 田禾，译. 南京：译林出版社，2011.

② ［美］彼得·布劳. 社会生活中的交换与权力［M］. 李国强，译. 北京：商务印书馆，2008.

③ Miller A H. Political issues and trust in government：1964 – 1970 ［J］. American Political Science Review，1974，68（3）.

④ 王亚茹. 民生保障获得感、社会公平感对政府信任的影响研究［J］. 湖北社会科学，2020（4）：18 – 28.

⑤ 李鹏，柏维春. 人民获得感对政府信任的影响研究［J］. 行政论坛，2019，26（4）：75 – 81.

⑥ Zhao Dahai. Determinants of public trust in government：Empirical evidence from urban China［J］. International Review of Administrative Sciences，2017，83（2）：358 – 377.

⑦ Mishler W，Rose R. What are the origins of political trust? Testing institutional and cultural theories in post-communist societies ［J］. Comparative Political Studies，2001，34（1）：30 – 62.

本书认为,在贫困户和政府的关系中,贫困户获得感会影响政府信任,即贫困群众对于政府的信任是建立在扶贫开发综合成效和有客观获得需求满足的基础之上。这种获得感的累积会使贫困居民相信政府有能力满足自身需要,相信政府为民服务的初衷,增强对政府的信心和支持。因此,本书提出下述假设7。

假设7:贫困户获得感对政府信任具有直接的正向影响。

3.3　量表与问卷设计

量表设计是对研究的核心概念进行操作化的必经之路,问卷设计则是获取高质量调查数据的关键工具。因此,量表和问卷设计关系到研究质量,绝对不可大意。

3.3.1　量表设计

本书模型中的指标体系自下而上可以划分为三个层次。

(1)显变量得分。显变量(manifest variable)也称外显变量,实际上就是标识变量、指标或者观测变量,其值为问卷中相对应的得分的平均值。

(2)潜变量得分。潜变量(latent variable),也称内隐变量或结构变量,模型中的潜变量无法直接测评,其值需要通过相应的显变量的得分加权计算得出。

(3)农村贫困户获得感指数(MGPCSI)。它由模型中相关潜变量的得分计算得出。

获得感研究,涉及如何用数值来反映贫困户对测量对象的态度,最基本的测量工具是量表。因此,量表设计是研究过程中最为重要的环节之一。

态度的测量工具通常采用李克特(Lickert)量表。李克特尺度是利用一系列的问题,询问受访者对各种态度的同意情形。一般来说,在叙述一个态度之后,研究者会用5～10个尺度,询问受访者同不同意这样的议题,用来了解贫困户对某一事件、产品或行为的意见。透过这些题目的衡量,研究者往往能够了解受访者背后的想法,找出这些问题项目背后的原因、态度的主要因素。

为尽量减少贫困户获得感调查结果中容易出现的偏度和峰度，在李克特量表设计上进行了一些比较和参照。李育辉等（2006）以满意度研究为例对不同等级数李克特量表的适应性进行了比较研究，发现 5、6、7、10 等级的李克特量表从结果中所得结论基本一致，量表等级越多，鉴别力越高，所需样本量越少。但 6 点量表偏度最大，10 点量表峰度太高，5 点量表容易出现中庸和居中，7 点量表偏度和峰度都较小。因此，本书采用 10 级李克特量表，分值从低到高，表达出受访者的认同程度。本书广泛借鉴文献中相关量表的设计，并根据具体实际情况和贫困户获得感的特殊性与适应性进行了调整改进，形成量表初稿。

本书包括 8 个分量表。量表各个维度及操作化指标的设计首先参考了国内的大量文献，其中，贫困户期望、贫困户获得感 2 个潜变量参考借鉴了成熟的经典的顾客满意度指数模型量表。感知获得、公平感和政府信任 3 个潜变量参考了国内有关学者的研究量表。然后，在此基础上，结合本书研究的贫困户需求特点，进行了补充和发展。具体的量表设计和理论参考来源如表 3 – 1 所示。

表 3 – 1　　农村贫困户获得感指数模型测评项目、指标及理论参考来源

潜变量	测量项目 （显变量）		量表语句	理论参考来源
贫困户 期望	收入期望		我期待精准扶贫能让生活水平得到提高	Fornell，1996； Gregg，2004
	民生期望		我期待精准扶贫能让民生福祉得到改善	
	政府期望		我期待精准扶贫能让政府质量得到提升	
感知 获得	经济获得		我对家里的生活收入状况总体感到满意	Gregg，2004； 董瑛，2017； 文宏等，2018
	民生获得		我对现在政府扶贫民生发展感到满足	
	政治获得		我对现在精准扶贫的政府质量感到满足	
感知 获得 因子	经济 获得	不愁吃	我家现在吃的食物能得到满足	孙远太，2015； 董瑛，2017； 文宏等，2018； 谭旭运等，2018
		不愁穿	我家现在穿的衣服能得到满足	
		有收入	我对目前国家经济发展状况感到满足	

续表

潜变量	测量项目 （显变量）		量表语句	理论参考来源
感知 获得 因子	民生 获得	教育保障	我觉得村里的孩子现在都"有书读"	孙远太，2015； 董瑛，2017； 文宏等，2018； 谭旭运等，2018
		医疗保障	我觉得现在家里人都能"看得起病"	
		住房保障	我觉得现在住的房子能满足居住需求	
		交通出行	我觉得现在交通出行变得方便了	
		生态环境	我觉得现在周边生活环境变好了（环境）	
	政治 获得	精准识别	我对身边贫困户评选工作感到满意	
		产业扶贫	我对政府帮扶的产业扶贫感到满意	
		技能培训	我对政府组织的技能培训感到满意	
		资金使用	我对扶贫开发资金的使用感到满意	
		工作效率	我对扶贫开发的工作效率感到满意	
		驻村干部	我对政府扶贫的驻村干部感到满意	
		政府质量	我对精准扶贫的政府质量感到满意	
公平感		过程公平	我觉得精准扶贫的过程都是透明公开的	阳义南，2022； 夏敏等，2020； 李季，2021
		结果公平	我觉得每个贫困户获得的帮扶都差不多	
		总体公平	总体来看我觉得精准扶贫是公平公正的	
贫困户 获得感		纵向获得感	跟过去相比，我觉得家庭经济状况变好了	Gregg，2004； 王浦劬等，2018； 赵卫华，2018
		比较获得感	与预期相比，我觉得民生改善更有保障了	
		横向获得感	与别人相比，我觉得也有满足感和幸福感	
		总体获得感	总体来看，我觉得从精准扶贫中获得收益	
政府 信任		政府宗旨	我相信精准扶贫始终是以人民为中心	Gregg，2004； 吴建南，2006； 石庆新，2016； 王亚茹，2020
		政府回应	我相信群众的诉求会得到政府的回应	
		支持政府	如有需要我会支持配合政府各项工作	

3.3.2　问卷设计

问卷设计是获得感测度的一个重要组成部分。问卷设计最主要的内容是根据研究基础和研究目的，确定量表构成和问卷项目的内容。问卷设计的好坏，直接影响到所收集信息的真实性和准确性，影响问卷回收的有效问卷率，影响整体的研究过程。一份科学合理的调查问卷，将提供农村贫困户获得感状况的各类信息，并据此有针对性地改进扶贫开发方式，成为提高贫困户获得感提供重要决策的重要基础。

本书在问卷设计中遵循了单一性、非诱导性、简单性、清晰性等基本原则。本书的正式问卷设计经过了以下环节：①通过文献与理论分析，量表借鉴和修订形成初步题项；②问卷题项试测；③预调查问卷编制；④预试问卷初步调查；⑤正式调查问卷编制。调查问卷共分为三个部分：第一部分是引导语，说明本问卷调查的目的和注意事项；第二部分是问卷的主体内容，即各潜变量的具体观测题项，题项围绕理论模型的观测变量展开，采用李克特 10 级计量尺度；第三部分是被试的人口统计变量。问卷主体内容包括 30 个问项，背景信息题项 10 个，共 40 个题项，详见附录。最终通过试调查的分析结果进行进一步整理和修改，形成问卷最终稿。

3.3.3　调查执行

本书的调查对象农村贫困户，主要是一些贫困村的建档立卡贫困户。样本抽样方式大致分为概率抽样和非概率抽样。概率抽样更能反映研究总体的代表性。为了使问卷调查具有客观性、普遍性和可比性，本书先是进行了小样本的小范围预调查，采用随机抽样的方法发放问卷，共计发放问卷 173 份，剔除无效问卷后，回收 166 份，有效问卷回收率为 95%。

根据制作的农村贫困户获得感调查问卷，预调查采用便利抽样的方式对江西省 5 个县区 15 个村委会的建档立卡户进行入户调查，进行了探索性研究的预试问卷调查。正式调查采用判断抽样的方式对江西省、河南省、海南省三个省 15 个县区 45 个村委会的建档立卡户进行入户调查。共发放问卷 1073 份，剔除无效问卷后，回收 1006 份，有效问卷回收率为 93.8%。

3.4　分析方法和工具

在资料分析和数据分析方法使用上，本书主要采用统计分析与计量经济学分析方法。统计分析方法分为描述统计分析和推论统计两种。描述统计主要对本书所收集的数据以量化的数学表达方式来进行准确、清晰的反映。推论统计则是利用各种具体的统计方法检验本书提出的研究假设。

本书在数据分析工具采用上，主要运用了统计分析软件 EXCELL2007、SPSS19.0 和结构方程模型分析软件 Stata15.0 对调查数据进行分析。采用 SPSS19.0 软件进行关于数据的描述性分析、因子分析，运用 Stata15.0 软件进行验证性因子分析和概念模型的结构方程分析。

由于本书中建立的模型属于一种结构方程模型（structural equation modeling, SEM），为了便于理解，本书根据相关文献（侯杰泰等，2004；邱皓政，2003）对结构方程模型原理稍做进一步的简要介绍。

3.4.1 描述统计、因子分析和方差分析

主要对本书的各变量指标进行描述性统计分析，以了解这些变量的平均值、方差、最小值、最大值、偏度和峰度等情况，并对缺失值选择适当的方法进行统计处理。

因子分析可以用于对多个变量进行分类，将各观测变量的潜在因子提取出来。根据凯撒（Kaiser，1960）的标准，通过探索性因子分析（EFA），检验共同度（communalities）和 KMO 值（Kaiser-Meyer-Olkin），来检验指标有效性和量表的建构效度等。本书先是进行探索性因子分析，以探询各潜变量的维度，通过在构建模型之前对数据的探索型因子分析，可以发现变量之间的关系，为建立结构方程模型提供依据。

3.4.2 信度和效度分析

3.4.2.1 信度分析

所谓信度（reliability），是指调查的可靠程度。它主要表现为调查结果的一致性、再现性和稳定性。一个好的测量工具，对同一事物反复多次测量，其结果应该始终保持不变才可信。比如，我们用一把尺子测量一批物品，如果今天测量的结果与明天测量的结果不同，那么我们就会对这把尺子的可信度产生怀疑。信度分析广泛应用于心理学、教育学、社会学、管理学和其他学科领域，尤其是社会调查问卷的有效性分析中也常常涉及。信度只受随机误差影

响，随机误差越大，测验的信度越低。因此，信度亦可视为测量结果受随机误差影响的程度。系统误差产生恒定效应，不影响信度。系统误差，即偏差指的是得分偏向一端，偏高或偏低，这些大多数是由于方法不得当等人为因素造成的。例如，以下几种情况都有可能造成偏差。

一是量表本身的设计有偏差。例如，正向题偏多、易得高分或易得低分的问题偏多等，都可以造成偏差。

二是调查员的失误造成的偏差。例如，给予一些不应有的暗示，或违反规定让无关的人员在场，或者是出现被调查者相互讨论的情况。

三是调查的环境也会造成影响。例如，在十分闷热嘈杂的环境里，被调查者的烦躁的心情也会产生得分偏差。测量的偏差应该尽可能避免，方法之一是标准化，即使用同一方法，同一时间、尽可能在同样的环境中进行调查等。

由上可知，被调查者在接受调查时，各种随机因素都可能会给测量过程带来偶然误差，影响调查数据的可靠性和一致性。因此，一个调查无论是由一个人进行多次再测，还是由不同的人进行测试，其结果都大致相同，才能说是可信的。检查信度的方法有多种，包括重测信度和内部信度等。

重测法（test-retest method）基于测量时间的不同会引起系统误差的考虑，采用同一个调查问卷，在不同时间对同一群被试者重复测量两次，然后计算前后两次调查得分的相关系数即为重测信度，它反映调查得分的稳定程度。重测的时间间隔对信度系数有一定影响，两次调查的相关性越高，则代表其越具有稳定性。

内部一致性法（internal consistency method）是指根据一次调查结果来估计信度的方法。内部一致性系数可用折半法来求得，但由于题项被分为两半，常常会造成信度偏低的现象，因此需要再加以校正。相比而言，在满意度测评的信度评价中内部一致性法更为常用。

按照通行的做法，本书主要采用折半信度（split-half reliability）和 Cronbach's α 系数，并辅之以折半信度来对量表的信度进行分析。Cronbach's α 系数代表折半方法计算出来的内部一致性信度的算术平均值。Cronbach's α 系数越高，则代表调查的内容越趋于一致。折半信度，是指在检测不能重复测量只能实施一次的情况下，将测验的题目分成内容类似的两组，根据各自测验的分数，计算其相关系数作为折半信度，然后用 Speraman-Brown 公式加以校正。

3.4.2.2 效度分析

效度（validity）指的是一个测验所能够有效测到它所要测量心理或行为特质的程度，或者是指衡量测验是否能够测量到其所要测量之前的特质程度的统计指标。根据美国心理学会 1974 年出版的《教育与心理测验的标准》一书，效度可以分为三大类：内容效度、效标效度和建构效度。

（1）内容效度（content validity）。内容效度是指量表的测量项目与测量目的的符合程度，即测验本身所包含的概念意义范围，量表内容的适当性与代表性。内容效度的判断方法是看量表是否可以真正测量到研究者所要测量的变量，以及是否涵盖了所要测量的变量所包含的意义。因此，内容效度不同于表面效度。表面效度是指研究者仅凭主观假设和常识判断，即可判断该测量项目的适用性，是一种主观效度；而内容效度则需要由多名专家来判断测量项目与预测的变量和内容上是否相符。

（2）效标效度（criterion-related validity）。效标效度指的是量表测验的结果与测验所要测量的特质的外在指标的相关程度。相关程度越高，表示该测验的效标效度越高。根据测量工具所具有的预测能力，效标效度可分为同时效度（concurrent validity）和预测效度（predictive validity）。同时效度是指测量工具具有描述目前现象的有效性，而预测效度则指测量工具具有预测未来的能力。但是，效标效度不仅受到测量本身的随机误差的影响，还受到效标的误差影响。它在调查研究中的作用较小，因为缺乏一个用来评估效标效度的实证标准（Bohrnstedt，1983）。

（3）建构效度（construct validity）。建构效度也称结构效度，是指用于测验的量表在多大程度上能正确地验证编制量表的理论构想，以及测量的变量之间关系的理论预测是否正确。建构效度，可分为收敛效度（convergent validity）与区别效度（discriminant validity）。收敛效度是指相关概念里的项目，彼此间相关度高。当同一量表的测量项目均有高于 0.5 的因子载荷时，表明该量表具有相当程度的收敛效度（Bagozzi & Yi，1988）。区别效度则指不同概念里的项目，彼此间相关度低。区别效度可以通过观察不同结构变量之间的相关系数与各自的信度大小，当同一结构变量内不同测量项目所共有的方差或内部一致性高于不同结构变量之间共享的方差量或相关程度时，代表这些观测项目与其他结构变量具有相当的区别效度（Fornell & Larcker，1981）。

上述三种效度中，建构效度是一个相当重要的效度指标，它一般以理论的构想和逻辑作为基础，同时又根据实际的资料来检验理论的正确性，因此是一种相当严谨的效度检验方法。因此，可以说建构效度是理论发展与检验的必然条件（黄芳铭，2005）。从已有的研究情况来看，对于概念效度的检验通常也主要针对建构效度。本书对效度的分析主要也是采用建构效度来检验，即从收敛效度和区别效度来考察。

3.4.3　结构方程模型分析

3.4.3.1　结构方程模型的结构

SEM 是 20 世纪 70 年代乔雷科和索博姆（Jorekog and Sorbom）在统计理论基础上提出发展而来的。它作为一种通用的线性统计建模技术，因其自身的优点，广泛运用于心理学、社会学、经济学、教育学和行为科学等领域。

结构方程模型是基于变量的协方差矩阵来分析变量之间关系的一种统计方法。在结构方程模型理论中，通常把那些不能直接、准确测量的变量称为潜变量，把能够直接测量的变量称为显变量或观测变量，即为标识指标。SEM 可分为测量方程（measurement equation）和结构方程（structure equation）两部分。测量方程描述潜变量与观测变量之间的关系，结构方程描述潜变量之间的关系。指标含有随机误差和系统误差，前者指测量上的不准确行为，后者反映指标的同时也测量潜变量以外的特性。

对于指标与潜变量之间的关系，通常用如下测量方程来表示：

$$y = \Lambda_y \eta + \varepsilon$$

$$x = \Lambda_x \xi + \delta$$

其中，$y' = (y1, y2, \cdots, yp)$ 表示内生显变量的向量组合，$x' = (x1, x2, \cdots, xq)$ 表示外生显变量的向量组合。Λ_y 是内生因子载荷矩阵，Λ_x 是外生因子载荷矩阵。ε 和 δ 分别代表内生显变量和外生显变量的测量误差项，$E[\varepsilon] = E[\delta] = E[\eta \varepsilon'] = E[\xi \delta'] = 0$。

对于潜变量之间的关系，通常用如下结构方程来表示：

$$\eta = B\eta + \Gamma\xi + \zeta$$

其中，η 代表内生潜变量；ξ 代表外生潜变量；B 表示内生潜变量之间的关系；Γ 表示外生潜变量对内生潜变量的影响；ζ 为结构方程的残差项组成的向量，反映了在结构方程中未能被解释的部分。

3.4.3.2 结构方程模型的特点

由于社会、心理和行为等研究中经常会涉及难以直接测量的潜变量，通常只能用一些观测变量来间接测量。传统的统计方法不能妥善处理这些潜变量，而结构方程模型则能同时处理潜变量及其指标。结构方程模型是在因子分析（factor analysis）和路径分析（path analysis）的基础上相结合发展而来。

根据博伦和隆（Bollen and Long，1993）的归纳，结构方程模型的主要优点包括：同时处理多个因变量；容许自变量和因变量含测量误差；同时估计因子结构和因子关系；容许更大弹性的测量模型，以及估计整个模型的拟合程度。

结构方程模型的两个目的，一是反映潜变量间的关系，并解释估计过程中的测量误差，这通过测量模型来实现；二是估计多重的相关关系，主要通过结构模型来实现。采用的方法是通过最大似然估计的相关矩阵来建立结构方程和测量方程。

3.4.3.3 结构方程模型的基本步骤

运用结构方程模型理论分析具体问题时，通常按照如下步骤。

第一步，模型设定（model specification）。研究者从具体问题出发，根据理论或以往研究成果，形成初始的理论模型。

第二步，模型识别（model identification）。研究者要确定变量间的关系以及测量指标与因子的从属关系，以保证模型能求出参数估计的唯一解。

第三步，模型估计（model estimation）。对模型中的参数求解，方法有多种，常用的有极大似然估计法、普通最小二乘法和偏最小二乘法等。

第四步，模型评价（model evaluation）。在对模型参数估算出来后，检查模型与数据的拟合程度，并与竞争模型的拟合指标进行比较，评估模型的优劣。

第五步，模型修正（model modification）。如果所研究的模型不能很好地拟合数据，就需要对模型进行修正。研究人员在估算结果的参考下，包括修正指数等，通过改变指标的从属关系、增加或减少变量间的路径等方式，对原模型再设定，使模型与数据的拟合程度达到要求。

3.4.3.4 结构方程模型的检验指标

结构方程模型的检验包括测量模型、结构模型和整体模型的检验三个部分。对于测量模型的检验，一是要分析各个观测变量对相应潜变量的载荷系数的显著性，二是要分析各潜变量的信度和平均析出方差。基本拟合度标准是用来检测模型的方差为负值等违犯估计的问题，检验指标是测量方差不可有负值，C. R. 值需达到显著水平，因子载荷系数范围需介于 0. 5 ~ 0. 95，且标准化误差数值不能太大等（Hair et al.，1998）。对于结构模型的检验，主要是考察各潜变量之间路径系数的显著性。对于整体模型的检验，可以将拟合指标作为评价依据（Hair et al.，1998）。具体评价标准如下。

其一是模型内在结构效度。该指标用来评价模型内估计参数的显著程度、各指标及潜变量的信度等。其主要指标如下。

（1）潜变量的组成信度（composite realiability，CR）。该数值为 0. 7 以上，表明组成信度较好。潜变量的 CR 值是其所有测量变量信度的组成，表示构面指标的内部一致性，信度越高，显示这些指标的一致性越高，福内尔和拉克尔（Fornell and Larcker，1981）则建议值为 0. 6 以上。若潜变量的 CR 值越高，则表示其测量变量越能测出该潜变量。

（2）潜变量的平均析出方差（average variance extracted，AVE），也称变异抽取量。AVE 是计算潜变量的各个观测变量对该潜变量的平均变异解释力。AVE 越高，则表示潜在变项有越高的信度与收敛效度，福内尔和拉克尔（Fornell and Larcker，1981）建议其标准值须大于 0. 5。

组成信度与析出方差由下列公式计算得出：

$$CR = \frac{\left(\sum \lambda_i\right)^2}{\left[\left(\sum \lambda_i\right)^2 + \sum \Theta_{ii}\right]} \quad AVE = \frac{\sum \lambda_i^2}{\sum \lambda_i^2 + \sum \Theta_{ii}}$$

即，组成信度 = 标准化载荷之和的平方/（标准化的载荷之和的平方 + 观测变量测度误差之和），析出方差 = 标准化载荷平方之和/（标准化载荷平方之和 + 观测变量测度误差之和）。

其二是整体模型的拟合度。该标准是用来评价模型与数据的拟合程度。其中的大部分拟合指数都是在卡方（χ^2）为依据而计算得出的。通常可以分为以下三大类。

（1）绝对拟合指数（absolute fit indices）。这类指数是将理论模型和饱和模型比较。饱和模型的各变量间均容许相关，是最复杂的模型，其自由度为零，但能百分之百反映数据的关系。绝对拟合指数通常包括以下几种。

χ^2，拟合优度的卡方检验。其值越小越好。结构方程模型卡方显著性程度反映模型观测样本的协方差和假设总体协方差之间的拟合性能。通常希望卡方检验是不显著的，低的卡方值、显著性水平大于 0.05，意味着实际的和预期的输入矩阵没有统计上的差异（Hair et al.，1998）。但是，卡方显著性检验对大样本比较敏感，特别是当样本超过 200 时，随着样本的增加，测度倾向于对相同模型显示显著的差异。因此，该领域一些著名学者认为，χ^2 应该用作指导性而不是绝对的拟合指数（Fornell & Larcker，1981）。

χ^2/df，卡方与自由度之比。该值作为拟合指数考虑了样本的大小，其值越小越好，较严谨的研究建议以不超过 3 为标准（Carmines & McIver，1981；Chin & Todd，1995；Hair et al.，1998）。惠顿等（Wheaton et al.，1977）则建议该值接近或小于 5 也是合理的。

RMSEA，近似误差均方根。其值在 0.05 或以下，而且 RMSEA 的 90% 置信区间上限在 0.08 及以下，表示较好的模型拟合。

SRMR，标准化残差均方根。当样本数量小于或等于 250 时，可接受范围是 0.08；当样本容量大于或等于 500 时，可接受的标准是 0.06（Hu & Bentler，1999）。

GFI，拟合优度指数。其值在 0~1 之间，越接近 1 越好，大于 0.9，表明模型拟合度很好。

AGFI，调整的拟合优度指数。其值在 0~1 之间，越接近 1 越好，大于 0.9，表明模型拟合度很好。

（2）增值拟合指数（incremental fit indices）。这类指数将理论模型和基准模型比较。常用的基准模型为虚无模型，其变量间完全不相关，是限制最大和最不拟合的模型。将理论模型与其比较，可以判断拟合情况改进多少。常用的拟合指数包括以下几种。

NFI，规范拟合指数。其值在 0~1 之间，越接近 1 越好，大于 0.9，表明模型拟合度很好。

NNFI，也称 TLI，不规范拟合指数。其值在 0~1 之间，越接近 1 越好，大于 0.9，表明模型拟合度很好。

CFI，比较拟合指数。其值在 0~1 之间，越接近 1 越好，大于 0.9，表明模型拟合度很好。

（3）简约拟合指数（parsimony fit indices）。这类指数在模型评估中引入简约原则，惩罚参数多的模型。其将一些增值拟合指数乘以简约比（parsimony ratio），得出简约拟合指数。主要包括两种：

PNFI，简约规范拟合指数。其值在 0~1 之间，越接近 1 越好，大于 0.9，表明模型拟合度很好。

PGFI，简约拟合优度指数。其值在 0~1 之间，越接近 1 越好，大于 0.9，表明模型拟合度很好。

基于上述分析，本书采用检验结构方程模型的拟合指标和判断标准如表 3－2 所示。

表 3－2 结构方程模型拟合指标及判断值

指标类型	指标名称	符号	判断值
绝对指标	卡方统计量	χ^2 越小越好	
	显著度	p	>0.05 或 0.01
	卡方与自由度之比	χ^2/df	<3 或 5
	近似误差均方根	RMSEA	<0.05
	标准化残差均方根	SRMR	<0.08
	拟合优度指数	GFI	>0.9
	调整的拟合优度指数	AGFI	>0.9
相对指标			
	比较拟合指数	CFI	>0.9
	规范拟合指数	NFI	>0.9
	不规范拟合指数	TLI	>0.9
简约指标			
	简约规范拟合指数	PNFI	>0.5
	简约拟合优度指数	PGFI	>0.5

本书采用 Stata15.0 软件进行验证性因子分析和结构模型的拟合程度检验，结构方程建模技术（SEM）的参数估计方法是极大似然法（ML）。

第 4 章

预试概念模型的探索研究

　　由于获得感指数模型测度工具在我国尚没有现成的经验可资借鉴，为此，本章在开始结构方程模型分析之前，首先对感知获得的测度工具及总的调查工具进行修订或开发，以尽可能地适合我国获得感评估的实际情形。研究程序上，利用第一次预调研的数据对感知获得的三个维度进行探索性因子分析，检验感知获得的维度划分是否和预想的相一致，并对总问卷质量进行评价，以形成最终问卷。

　　随后，本章将分析预调查研究的样本概况和数据质量，并通过结构方程模型初步验证本书提出的概念模型并给予评价和修正。

4.1　预调查研究样本概况

4.1.1　预调查概况

　　2019 年 6 月，根据编制的农村贫困户获得感调查问卷，通过便利抽样的方法对江西省吉安市 3 个县区 15 个村委会的建档立卡户进行入户调研，进行了探索性研究的预试问卷调查。具体来说，2019 年 6 月 15 日～2019 年 7 月 15 日，在江西省选取了 15 个村委会进行实地调研，共发放问卷 173 份，剔除无效问卷后，回收 166 份，有效问卷回收率为 95%。回收率较高的原因，是由于调研过程控制较为周密，且事先对调查员进行了培训和演练，并在问卷调查中进行了一些控制，问卷整体质量较高。

4.1.2 预试研究样本概况

预试研究样本的性别、年龄、健康状况、婚姻状况、政治面貌、教育背景、收入等基本人口统计信息如表 4 - 1 所示。

表 4 - 1 　　　　　　　　　　预调查研究样本概况（N = 166）

项目	类别	人数	百分比（%）	项目	类别	人数	百分比（%）
性别	男	96	57.8	健康状况	健康	12	7.2
	女	70	42.2		一般	50	30.1
	合计	166	100		重度残疾	16	9.6
年龄	18～29 岁	3	1.8		轻度残疾	23	13.9
	30～39 岁	11	6.6		大病重病	21	12.7
	40～49 岁	46	27.7		慢性病	30	18.1
	50～59 岁	37	22.3		体弱	12	7.2
	60 岁及以上	69	41.6		合计	166	100
	合计	166	100	家庭年人均收入	2995 元以下	5	3.1
政治面貌	团员	3	1.8		2996～5000 元	97	58.4
	中共党员	7	4.2		5001～10000 元	61	36.7
	民主党派	1	0.6		10001～20000 元	2	1.2
	群众	155	93.4		20001 元及以上	1	0.6
	合计	166	100		合计	166	100
婚姻状况	未婚	20	12.0	教育程度	小学及以下	104	62.7
	已婚	130	78.3		初中	46	27.7
	离婚	16	9.6		高中或中专	13	7.8
					专科及以上	3	1.8
	合计	166	100		合计	166	100

由表 4 - 1 可以看出：预调查样本中性别方面，男性居多，占 57.8%，女性则占 42.2%；年龄方面，18～29 岁占 1.8%，30～39 岁占 6.6%，40～49 岁占 27.7%，50～59 岁占 22.3%，60 岁及以上占 41.6%，总体来看中老年人的居多，符合建档立户年龄偏大的实际；政治面貌方面，团员比例占 1.8%，

中共党员比例占 4.2%，民主党派占 0.6%，群众占 93.4%；未婚的占 12.0%，已婚的占 78.3%，离婚的占 9.6%；健康状况来看，健康占 7.2%，一般占 30.1%，重度残疾占 9.6%，轻度残疾占 13.9%，大病重病占 12.7%，慢性病占 18.9%，体弱占 7.2%；家庭年人均收入情况来看，2995 元以下的占 3.1%，2996~5000 元的占 58.4%，5001~10000 元的占 36.7%，10001~20000 元的占 1.2%，20001 元及以上的占 0.6%。教育程度来看，小学及以下占 62.7%，初中文化的占 27.7%，高中或中专占 7.8%，专科及以上文化占 1.8%。

4.2 感知获得维度的探索性分析

感知获得感是本书的核心概念之一，在已有的研究中，较少有研究针对其提出的具体维度和指标进行的实证研究。因此，首先需要将感知获得的维度进行探索性因子分析，检验其是否与最初的构想一致。

4.2.1 探索性因子分析前提检验

因子分析的基本思想是通过对变量相关系数矩阵内部结构的研究，找出能够控制所有变量的随机的几个变量去描述诸多变量之间的相关关系，这少数几个变量即因子。

4.2.1.1 KMO 测度和 Barlett's 球形检验

衡量变量是否适合因子分析，通常需要进行 KMO 测度和 Barlett's 球形检验的显著度判断。KMO 统计量通常适用于比较变量之间简单相关及偏相关系数，公式为：

$$KMO = \frac{\sum \sum_{i \neq j} r_{ij}^2}{\sum \sum_{i \neq j} r_{ij}^2 + \sum \sum_{i \neq j} p_{ij}^2}$$

其中，r_{ij} 是变量 i 和 j 的简单相关系数，p_{ij} 是它们的偏相关系数。

一般认为，KMO 的取值在 0~1 之间，KMO 值越接近 1，则越适合因子分析，越小则越不适合。Kaiser 给出了一个 KMO 的度量标准：0.9 以上非常适

合，0.8 适合，0.7 一般，0.6 不太适合，0.5 以下不适合。巴特利球体检验的
统计值是通过相关系数矩阵得出，其对应的相伴概率值小于显著水平，则应拒
绝零假设，适合作因子分析。否则，不适合作因子分析①。

本书采用社会学统计软件 Stata15.0 软件的因子分析法计算出感知获得因
子的 17 个题项的 KMO 和 Barlett's 球形检验 p 值，分析结果如表 4 - 2 所示。

表 4 - 2　　　　感知获得因子（B1 ~ B17）KMO 测度和 Bartlett's 球体检验

KMO		0.921
Bartlett's	Approx. Chi-Square	2145.390
	df	136
	Sig.	0.000

从表 4 - 2 可以看出，KMO 值为 0.921，Barlett's 球形检验显著（P < 0.001），
这说明数据具有相关性，因子的相关系数矩阵非单位矩阵，能够通过提取最少
的因子来解释大部分方差，符合研究要求，可以进行下一步分析。

4.2.1.2　预试问卷指标共同度检验

变量共同度（communalities）即公共方差。原有变量 xi 的共同度定义为因
子载荷矩阵 A 中第 j 列各元素的平方和，即：

$$h_i^2 = \sum_{j=1}^{m} a_{ij}^2$$

其中，h_i^2 反映了全部公共因子变量对原有变量 xi 总方差解释说明的比例，
体现了公共因子对原有变量的贡献程度。h_i^2 越接近 1，说明公共因子已经解释
说明了原有变量 xi 的几乎全部信息。共同度越大，表示测评指标对公共因子
的共同依赖程度越大，也就是说，用这些公共因子来解释该测评指标就越有
效②。一般来说，共同度相对较小的，根据经验可以剔除，不进入下一步分
析。本书对感知获得因子的 17 个变量进行指标有效性检验，结果如表 4 - 3
所示。

---

① 薛薇. 统计分析与 SPSS 的应用 [M]. 北京：中国人民大学出版社，2001：254.
② 杨道田. 公民满意度指数模型研究 [M]. 北京：经济管理出版社，2011.

表 4 – 3   绩效因子测评指标共同度

项目	Initial	共同度	项目	Initial	共同度
B1	1.000	0.802	B10	1.000	0.675
B2	1.000	0.808	B11	1.000	0.706
B3	1.000	0.698	B12	1.000	0.665
B4	1.000	0.653	B13	1.000	0.656
B5	1.000	0.578	B14	1.000	0.678
B6	1.000	0.615	B15	1.000	0.807
B7	1.000	0.528	B16	1.000	0.782
B8	1.000	0.611	B17	1.000	0.634
B9	1.000	0.539			

表 4 – 3 中各指标的共同度介于 0.528 ~ 0.808 之间，平均值为 0.667，说明该问卷制定的测量指标对贫困户获得感的影响基本显著，可以考虑为测量的初级指标，并对问卷开展因子分析。

在研究过程中，先是以因子分析结果的共同度进行建构效度检验。共同度指的是各评价项目解释方差的比例，其值为 0 ~ 1，0 即表示评价项目不解释任何方差，1 则表述所有的方差均被解释。共同度的值越大，则表明其包含原有变量的信息量越多。通常来说共同度大于 0.5，则表示具有高效度。如表 4 – 3 所示，各指标共同度均大于 0.5，可视为高效度。

4.2.2　预试数据探索性因子分析结果

4.2.2.1　探索性因子分析

对预试的调查情况进行因子分析，采用主成分分析（principal components），并以方差最大化正交旋转（varimax rotation），提取 3 个公因子。感知获得维度量表的因子分析结果如表 4 – 4 所示。因子的最小特征值为 1.39，大于 1。这 3 个因子累积方差解释量为 72.38%，能解释大多数方差。再检测各个观测变量指向因子的载荷系数，所有的因子载荷系数都高于 0.5。因此，从总体来看，感知获得维度的指标测度是可靠的。

从表 4 – 4 可知，量表的 Cronbach's α 系数，都大于 0.7，整个量表的可靠性系数达到 0.936。鉴于较高的因子载荷，这表明结构效度良好。初步结果显示感知获得因子的变量选择和观测项目是合适的。

表 4 - 4　　　　　　　　　感知获得维度量表的因子分析结果

编号	主因子		
	经济获得	民生获得	政治获得
B1	0.744	0.150	0.184
B2	0.777	0.250	0.113
B3	0.729	0.247	0.183
B4	0.635	0.202	0.201
B5	0.201	0.709	0.116
B6	0.204	0.696	0.377
B7	0.277	0.712	0.335
B8	0.222	0.747	− 0.029
B9	0.144	0.694	0.191
B10	0.060	0.747	0.113
B11	0.275	0.279	0.786
B12	0.295	− 0.041	0.682
B13	0.105	0.127	0.762
B14	0.148	0.225	0.574
B15	0.151	0.153	0.558
B16	0.172	0.179	0.720
B17	0.346	0.223	0.661
特征值	8.69	2.22	1.39
解释方差百分比（%）	51.12	13.08	8.18
累计解释方差百分比（%）	41.12	64.20	72.38

4.2.2.2　公共因子命名

对分析结果产生的因子进行命名如下。

因子1：包括不愁吃、不愁穿、经济发展和生活收入状况4个项目。可以发现，这4个项目都是属于原先构想的经济收入维度，因子载荷系数分别为0.744、0.777、0.729和0.635，都高于0.6。因而，将这个因子命名为"经济获得"。

因子2：包括教育、医疗、住房、交通、环境和民生工程6个项目。因子载荷系数分别为0.709、0.696、0.712、0.747、0.694和0.747。这与之前的构想比较一致，因而将其命名为"民生获得"。

因子3：包括精准识别、产业扶贫、技能培训、资金使用、工作效率、驻村干部和政府质量总体评价7个项目，这7个项目都很好地落到原先的构念"政治获得"之下，因子载荷系数分别为0.786、0.682、0.762、0.574、0.558、0.720和0.661，因而将其命名为"政治获得"。

以上3个公共因子对17个指标的因子累积方差解释量为72.38%，能解释大多数方差，因此比较理想。感知获得因子包括三个维度，即经济获得、民生获得和政治获得。

4.2.2.3 信度效度分析

研究主要采用 Cronbach's α 系数对量表的信度进行检验（如表4-4所示）。

信度分析主要考察感知获得各维度中测量项目的可靠性和一致性，在实证研究中，学术界普遍使用内部一致性 Cronbach's α 系数来检验数据的可靠性。根据农纳利（Nunnally，1978）提出的信度检验标准，Cronbach's α 系数应该大于0.7。而美国统计学家（Joseph et al.，1998）指出 Cronbach's α 系数大于0.7，表明数据可靠性较高，而当计量尺度中的测量项目数小于6个时，Cronbach's α 系数大于0.6，表明数据是可靠的。本书中感知获得维度各分量表的 Cronbach's α 系数均在0.7以上，总量表 Cronbach's α 系数为0.936。因此，该量表的信度是比较可靠的。

如表4-4所知，各个观测指标的共同度都大于0.5，观测变量指向公共因子的载荷系数，除了2个小于0.6之外，其余都大于0.6，具有较高的收敛效度。而跨因子载荷则很小，因此具有很好的区别效度。

4.3 预试数据质量评价

4.3.1 预试问卷整体量表的信度分析

4.3.1.1 预试整体量表的构成

基于前述研究假设和理论基础，根据各个潜变量的观测指标，本书编制了总量表，在此基础上形成了预调查的问卷，作为研究模型的调查工具（见附录）。预调查的贫困户获得感调查问卷中，感知获得的基本因子测量项目有 17 个，经济获得变量测量题项 4 个，民生获得测量题项 6 个，政治获得测量项目 7 个，公平感测量题项 3 个，贫困户期望测量题项 3 个，贫困户获得感测量题项 4 个，政府信任测量题项 3 个，共计 30 个观测项目。

问卷中问题排列顺序，则根据《中国顾客满意度指数指南》（国家质检总局质量管理司，2003）的建议，根据模型因果关系，属于原因的测量题项应放在前面，而属于测量结果的题项则考虑放在后面。按照结构变量的逻辑关系排列问卷的测量项目，便于受访者按逻辑顺序作答；同时，将每个结构变量包含的测量问题放在一起，可以减少被试者产生的时空跳跃感，进而作出准确回答。

在正式调查之前，通过预调查，检验总量表，利用探索性分析和验证性因子分析方法，检测信度和效度，进而对问卷质量做出评价和进一步修订完善。

4.3.1.2 预试整体量表的信度分析

从表 4 - 5 可以看出，各量表的 Cronbach's α 系数均在 0.8 以上，总量表 Cronbach's α 系数为 0.963。据此，认为研究构建的问卷具有比较好的内部一致性信度，问卷题项设置比较合理，数据较为可靠。

表 4 - 5　　　　　　　　　预试问卷整体量表的信度分析

编号	变量	测量项目	α 系数
B1		我家现在吃的食物能得到满足（不愁吃）	
B2	经济获得	我家现在穿的衣服能得到满足（不愁穿）	0.838
B3		我对目前国家经济发展状况感到满足（经济发展）	
B4		我对家里的生活收入状况总体感到满足（经济收入）	

续表

编号	变量	测量项目	α系数
B5	民生获得	我觉得村里的孩子现在都"有书读"（教育）	0.861
B6		我觉得现在家里人能"看得起病"了（医疗）	
B7		我觉得现在住的房子能满足居住需求（住房）	
B8		我觉得现在交通出行变方便了（交通）	
B9		我觉得现在周边生活环境变好了（环境）	
B10		我觉得现在政府民生工程抓得好（民生福祉）	
B11	政治获得	我对身边贫困户评选工作感到满意（精准识别）	0.857
B12		我对政府帮扶的产业扶贫感到满意（产业扶贫）	
B13		我对政府组织的技能培训感到满意（技能培训）	
B14		我对扶贫开发资金的使用感到满意（资金使用）	
B15		我对扶贫开发的工作效率感到满意（工作效率）	
B16		我对政府扶贫的驻村干部感到满意（驻村干部）	
B17		我对精准扶贫的政府质量感到满意（政府质量）	
感知获得量表		以上17个题项	0.936
C1	公平感	我觉得精准扶贫的过程都是透明公开的（过程公平）	0.892
C2		我觉得每个贫困户获得的帮扶都差不多（结果公平）	
C3		总体来看我觉得精准扶贫是公平公正的（总体公平）	
D1	贫困户期望	我期待精准扶贫能让生活水平得到提高（收入提高期望）	0.881
D2		我期待精准扶贫能让民生福祉得到改善（民生改善期望）	
D3		我期待精准扶贫能让政府质量得到提升（政府质量期望）	
E1	贫困户获得感	跟过去相比，我觉得家庭经济状况变好了（纵向获得感）	0.908
E2		与预期相比，我觉得民生改善更有保障了（比较获得感）	
E3		与别人相比，我觉得也有满足感和幸福感（横向获得感）	
E4		总体来看，我觉得从精准扶贫中获得收益（总体获得感）	
F1	政府信任	我相信精准扶贫始终是以人民为中心（政府宗旨）	0.835
F2		我相信群众的诉求会得到政府的回应（政府回应）	
F3		如有需要我会支持配合政府各项工作（支持政府）	
总体量表		以上30个题项	0.963

4.3.2　各项前提假设的检验

与其他统计分析一样，样本数据完整、正确且有效，是进行结构方程模型分析的基本前提。为此，在正式运用 STATA15.0 软件分析样本之前，需要对回收的样本数据进行一些必要的检验，看看是否满足结构方程模型分析的几个基本假设前提。这里主要从三个方面来检验：数据缺失情况、数据样本量、数据正态分布检验。

4.3.2.1　预试数据缺失值处理

结构方程模型假定每一个样本必须数据完整。事实上，在受访者填写问卷时，难免会出现漏填某个题项的情况，致使出现样本数据缺失。样本数据缺失的最大影响是使得样本资料缺失，导致研究资源浪费或样本不达标等问题（邱皓政，2003）。对于存在缺失数据的数据资料，结构方程模型无法进行直接拟合，需在分析之前对存在的缺失的数据进行一番处理。

在统计学里，数据缺失情况通常包括下面三种类型。

（1）完全随机缺失（missing completely at random，MCAR），是随机数据问题中最简单的一种，是指缺失现象完全随机发生的。无法直接观察到那些缺失数据可能出现的内在规律，且不完整的数据资料与完整的数据资料间不存在任何关系。这种情况通常是问卷填写者或者数据资料填报者的疏忽造成的。统计分析中，如果将含有缺失的记录删除，估计结果不会有偏或者偏差很小，通常采取删除法或均值替代法。

（2）随机缺失（missing at random，MAR），是针对已获得调查数据中某一变量而出现的数据缺失。这一数据缺失比起完全随机缺失相对宽松。虽然也很难直接观察出缺失数据的规律，但缺失数据的情况有可能与问卷中的其他变量存在一定程度的相关关系，或者说数据缺失很可能是由于数据中其他变量导致的。通常采用模型测算法予以处理。

（3）非随机缺失（missing not at random，MNAR），是指不满足以上两种缺失方式的情况。数据缺失的模式是非随机的，其缺失规律可以通过观测进行解释，但是不能通过数据中的其他信息来预测。

在预试数据的缺失值处理上，本书主要采用均值替代法。原因在于，本书在预调查中，预试的问卷计量尺度上，统一采用1~10分李克特量表的工具，没有设计"不清楚"选项，属于强制性地要求贫困户作出满意度的分值评价，尽管有些不妥，但好处是缺失值较少。

对于预调查的问卷数据的评估，本书首先将缺失数据较多或者回答明显随意的样本完全删除，在剩余的资料之中，对数据缺失情况进行了审查，并没有发现明显的规律性，问卷整体的数据缺失率很低。因此，可以认为问卷数据的缺失是一种随机缺失。寇恩（Cohen，1988）认为，缺失率达到5%甚至是10%都是可以接受的，不会造成统计资料的不足。因此，本书预调查的问卷数据整体情况良好，缺失少量的数据不会造成太大问题。至于问卷缺失值处理方法，在预调查的数据处理中，本书采用了均值替代法来处理这些数据资料。这种方法是用每一个变量中有效值的均值来替代该变量的缺失值。这种方法优点在于简单易行，不会造成样本统计均值的偏差；缺点则有可能降低该变量的方差，而且由于插入的是平均数，该变量的实际分配可能会趋向于较高的峰值。当然，由于本书在预调查阶段所收集的数据整体缺失值很少，因此我们认为均值替代法是可行的，不会对样本的整体特征造成太大的影响。数据采用STA-TA15.0软件包进行分析和处理。

4.3.2.2 预试数据样本数量分析

为保证正确的分析检验，结构方程模型分析需要足够大的样本，只有在样本足够大的情况下，模型拟合度的检验值才会接近卡方分布，因此这也是一个基本前提。

当前在结构方程模型理论研究中，样本量究竟需要多大，还存在一些争议。例如，安德森和格宾（Anderson & Gerbing，1988）认为100~150个是最低样本数量，博姆斯玛（Boomsma，1982）建议样本量最少大于100，但大于200更好。简单而言，容量少于100的样本，所产生的相关矩阵不够稳定，使得结构方程分析结构的信度低级。本书中预调查获得的有效样本量为166个，接近200个。因此，本调查所收集的样本数量是足够的。

4.3.2.3 预试数据的正态分布检验

样本数据的正态分布是诸多统计分析的基本假设。作为结构方程模型分析的最常用的估计方法，如一般最小二乘法（GLS）和极大似然法（ML）的执行，需要样本满足多元正态分布。如果样本不满足多元正态分布，则会使参数估计的标准差和显著性检验统计值将会产生偏差，进而导致估计结果的显著性检验失效（邱皓政，2003）。

通常对于单变量的正态分布检验，是考察偏度和峰度的绝对值。当偏度的绝对值大于 3.0 时，一般被视为极端的偏态；峰度的绝对值大于 10.0 时，表示峰度有问题①。多元正态分布的检验同样可以通过衡量多元偏度和多元峰度进行。在 STATA15.0 软件中，多元正态的检验主要是通过多元峰度值的检测，这是因为有诸多研究显示严重的峰度偏差产生的问题要比偏度更严重，因此通常主要考察多元峰度值即可（林嵩，2008）。

单变量的峰度检验时，绝对值大于 10.0 时，表示有较严重的多元正态问题。但事实上，数据的多元正态分布假设往往过于严格，实际研究中大多数据资料都是多元非正态分布②。克莱恩（Kline，1998）认为，数据单变量的非正态性不严重时，即可采用极大似然法来拟合结构方程模型。

本书通过检验单变量的正态分布和多元变量的正态分布，利用 Stata15.0 考察数据的偏度和峰度的绝对值。表 4 – 6 提供了感知获得因子的单变量的描述性统计摘要，包括最大值（maximum）、最小值（minimum）、偏度（skew-ness）和峰度（kurtosis）等。从表 4 – 6 可以看出，各变量的偏度绝对值都没有超过 3.0，偏度最大的为 B6、B10、B11，偏度值为 0.997；峰度的绝对值也都没有超过 10.0，峰度最大的为 B15，峰度值为 3.711，这说明样本的单变量均没有出现显著的非正态性。尽管多元峰度值 401.38，大于临界值 56.291，但单变量均没有出现显著的非正态性，因此，可以用于结构方程模型分析。

表 4 – 6 感知获得因子的单变量描述性统计量

项目	最小值	最大值	偏度	峰度	Z	Prob > z
B1	2	10	0.994	0.707	– 0.791	0.786
B2	2	10	0.995	0.656	– 0.961	0.832
B3	1	10	0.990	1.313	0.62	0.268
B4	3	10	0.992	1.044	0.097	0.461

①② 杨道田. 公民满意度指数模型研究［M］. 北京：经济管理出版社，2011.

项目	最小值	最大值	偏度	峰度	Z	Prob > z
B5	1	10	0.985	1.888	1.448	0.074
B6	3	10	0.997	0.442	−1.862	0.969
B7	3	10	0.991	1.109	0.235	0.407
B8	1	10	0.975	3.158	1.621	0.544
B9	1	10	0.996	0.543	−1.393	0.918
B10	3	10	0.997	0.426	−1.946	0.974
B11	3	10	0.997	0.434	−1.9	0.971
B12	2	10	0.987	1.709	1.222	0.111
B13	3	10	0.982	2.282	1.881	0.130
B14	1	10	0.976	3.006	1.508	0.876
B15	1	10	0.971	3.711	1.908	0.731
B16	1	10	0.987	1.713	1.227	0.110
B17	3	10	0.996	0.552	−1.355	0.912
C1	1	10	0.98	2.508	2.095	0.018
C2	2	10	0.991	1.109	0.236	0.407
C3	2	10	0.990	1.226	0.464	0.321
D1	3	10	0.985	1.885	1.445	0.074
D2	4	10	0.994	0.725	−0.734	0.769
D3	4	10	0.993	0.826	−0.436	0.669
E1	1	10	0.980	2.488	1.907	0.619
E2	1	10	0.989	1.433	0.819	0.206
E3	1	10	0.992	1.034	0.076	0.470
E4	1	10	0.980	2.491	1.95	0.119
F1	4	10	0.978	2.816	1.839	0.139
F2	2	10	0.983	2.132	1.725	0.072
F3	4	10	0.977	2.933	1.952	0.057
多变量			85.56	401.38		

4.3.3　预试问卷整体量表二阶验证性因子分析

4.3.3.1　预试问卷量表的效度分析

在过去许多研究中，建构效度的检验通常采用探索性因子分析方法（exploratory factor analysis，EFA）。这种统计方式是通过该因子分析的方式对测量工具的效度进行检验，有效地抽取公共因子，进而考察抽取的公共因子是否具备理论上的意义。这种方法的缺点也比较明显，存在统计导向而非理论导向，使理论的推导很大程度上依赖于统计结果。

相对于探索性因子分析，验证性因子分析（confirmatory factor analysis，CFA）则是先建立一个理论建构模型，依据这一建构界定一组与建构相关联的指标，而后使用资料来证明理论模型的可接受性[1]。验证性因子分析是一种理论逻辑导向的建构效度检验方法（黄芳铭，2005）。效度水平可以由模型的拟合指数和标准化因子载荷系数来检验（Mueller，1996）。通常而言，标准化载荷系数大于 0.7，即认为具有较高的效度，但对于新开发的测量量表，大于 0.5 也可以（Chin，1998）。

本书研究的指标是经由文献探讨，并参考多位专家的意见进行合理筛选后得出的，内容效度可以保证。至于建构效度，本书采用对整体量表测量模型的验证性因子分析来检验，应用结构方程模型分析软件 Stata 15.0 对整体问卷中的结构变量进行验证性分析。本书采用极大似然估计法，分别考察整体量表的收敛效度和区别效度。

博伦（Bollen，1989）建议采用标准化载荷系数、组成信度（CR）和平均析出方差（AVE）作为收敛效度检验。从表 4 – 7 来看，针对总量表的 17 个潜变量进行的二阶因子验证性分析结果，所得各因子载荷的 C.R. 值（critical ratio）[2] 的相伴概率均小于 0.001，达到显著性水平（P < 0.05），总体量表中其他各测项所属因子载荷（标准化系数）均超过 0.6，对因子的解释能力较强，表示整体贫困户获得感量表中的各个测项分别收敛于各自所属的因子，具备很

---

① 　杨道田. 公民满意度指数模型研究［M］. 北京：经济管理出版社，2011.
② 　C. R. 值是一个 Z 统计量，是参数估计值与其标准差之比，相当于方差分析中的 T 值。在 0.05 的显著性水平上，临界比估计的绝对值大于 1.96 称为显著。

好的收敛效度。

表4－7　　　　　　　　预试整体量表二阶验证性因子模型的参数估计

变量		变量	标准误	C. R. 值	P 值	标准化系数 λ
经济获得	< - -	感知获得	0.050	15.22	***	0.786
民生获得	< - -	感知获得	0.028	29.81	***	0.863
政治获得	< - -	感知获得	0.020	47.96	***	0.961
B1	< - -	经济获得	0.054	13.91	***	0.750
B2	< - -	经济获得	0.055	13.48	***	0.718
B3	< - -	经济获得	0.046	12.94	***	0.696
B4	< - -	经济获得	0.045	18.67	***	0.853
B5	< - -	民生获得	0.112	10.36	***	0.688
B6	< - -	民生获得	0.108	9.89	***	0.641
B7	< - -	民生获得	0.115	9.80	***	0.632
B8	< - -	民生获得	0.046	12.94	***	0.696
B9	< - -	民生获得	0.079	11.35	***	0.637
B10	< - -	民生获得	0.092	12.22	***	0.692
B11	< - -	政治获得	0.09	11.95	***	0.674
B12	< - -	政治获得	0.025	31.87	***	0.821
B13	< - -	政治获得	0.073	22.63	***	0.825
B14	< - -	政治获得	0.025	32.70	***	0.827
B15	< - -	政治获得	0.026	27.30	***	0.804
B16	< - -	政治获得	0.024	32.01	***	0.811
B17	< - -	政治获得	0.023	34.02	***	0.762
C1	< - -	公平感	0.022	39.28	***	0.851
C2	< - -	公平感	0.203	42.78	***	0.873
C3	< - -	公平感	0.269	28.62	***	0.769
D1	< - -	贫困户期望	0.026	29.56	***	0.762
D2	< - -	贫困户期望	0.017	24.98	***	0.904
D3	< - -	贫困户期望	0.025	32.07	***	0.797
E1	< - -	贫困户获得感	0.013	59.56	***	0.900

续表

变量		变量	标准误	C. R. 值	P 值	标准化系数 λ
E2	< − −	贫困户获得感	0.017	50.40	***	0.854
E3	< − −	贫困户获得感	0.025	42.07	***	0.824
E4	< − −	贫困户获得感	0.020	46.15	***	0.840
F1	< − −	政府信任	0.018	48.34	***	0.868
F2	< − −	政府信任	0.016	44.35	***	0.895
F3	< − −	政府信任	0.026	55.42	***	0.821

注： *** 表示 $P < 0.001$。

至于反映各因子的内在结构效度拟合指数组成信度（CR）和平均析出方差（AVE），则通过公式可以计算出结果（见表 4 − 8）。

表 4 − 8　　　　　　　　　预试数据验证性因子分析结果摘要

因子	组成信度 ρc	平均析出方差 ρv
经济获得	0.984	0.866
民生获得	0.961	0.832
政治获得	0.991	0.939
感知获得	0.986	0.959
贫困户期望	0.926	0.808
公平感	0.989	0.968
贫困户获得感	0.994	0.975
政府信任	0.991	0.974

注：组成信度 ρc = 标准化载荷之和的平方/（标准化的载荷之和的平方 + 观测变量测度误差之和）；析出方差 ρv = 标准化载荷平方之和/（标准化载荷平方之和 + 观测变量测度误差之和）。

从表 4 − 8 可以看出，组成信度 CR 都超过了 0.6 的可接受范围，且都大于 0.9，有较好的建构效度。平均析出方差 AVE，最小值为贫困户期望的 ρv = 0.808，最大值为获得感的 ρv = 0.975，都大于 0.5 的判断值，反映出各个潜变量都能被相应那组观测变量有效估计，能够解释观测变量一半以上的方差。总体而言，结合各个观测变量的标准化载荷系数和组成信度及平均析出方差，可以看出整个量表的二阶因子验证性分析的拟合结果显示各个量表具备收敛效度。

再来看区别效度，根据邱皓政和林碧芳（2009）的研究认为，可以用相关系数的95%置信区间是否涵盖1.00来判断。根据表4-9可以看出，这些区间都没有涵盖1.00，各个相关系数显著不等于1，可以认为各个潜变量之间具有良好的区别效度。

表4-9 　　　　　　　　　　　预试因子之间相关系数的置信区间

因子	感知获得	公平感	贫困户期望	贫困户获得感	政府信任
公平 R（r^2） 感 95% CI	0.664（0.441） （0.687，0.945）				
贫困户 R（r^2） 期望 95% CI	−0.500（0.025） （−0.593，−407）	—			
获得 R（r^2） 感 95% CI	0.450（0.203） （0.359，0.542）	0.147（0.022） （0.056，0.238）	−0.539（0.291） （0.607，0.470）	—	0.939 （0.882） （0.872， 1.001）
政府 R（r^2） 信任 95% CI	—	—	0.691（0.477） （0.522，0.860）	0.939（0.882） （0.872，1.001）	

注：R 表示相关系数，r^2 表示相关系数的平方，95% CI 表示95%的置信区间。

4.3.3.2　预试二阶因子模型的拟合指数

线性结构方程建模（SEM）的基本思想是：用样本数据估计所设定的模型参数，然后根据这些参数估计来重建方差协方差，尽可能地将重建的方差协方差矩阵与观察的方差协方差矩阵相匹配，二者匹配程度决定了结构方程模型拟合样本数据的程度[①]。如果二者非常接近，则说明模型拟合数据的效果很好。

基于文献评估和理论基础，本书提出了8个结构变量的理论构想。本书根据预调查得到的166份有效数据，应用结构方程模型分析软件 Stata15.0 对整体问卷的量表进行二阶因子分析，因子模型拟合指数如表4-10所示。

---

① 杨道田. 公民满意度指数模型研究［M］. 北京：经济管理出版社，2011.

表 4 – 10 二阶因子模型的拟合指数

拟合指数	实际值	判断值
χ^2	435.334	越小越好
P	0.00	<0.05
df	132	—
χ^2/df	3.30	<3 或 5
RMSEA	0.078	<0.06 或 0.08
SRMR	0.049	<0.05
CFI	0.916	>0.9
TLI	0.903	>0.9

由表 4 – 10 的拟合指数可以看出：$\chi^2 = 435$，p < 0.001，卡方与其自由度的比值 χ^2/df 为 3.30，小于参考值 5；近似误差均方根 RMSEA 是 0.078，满足最低标准；标准化残差均方根 SRMR 为 0.049，小于参考值 0.05。CFI 为 0.916，大于 0.9；不规范拟合指数 TLI 为 0.903，大于 0.9；统计结果表明，二阶因子模型与数据拟合较好，各项指标基本上能满足拟合指数所设定的标准，均在可接受范围内。

4.4 预试概念模型的初步验证

探索性研究不仅是为了对问卷整体质量进行评估，而且是为了初步验证本书提出的研究假设和概念模型。研究拟通过结构方程模型对预试概念模型进行初步验证。

4.4.1 预试概念模型的初步验证

根据第 3 章的分析，感知获得概念设置为二阶的潜变量，整体的概念模型如图 4 – 1 所示。

首先，根据阳义南（2021）的建议，使用 Stata 软件做结构方程，模型整体的拟合优度检验需要满足以下三个条件。

（1）RMSEA 指标。这是模型的总体拟合指标，当 RMSEA < 0.05 是可以接受的（取值在 0.05 ~ 0.08 之间）。

（2）CFI 指标。作为模型的相对拟合指标，当 CFI > 0.9 时可以接受，越

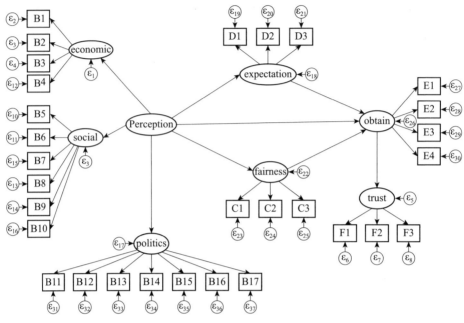

图 4 - 1 预试获得感指数概念模型

接近 1 越好。

（3）SRMR 指标。即（S－∑）残差的平方根指标。该指标并没有设定一个可以参考的临界值，在使用时一般是比较两个模型，可接受范围为小于 0.05。研究根据这三个方面的指标来检验模型的拟合优度。

模型整体拟合效果的检验。根据上文的指标，查看模型的拟合效度，发现模型拟合效果不佳，具体拟合指数如表 4 - 11 所示。

表 4 - 11 　　　　　　　　　　预试概念模型的拟合指数

拟合指数	实际值	判断值
χ^2	764.402	越小越好
P	0.00	<0.05
df	221	—
χ^2/df	3.4588	<3 或 5
RMSEA	0.086	<0.06 或 0.08
SRMR	0.088	<0.05
CFI	0.901	>0.9
TLI	0.887	>0.9

从表 4 - 11 中所列示的指标来看，卡方检验作为模型检验的绝对指数，卡方值 $\chi^2 = 764.402$，P < 0.05，尽管符合显著性要求，但卡方值较大，说明研究设定的模型对实际数据的拟合状况不好。但是实际上，研究人员认为卡方检验容易受到自由度或者样本大小和分布特征的影响，造成错误的模型检验推断[①]。因此，模型拟合度检验通常还需综合其他指标一起进行判断。

从其他拟合指标来看，卡方与其自由度的比值 χ^2/df 为 3.4588，大于参考值 3；近似误差均方根 RMSEA 为 0.086，未达到最低要求 0.08；标准化残差均方根 SRMR 为 0.088，高于判断值 0.05；相对拟合统计指标 CFI 为 0.901，仅达到最低要求；不规范拟合指数 TLI 为 0.887，小于 0.9。整体结果表明，探索的试验模型与数据拟合效果不好，大多数指标都不能满足拟合指数所设定的标准。

综上，研究通过效度检验，发现该模型拟合检验结果不佳。研究认为，造成模型拟合效果不佳的主要原因可能在于：二阶的概念模型使模型的复杂度提高，导致模型所要估计的变量误差数更多，因此在一定程度上降低了模型的拟合效果。

因此，为了提高模型拟合效果，即提高整体量表的建构效度，需进行模型修正。当然，这种修正是在统计检验层面上的模型调整，而非原概念的变动。

4.4.2　预试部分聚合修正模型的检验

4.4.2.1　聚合模型设定理论基础

根据巴戈齐和爱德华（Bagozzi and Edwards，1998）提到的处理方法，将上面的感知获得二阶测量模型转化为一阶的模型，进而进行估计。上述获得感知指数概念模型是一种完全分解模型（total disaggregation model），也就是说，每个观测变量被分别看成潜变量的一个单独的组成部分，直接与潜变量连接（林嵩，2008）。相对于完全分解模型，则有部分分解模型（partial disaggregation model）、部分聚合模型（partial aggregation model）和完全聚合模型（total

---

① 邱皓政. 结构方程模式：LISREL 的理论、技术与应用［M］. 台北：双叶书廊有限公司，2003.

aggregation model），对应着观测变量被聚合起来反映潜变量的聚合程度，如图4-2所示。

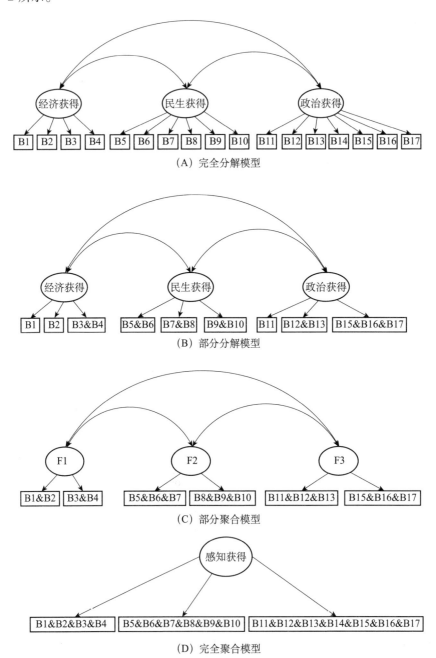

（A）完全分解模型

（B）部分分解模型

（C）部分聚合模型

（D）完全聚合模型

图 4-2　感知获得概念分解、聚合模型

上述四张简易的路径图都是对感知获得这一个潜变量的概念建构，B1 ~ B17 为概念量表中的 17 个题项得分，经济获得、民生获得和政治获得是感知获得的三个维度，F1、F2 和 F3 是感知获得的三个组成方面。

　　巴戈齐和爱德华（Bagozzi and Edwards，1998）研究发现，对于同一个概念来说，测量模型的分解度越高，越能详细地刻画观测变量和潜在的概念构建之间的关系。对于完全分解和部分分解模型来说，这两类模型对于潜在概念的建构是着眼于抽象的层面。另外，测量模型聚合度越高，则表明越能抽象地提取概念的主要组成部分和主要特征。同时，随着模型的聚合度提高，可以降低模型的待估参数变量，从而对样本数量的限制减少。因此，在样本数目不够多的情况下，采用聚合模型所估计的结果更为稳定。当然，采用聚合模型的做法，可以在一定程度上消除原模型中同一维度之下观测变量因指标设计不合理可能存在的相关关系（林嵩，2007；2008）。

　　因此，针对本书的实际情况，为了从整体上构建贫困户获得感指数模型，采用部分聚合模型来重新设定。这种模型设定也符合结构方程模型设定中的简约原则（painciple of parsimonious）。所谓简约性原则，是指当结构方程模型分析牵涉到复杂的变量关系的探索时，一个重要的基本原则是如何将这些关系以最符合理论意义而且最简单扼要的方式来加以界定（邱皓政，2003）。因为对于同样一组数据来说，可能有无限多种可能的结构模型设定，这些不同的模型反映了不同的理论意义。如果研究人员可以用比较简洁的模型来解释较多的实际观察资料的变化，那么用这个模型来反映变量之间的真实关系，会较少得到错误的结论，避免犯下第一类错误，也就是弃真错误（林嵩，2007）。班达罗斯（Bandalos，2002）研究认为，这种数据处理方法降低了结构方程的参数数量，从而可以提高模型估计的可靠性和稳定性。

　　按照这个思路，本书把上面的概念模型中的感知获得的三个维度的 17 个观测变量重新聚合成三个新的变量，即三个维度的分值。P1 表示经济获得，P2 表示民生获得，P3 表示政治获得。其分值是根据下列公式计算得出：

$$Q = \sum_{i=1}^{n} \lambda_i G_i \div \sum_{i=1}^{n} \lambda_i$$

　　其中，Q 代表潜变量，这里则是感知获得的三个因子 PPi（$i = 1$，2，3）；G 代表潜变量所指向的观测变量；λ 代表观测变量到潜变量的标准化载荷系数

（来源于感知获得验证性因子分析的输出结果）；i 代表指向同一潜变量的观测变量的数目。

4.4.2.2 预试修正的部分聚合模型效度检验

新的获得感指数部分聚合模型如图 4-3 所示。这是一个一阶的模型。在模型估计输出结果中，没有出现负的方差提示和其他过大的方差出现，相关路径系数的标准化系数均通过 Z 检验，接受原假设，表明结构效度较为理想，如表 4-12 所示。

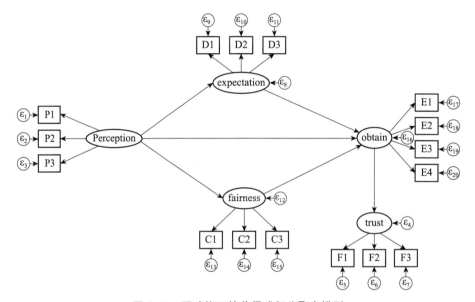

图 4-3　预试修正的获得感部分聚合模型

表 4-12　　　　　　预试修正的部分聚合模型的参数估计结果

变量		变量	估计值	标准误	C. R. 值	P	标准化系数
贫困户期望	< - -	感知获得	-0.538	0.059	-10.55	0.000	-0.613
公平感	< - -	感知获得	0.135	0.072	1.865	0.000	1.083
获得感	< - -	感知获得	0.599	0.076	7.85	0.000	1.435
获得感	< - -	公平感	0.431	0.067	6.43	0.038	0.127
获得感	< - -	贫困户期望	-0.469	0.043	-11.11	0.000	-0.619
政府信任	< - -	获得感	0.845	0.039	21.35	0.000	0.646

由表4－13的模型拟合指数比较可以发现，各项拟合指数都达到了接受值，总体上都有了好的改善。因此，这种修正从统计上来说也具有显著性。

表4－13　　　　　　　　预试获得感指数因子模型的拟合指数

拟合指数	实际值	判断值
χ^2	229.077	越小越好
P	0.00	<0.05
df	95	—
χ^2/df	2.411	<3 或 5
RMSEA	0.065	<0.06 或 0.08
SRMR	0.042	<0.05
CFI	0.966	>0.9
TLI	0.957	>0.9

4.4.3　预试数据的探索性研究结果

在预试修正模型的基础上，提出了本书的正式概念模型（如图4－4所示）。模型中共包括8个结构变量，30个观测变量。

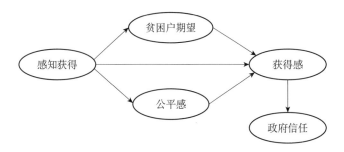

图4－4　正式获得感修正模型

为了图形简洁，上述的结构方程模型图4－4中，将各潜变量的观测变量省去。潜在外生变量获得感的测量指标有3个：感知获得、贫困户期望和公平感。潜在内生变量感知获得的测量指标17个，分别由预试问卷中的3个维度的具体观测指标构成，即包括经济获得、民生获得和政治获得三个维度，由于和预试问卷题项一致，因此在此不一一列举。潜在内生变量贫困户期望的观测指标有 3 个：收入提高、民生改善和政治获得提升。潜在内生变量公平感的观测变量有 3 个：过程公平、结果公平和整体公平。潜在内生变量获得感的测量指标有 4 个：纵向获得感、比较获得感、横向获得感和总体获得感。潜在内生变量政府信任的测量指标有 3 个：政府宗旨、政府回应和支持政府。

第 5 章

农村贫困户获得感指数模型检验

本章对正式调查所获得的数据进行获得感模型的检验。包括对正式调查研究样本概况的描述，对数据质量的评价和感知获得维度的验证性因子分析，以及获得感指数模型的拟合和检验，并对研究设计中提出的第一组研究假设进行路径检验，据此得出贫困户获得感指数和有关管理借鉴。

5.1 正式调查研究样本概况

5.1.1 调查概况

2019 年 7~8 月，根据制作的农村贫困户获得感调查问卷，采用便利抽样的方式对江西省、河南省、海南省三省 9 个县区 45 个村委会的建档立卡户进行入户调研。选取这三个省，主要有两个方面考虑，一是其为笔者家乡所在地调查比较便利，二是笔者先后参加了河南、海南、广西、云南四个省的贫困县退出专项评估检查工作，有调研的便利性。2017~2020 年，笔者先后到广西壮族自治区桂林市龙胜县、贺州市富川县，河南省洛阳市宜阳县、洛宁县、南阳市淅川县，海南省屯昌县、儋州市，云南省保山市隆阳区、施甸县等多个地方开展国家贫困县退出专项评估检查和海南省 2020 年脱贫攻坚"大比武"，对这些地方有一定的熟悉度和调研的便利性。

具体来说，2019 年 7 月 28 日~2019 年 8 月 30 日，根据前期的沟通和研判，确定在江西省、河南省、海南省开展了问卷调查数据采集，江西省选取了

4个县、河南省选取了3个县，海南省选取了1个县1个市，共9个县市，每个市县随机选取了2个乡镇，每个乡镇随机选取了5个行政村，共选取了45个行政村，然后从每个行政村建档立卡户中随机选取了30户进行实地入户问卷调查。总体而言，问卷调查采用了立意抽样的方法，样本具有较强的代表性。最后实际上共发放问卷1073份，剔除无效问卷后，回收1006份，有效问卷回收率为93.8%。回收率较高的原因，是由于预调研的经验总结和对调研过程周密控制等，并在问卷调查中进行了相关技术流程控制，问卷整体质量较高。

5.1.2 研究样本概况

正式调查研究样本的性别、年龄、健康状况、婚姻状况、政治面貌、教育背景、收入等基本人口统计信息如表5-1所示。

表5-1 调查研究样本概况（N = 1006）

项目	类别	人数	百分比（%）	项目	类别	人数	百分比（%）
性别	男	520	51.7	健康状况	健康	195	19.3
	女	486	48.3		一般	207	20.6
	合计	1006	100		重度残疾	107	10.6
年龄	18~29岁	21	2.0		轻度残疾	141	14.0
	30~39岁	71	6.7		大病重病	133	13.2
	40~49岁	220	20.6		慢性病	237	23.6
	50~59岁	232	21.8		体弱	46	4.6
	60岁及以上	522	49.0		合计	1006	100
	合计	1006	100	家庭年人均收入	2995元以下	34	3.4
政治面貌	团员	18	1.7		2996~5000元	530	49.7
	中共党员	56	5.3		5001~10000元	421	41.8
	民主党派	13	1.2		10001~20000元	13	1.3
	群众	979	91.8		20001元及以上	8	0.8
	合计	1066	100		合计	1006	100

续表

项目	类别	人数	百分比（%）	项目	类别	人数	百分比（%）
婚姻状况	未婚	233	21.9	教育程度	小学及以下	543	50.9
	已婚	750	70.4		初中	413	38.7
	离婚	83	7.8		高中或中专	80	7.5
	合计	1006	100		专科及以上	30	2.8
					合计	1006	100

通过表5-1可以看出：调查样本中性别方面，男性居多，占51.7%，女性则占48.3%；年龄方面，18~29岁占2.0%，30~39岁占6.7%，40~49岁占20.6%，50~59岁占21.8%，60岁以上占49.0%，总体来看中老年人居多，符合建档立户年龄偏大的实际；政治面貌方面，团员比例占1.7%，中共党员比例占5.3%，民主党派占1.2%，群众占91.8%；未婚的占21.9%，已婚的占70.4%，离婚的占7.8%；健康状况来看，健康占19.3%，一般占20.6%，重度残疾占10.6%，轻度残疾占14.0%，大病重病占13.2%，慢性病占23.6%，体弱占4.6%；家庭年人均收入情况来看，2995元以下的占3.4%，2996~5000元的占49.7%，5001~10000元的占41.8%，10001~20000元的占1.3%，20001元及以上的占0.8%。教育程度来看，小学及以下占50.9%，初中文化的占38.7%，高中或中专占7.5%，专科及以上文化占2.8%。

5.2　正式调查数据质量分析

5.2.1　信度分析

由前文可知，本书采用Cronbach's α 系数进行问卷内在信度的分析，检验各个量表的内部一致性。本书应用Stata15.0，计算出各量表的Cronbach's α 系数和总量表的 α 系数如表5-2所示。

表 5 – 2   正式问卷整体量表的信度分析

编号	变量	测量项目	α 系数
B1	经济获得	我家现在吃的食物能得到满足（不愁吃）	0.827
B2		我家现在穿的衣服能得到满足（不愁穿）	
B3		我对目前国家经济发展状况感到满足（经济发展）	
B4		我对家里的生活收入状况总体感到满足（经济收入）	
B5	民生获得	我觉得村里的孩子现在都"有书读"（教育）	0.814
B6		我觉得现在家里人能"看得起病"了（医疗）	
B7		我觉得现在住的房子能满足居住需求（住房）	
B8		我觉得现在交通出行变得方便了（交通）	
B9		我觉得现在周边生活环境变好了（环境）	
B10		我觉得现在政府民生工程抓得好（民生福祉）	
B11	政治获得	我对身边贫困户评选工作感到满意（精准识别）	0.889
B12		我对政府帮扶的产业扶贫感到满意（产业扶贫）	
B13		我对政府组织的技能培训感到满意（技能培训）	
B14		我对扶贫开发资金的使用感到满意（资金使用）	
B15		我对扶贫开发的工作效率感到满意（工作效率）	
B16		我对政府扶贫的驻村干部感到满意（驻村干部）	
B17		我对精准扶贫的政府质量感到满意（政府质量）	
感知获得量表		以上 17 个题项	0.927
C1	公平感	我觉得精准扶贫的过程都是透明公开的（过程公平）	0.870
C2		我觉得每个贫困户获得的帮扶都差不多（结果公平）	
C3		总体来看我觉得精准扶贫是公平公正的（总体公平）	
D1	公民期望	我期待精准扶贫能让生活水平得到提高（收入提高期望）	0.867
D2		我期待精准扶贫能让民生福祉得到改善（民生改善期望）	
D3		我期待精准扶贫能让政府质量得到提升（政府质量期望）	
E1	贫困户获得感	跟过去相比，我觉得家庭经济状况变好了（纵向获得感）	0.917
E2		与预期相比，我觉得民生改善更有保障了（比较获得感）	
E3		与别人相比，我觉得也有满足感和幸福感（横向获得感）	
E4		总体来看，我觉得从精准扶贫中获得收益（总体获得感）	

续表

编号	变量	测量项目	α 系数
F1		我相信精准扶贫始终是以人民为中心（政府宗旨）	
F2	政府信任	我相信群众的诉求会得到政府的回应（政府回应）	0.905
F3		如有需要我会支持配合政府各项工作（支持政府）	
总体量表		以上 30 个题项	0.954

从表 5-2 可以看出，各量表的 Cronbach's α 系数均在 0.8 以上，总量表 Cronbach's α 系数则为 0.954。据此可以认为该问卷具有比较好的内部一致性信度，问卷题项设置比较合理，数据较为可靠。

5.2.2 数据处理

结构方程模型的顺利进行，要求样本数据完整、准确、有效。本书在采用 Stata15.0 软件分析样本之前，需要对回收的正式调查样本数据进行一些必要的检验，判断是否满足结构方程模型分析的基本需求。由于本书的正式调查收集回来的有效样本量为 1006 份，是一个较大的样本，完全满足 SEM 的样本规模要求。下面主要就正式问卷中缺失数据的处理和数据正态分布进行分析和检验。

5.2.2.1 缺失数据的处理

结构方程模型的适应需要样本数据的完整性。由于在预试调查的基础上，研究在为调查员的培训中作了新的要求，就是尽可能地用通俗易懂的话语，解释题项的内容和含义，希望被试者尽可能地根据自己对扶贫开发绩效的切身感受或者观念印象作出评价，尽力避免理解不到位导致的影响。另外，本书的数据录入过程非常仔细认真，并实行交叉检查，因此基本可以排除人为因素，更可能属于一种随机缺失。

根据缺失情况的统计发现，本书的量表数据缺失为 5.0%。这主要是因为在正式调查问卷中 30 个涉及获得感的题项中，部分问题不涉及，如未婚贫困户则不涉及 B5 教育问题，对此有少部分回答不清楚。根据黄芳铭（2005）的观点，对于完全随机缺失的数据资料，通常采用列删法和替代法予以处理，对于随机缺失的数据资料，通常采用模型测算法来予以处理。模型测算法通常包括期望最大化法（expectation maximization，EM）、最大似然法（maximization like-lihood，ML）和马尔科夫链—蒙特卡罗法（Markov Chain Monte Carlo，MCMC）等。

研究采用平均值替代来计算各观测题项缺失值的期望值。这个过程，本书采用统计软件 Stata15.0 进行处理。由于本书的正式数据缺失值相对较少，因此可以认为这种方法是可行的，不会对样本的整体特征造成太大的影响。

5.2.2.2 数据正态分布检验

样本数据的正态分布是结构方程模型分析中极大似然法（ML）的基本要求。如果样本不符合多元正态分布，在进行结构方程模型估计时，其参数估计的标准差和显著性检验统计值则会出现偏差，从而使得估计结果的显著性检验失效（邱皓政，2003）。为避免统计值产生偏差，当出现非正态度性分布时可选择报告 satorra-bentler 或者使用 bootstrap 自助法来调校标准误（阳义南，2021）。

数据的非正态程度，通常可简单地用偏度、峰度展示，它们分别是标准化变量的三阶和四阶矩。偏度反映数据的非对称性，负值表示左偏态，正值表示右偏态；峰度反映数据平坦或尖峰的情况，正值表示高瘦形态，负值表示矮胖形态。

本书通过利用 Stata15.0 单变量的正态分布和多元变量的正态分布的输出报表，考察数据的偏度和峰度的绝对值。表 5-3 为正式数据正态分布情况摘要，包括最大值、最小值、偏度和峰度等。从表 5-3 可以看出，各变量的偏度绝对值都没有超过 3.0，峰度的绝对值也都没有超过 10.0，这表示样本的单变量都未出现显著的非正态性。尽管多元峰度值为 1031.75，远大于 10。同时，一些单变量出现显著的非正态性，为避免偏差，研究采用报告 satorra-bentler 来校正偏差。

表 5-3　　　　　正式数据多变量正态分布情况（N = 1006）

项目	最小值	最大值	偏度	峰度	C. R. 值	Prob > z
B1	4	10	0.994	1.315	0.647	0.259
B2	4	10	0.996	0.924	-0.187	0.574

续表

项目	最小值	最大值	偏度	峰度	C. R. 值	Prob > z
B3	2	10	0.993	1.635	1.16	0.123
B4	3	10	0.995	1.237	0.502	0.308
B5	1	10	0.989	2.46	2.123	0.017
B6	3	10	0.992	1.908	1.524	0.064
B7	3	10	0.986	3.345	2.848	0.002
B8	1	10	0.984	3.687	3.078	0.001
B9	2	10	0.997	0.785	− 0.57	0.716
B10	4	10	0.994	1.458	0.889	0.187
B11	3	10	0.992	1.843	1.443	0.075
B12	3	10	0.988	2.725	2.364	0.009
B13	3	10	0.987	3.085	2.657	0.004
B14	2	9	0.989	2.537	2.196	0.014
B15	1	10	0.980	4.677	3.639	0.000
B16	2	10	0.988	2.773	2.406	0.008
B17	3	9	0.995	1.174	0.378	0.353
C1	2	9	0.993	1.738	1.303	0.096
C2	2	10	0.997	0.656	− 0.993	0.840
C3	2	10	0.996	0.957	− 0.103	0.541
D1	3	10	0.995	1.211	0.452	0.326
D2	5	10	0.982	4.23	3.402	0.000
D3	4	10	0.998	0.496	− 1.655	0.951
E1	3	9	0.989	2.67	2.316	0.01
E2	3	10	0.991	2.006	1.642	0.05
E3	3	10	0.993	1.675	1.216	0.112
E4	3	9	0.996	0.902	− 0.243	0.596
F1	4	10	0.989	2.512	2.172	0.015
F2	2	10	0.986	3.301	2.817	0.002
F3	4	10	0.986	3.177	2.726	0.003
多变量			174.37	1031.75		

5.2.3 验证性因子分析

通过该预试数据的探索性研究，对问卷题项作出了部分调整，形成了现在的正式问卷。因此，需要进一步对正式问卷质量进行评估，以便进行下一步研究。通常问卷检验有两个目的：一是验证问卷中所包含的测项问题设计的合理性，也就是概念模型中可测变量组成的指标设计的合理性；二是检验问卷的可靠性和稳定性，即采用这个问卷进行调查所获得的结果是否令人信服，也就是对问卷的信度和效度分析。由前文可知，整体量表的内部一致性较好，通过了内部信度和外在信度的检验，下面主要就效度进行分析和检验。

根据理论所推导的问卷整体的 8 个潜变量结构，需继续验证性因子分析。博伦（Bollen，1989）指出，构成一个有意义的潜变量的最重要前提，是一组能够反映潜变量构念意义的观测指标。本书采用结构方程模型分析软件 Stata15.0 对整体问卷中的结构变量进行验证性因子分析。本书采用极大似然估计法，并分别考察整体量表的收敛效度和区别效度，并根据整体测量模型的拟合指数来加以衡量。

5.2.3.1 内在结构效度分析

由于本次研究的指标是经由文献探讨、专家访谈及预试问卷修订的基础上而来，因此具有较好的表面度和内容效度。至于建构效度，包括收敛效度和区别效度，本书则采用对整体量表测量模型的验证性因子分析来检验。

首先来检验收敛效度。博伦（Bollen，1989）等学者等建议采用标准化载荷系数、组成信度（CR）和平均析出方差（AVE）检验收敛效度。

延续前文的讨论，因子载荷系数是能够用来标识观测变量多大程度上反映潜变量。塔巴克尼尔和菲德尔（Tabachnica and Fidell，2007）明确提出了标准（见表 5 - 4）：当载荷系数大于 0.71，属于非常理想的状况，即可以解释观测变量 50% 的方差；当载荷系数大于 0.63，属于非常好的状况，即可以解释观测变量 40% 方差；当载荷系数小于 0.32，属于非常不理想的状况，即解释不到 10% 的观测变量方差。

表 5 - 4   载荷系数的判断标准

λ	λ²	状况
0.71	50%	优秀
0.63	40%	很好
0.55	30%	好
0.45	20%	一般
0.32	10%	不好
0.32 以下		差

测量模型的收敛效度可以根据观测变量的因子载荷系数的显著性程度（C. R. 值）和潜变量的平均析出方差来进行判断。根据表 5 - 5 可以看出，最小的"B16 驻村干部"的载荷系数为 0.598，最大的"E1 纵向获得感"的载荷系数为 0.908，所有的观测变量因子载荷系数的 C. R. 值都在 20.27 ~ 63.87 之间，表明 0.001 水平上统计显著。潜变量的平均析出方差表示某一潜变量对所属的观测变量所能解释的方差百分比，0.50 以上是理想标准。8 个潜变量的平均析出方差均高于 0.50。因此，本书测量模型的收敛效度属于较为理想状态。

表 5 - 5   整体量表验证性因子模型的参数估计

变量		变量	标准误	C. R. 值	P 值	标准化系数 λ
B1	< - -	经济获得	0.013	58.59	***	0.772
B2	< - -	经济获得	0.025	28.00	***	0.71
B3	< - -	经济获得	0.021	39.51	***	0.839
B4	< - -	经济获得	0.023	34.46	***	0.785
B5	< - -	民生获得	0.02	36.48	***	0.740
B6	< - -	民生获得	0.017	47.15	***	0.813
B7	< - -	民生获得	0.017	49.13	***	0.819
B8	< - -	民生获得	0.019	40.52	***	0.765
B9	< - -	民生获得	0.026	28.59	***	0.738
B10	< - -	民生获得	0.018	48.15	***	0.852
B11	< - -	政治获得	0.021	39.47	***	0.821
B12	< - -	政治获得	0.018	43.40	***	0.793

续表

变量		变量	标准误	C. R. 值	P 值	标准化系数 λ
B13	< - -	政治获得	0.024	31.72	***	0.770
B14	< - -	政治获得	0.017	50.36	***	0.831
B15	< - -	政治获得	0.023	28.43	***	0.664
B16	< - -	政治获得	0.03	20.27	***	0.598
B17	< - -	政治获得	0.02	38.78	***	0.783
C1	< - -	公平感	0.024	34.41	***	0.835
C2	< - -	公平感	0.223	39.52	***	0.881
C3	< - -	公平感	0.273	28.50	***	0.777
D1	< - -	贫困户期望	0.027	29.94	***	0.795
D2	< - -	贫困户期望	0.023	38.27	***	0.876
D3	< - -	贫困户期望	0.026	31.70	***	0.813
E1	< - -	贫困户获得感	0.014	63.87	***	0.908
E2	< - -	贫困户获得感	0.019	45.25	***	0.847
E3	< - -	贫困户获得感	0.020	42.04	***	0.834
E4	< - -	贫困户获得感	0.019	43.68	***	0.844
F1	< - -	政府信任	0.019	45.93	***	0.866
F2	< - -	政府信任	0.020	42.79	***	0.850
F3	< - -	政府信任	0.017	52.95	***	0.900

反映各因子的内在拟合指数的组成信度和平均析出方差（average variance extracted，AVE），则通过公式可以计算出结果如表 5 - 6 所示。

表 5 - 6　　　　　　　正式问卷量表验证性因子分析结果摘要

因子	组成信度（CR）ρc	平均析出方差（AVE）ρv
经济获得	0.992	0.995
民生获得	0.995	0.995
政治获得	0.995	0.995
感知获得	0.923	0.998
贫困户期望	0.979	0.989

续表

因子	组成信度（CR）ρc	平均析出方差（AVE）ρv
公平感	0.988	0.987
贫困户获得感	0.994	0.995
政府信任	0.992	0.992

注：组成信度 ρc = 标准化载荷之和的平方／（标准化的载荷之和的平方 + 观测变量测度误差之和）；平均析出方差 ρv = 标准化载荷平方之和／（标准化载荷平方之和 + 观测变量测度误差之和）。

测量模型的内在结构拟合度可以从以下方面来衡量。首先，其内部一致性可通过潜变量的组成信度（CR）判断，它表示某一潜变量所属的观测变量全体的测量误差，0.7 以上是理想标准。表 5 - 6 显示 10 个潜变量的组成信度在 0.923（感知获得）到 0.995（民生获得）之间，都在 0.7 以上，说明测量模型的内部可靠性很高。

其次，检查区别效度。邱皓政和林碧芳（2009）研究认为，可以用相关系数的 95% 置信区间是否涵盖 1.00 来判断。根据表 5 - 7 可以看出，这些区间都没有涵盖 1.00，各个相关系数显著不等于 1，可以认为各个潜变量之间具有良好的区别效度。

表 5 - 7　　　　　　　　各因子之间相区别效度摘要

因子	感知获得	公平感	贫困户期望	贫困户获得感	政府信任
公平 R（r^2）感 95% CI	0.645（0.397）(0.553，0.738)	—	—	—	—
贫困户 R（r^2）期望 95% CI	−0.459（0.210）（−0.534，−383）	—	—	—	—
获得 R（r^2）感 95% CI	0.433（0.187）(0.348，0.517)	0.218（0.048）(0.056，0.238)	−0.539（0.291）(0.138，0.298)	—	0.660（0.436）(0.607，0.714)
政府 R（r^2）信任 95% CI	—	—	0.660（0.436）(0.607，0.714)	—	—

注：R 表示相关系数，r^2 表示相关系数的平方，95% CI 表示 95% 的置信区间。

5.2.3.2　整体测量模型拟合度

应用 Stata15.0 对整体问卷的量表进行验证性因子分析，测量模型拟合指数如表 5 – 8 所示。

表 5 – 8 整体量表测量模型的拟合指数

拟合指数	实际值	判断值
χ^2	390.718	越小越好
P	0.00	<0.05
df	185	—
χ^2/df	2.11	<3 或 5
RMSEA	0.058	<0.06 或 0.08
SRMR	0.048	<0.05
CFI	0.960	>0.9
TLI	0.950	>0.9

由表 5 – 8 可以看出：$\chi^2 = 390.718$，$p < 0.001$，卡方与其自由度的比值 χ^2/df 为 2.11，小于参考值 3；近似误差均方根 RMSEA 是 0.058，好于理想值；标准化残差均方根 SRMR 为 0.048，小于参考值 0.05；CFI 为 0.96，大于 0.9；不规范拟合指数 TLI 为 0.95，大于 0.9；统计结果表明，整体问卷的验证性因子分析的测量模型与数据拟合非常好，各项指标都在拟合指数的接受范围内。

因此，无论是从整体问卷的信度还是效度，以及测量模型的拟合指数等来判断，都充分说明整体问卷质量良好，数据可靠性强。

5.3 感知获得维度的验证性分析

5.3.1 感知获得验证性分析

根据前文，我们可以知道，探索性因子分析更多的是一种数据上的统计导向，强制性地将多个变量进行降维，将少许的几个指标来概括原来的指标，抽取出若干公共因子，通过累计方差解释量等来说明这种因子分析的可行性。

相对来说，验证性因子分析是以研究者最初构建的概念和模型为基础，通过对数据的迭代计算来证实模型对数据的接受程度。因此，验证性因子分析是一种理论逻辑导向的建构效度检验方法（黄芳铭，2005）。量表的效度水平则可以由模型的拟合指数和标准化因子载荷系数来检验（Mueller，1996）。

在第4章中，研究通过预调查所收集的数据对感知获得维度作了探索性因子分析，并将其三个维度分别命名为经济获得、民生获得和政治获得。考虑到探索性因子分析通常只是用来寻找和发现模型，但不能用它来确定特定的模型是否合理。所以，为了进一步验证感知获得维度量表的模型稳定性，本书还要进行验证性因子分析。

研究使用 SEM 分析软件 Stata15.0 对探索性因子分析的结果进行拟合。本书采用极大似然法，分别考察感知获得量表的收敛效度和区别效度。

首先，我们来考察收敛效度，对感知获得的三个因子进行验证性分析，所得各因子载荷的 C. R. 值介于 15.11 ~ 23.86 之间，且都达到显著性水平（p < 0.01）。从表 5 – 9 可以看出，感知获得量表中各个测量项目所属因子载荷系数均大于 0.5，对因子的解释能力较强，表示感知获得效量表中的各个测量项目分别收敛于经济获得、民生获得和政治获得三个因子，且各个构面的组成信度 C. R. 值都接近或大于 0.7，最小的为 0.69，最大的为 0.84，因此具备收敛效度。

表 5 – 9　　　　　　　　**感知获得验证性因子模型的参数估计**

项目	变量		标准误	C. R. 值	P 值	标准化系数	组成信度
B1	< – –	经济获得	0.051	13.69	***	0.732	
B2	< – –	经济获得	0.049	13.23	***	0.708	
B3	< – –	经济获得	0.043	13.03	***	0.673	0.983
B4	< – –	经济获得	0.045	18.63	***	0.847	
B5	< – –	民生获得	0.121	10.31	***	0.631	
B6	< – –	民生获得	0.102	9.79	***	0.652	
B7	< – –	民生获得	0.108	9.83	***	0.627	0.994
B8	< –	民生获得	0.037	13.04	***	0.689	
B9	< – –	民生获得	0.081	11.33	***	0.635	
B10	< – –	民生获得	0.089	12.27	***	0.691	

续表

项目		变量	标准误	C. R. 值	P 值	标准化系数	组成信度
B11	< - -	政治获得	0.089	11.97	***	0.671	
B12	< - -	政治获得	0.025	31.87	***	0.821	
B13	< - -	政治获得	0.073	22.63	***	0.825	
B14*	< - -	政治获得	0.024	29.67	***	0.827	0.976
B15	< - -	政治获得	0.025	27.18	***	0.811	
B16	< - -	政治获得	0.023	31.91	***	0.834	
B17	< - -	政治获得	0.022	33.82	***	0.759	

注：*** 表示 P < 0.001；* 表示该变量方差固定为 1，无法估计 C. R. 值。

随后，我们对整个模型进行评价。从表 5 – 10 可以看出，$\chi^2 = 330.603$，p < 0.001，卡方与其自由度的比值 χ^2/df 为 2.84，小于参考值 3；近似误差均方根 RMSEA 是 0.053，等于理想值，远小于最低要求 0.08；标准化残差均方根 SRMR 为 0.044，小于理想值 0.05。CFI 指数为 0.943，不规范拟合指数 TLI 为 0.938，大于 0.9 的参考值。统计结果表明，感知获得验证性因子分析与数据拟合良好，各指标均在拟合指数接受范围内。

表 5 – 10　　　　　　　　感知获得量表测量模型的拟合指数

拟合指数	实际值	判断值
χ^2	330.603	越小越好
P	0.00	<0.05
df	116	—
χ^2/df	2.84	<3 或 5
RMSEA	0.053	<0.06 或 0.08
SRMR	0.044	<0.05
CFI	0.943	>0.9
TLI	0.938	>0.9

通过第 4 章对感知获得的探索性因子分析，识别出感知获得的三个维度，分析感知获得各维度对于感知获得的贡献率。本章则使用正式调查的数据对感知获得的三个维度的概念进行了验证性因子分析，研究结果显示，量表具有很

好的信度、收敛效度和区别效度，拟合指数也显示验证性因子模型与数据拟合良好。

基于探索性因子分析和验证性因子分析的结果，本书发现感知获得感是由三个维度构成：经济获得、民生获得和政治获得。通过对正式数据感知获得维度的验证性因子分析，验证并支持了本书提出的研究假设。

5.3.2　正式问卷原始题项加权处理

一般来讲，满意度的研究，其本身就是偏态的，而结构方程模型分析 ML 估计法对数据有多元正态分布的前提要求。因此，根据对预试数据概念模型的探索性研究结果，本书将对正式问卷原始题项进行加权处理生成新的变量。这主要是从两个方面来考虑：一是为了减少结构方程模型的参数量，保证模型建构的简洁性；二是基于结构方程模型对于数据多元正态分布的严格要求，提高模型拟合的稳健性。

因此，本书首先将感知获得的三个维度的综合得分，即根据各个题项对维度的载荷系数进行加权计算，以此作为三个新变量的综合得分。其分值是根据下列公式计算得出：

$$Q = \sum_{i=1}^{n} \lambda_i G_i \div \sum_{i=1}^{n} \lambda_i$$

其中，Q 代表潜变量，代表感知获得的三个因子 Pi（$i = 1, 2, 3$）；G 代表潜变量所指向的观测变量；λ 代表观测变量到潜变量的标准化载荷系数；i 代表指向同一潜变量的观测变量的数目。

这样仍然保留了感知获得的多维性质。该处理方法与巴克卡斯等（Bakakus et al.，2003）的研究方法相同，也符合巴戈齐和爱德华（Bagozzi & Edwards，1998）模型聚合的做法。

对于 P1 经济获得、P2 民生获得、P3 政治获得，本书将其题项通过加权处理得出各自得分。这样，本书采用感知获得因子的加权得分，而不是原始量表中感知获得因子的 17 个题项来作为感知获得的指标。根据班达罗斯（Bandalos，2002）的观点，这种数据处理方法大大降低了结构方程模型的参数数量，从而提高了模型估计的可靠性与稳定性。正式调查问卷各测量的原始题项分值和加权合并处理后的变量情况如表 5 - 11 所示。

表5-11　　　　正式调查问卷加权计算的变量正态分布情况（N=1006）

项目	最小值	最大值	偏度值	峰度值	z	prob > z	说明
P1	-2.73	2.20	0.993	1.706	1.260	0.104	原B1~B4加权而得
P2	-2.83	2.29	0.986	3.264	2.790	0.003	原B5~B10加权而得
P3	-2.46	2.15	0.950	9.662	5.794	0.000	原B11~B17加权而得
C1	2	9	0.993	1.738	1.303	0.096	
C2	2	10	0.997	0.656	-0.993	0.840	
C3	2	10	0.996	0.957	-0.103	0.541	
D1	3	10	0.995	1.211	0.452	0.326	
D2	5	10	0.982	4.23	3.402	0.000	
D3	4	10	0.998	0.496	-1.655	0.951	
E1	3	9	0.989	2.67	2.316	0.01	
E2	3	10	0.991	2.006	1.642	0.05	
E3	3	10	0.993	1.675	1.216	0.112	
E4	3	9	0.996	0.902	-0.243	0.596	
F1	4	10	0.989	2.512	2.172	0.015	
F2	2	10	0.986	3.301	2.817	0.002	
F3	4	10	0.986	3.177	2.726	0.003	
多元变量（Multivariate）				131.13			

这样，模型中的变量由原来的30个变为16个，大大减少了需要估计的参数，使得模型更加简洁和稳健。正如邱皓政和林碧芳（2009）指出的，当一个模型中有越多需要估计的参数，该模型则越趋于复杂，从简效原则来看，越复杂的模型越不建议采用。因此，本书做模型聚合和变量加权缩减，进而减少参数提高模型的简洁性是必要的。

此外，比较表5-11和原始题项变量的正态分布表5-3还可以发现，新生成的3个变量P1~P3的偏度的绝对值最大为0.993，小于原始变量B1~B17中最大的偏度绝对值0.997；多元变量峰度值由原来的174.37减少为131.13，较好地改善了数据的正态分布情况，因此数据在结构方程模型分析拟合后，能较好地提高模型的稳健性。

5.4　获得感指数模型的拟合和检验

本书的概念模型经过整体问卷量表验证性因子分析，显示观测变量对潜变量的拟合度良好，其次测量模型内部一致性（组成信度）以及潜变量间具有良好的收敛效度与区别效度。将各个潜变量依据研究设计建立结构模式，利用结构方程模型（SEM）来验证每个潜变量之间的因果关系的假设，绘制本书获得感指数模型的结构路径，如图 5 – 1 所示。

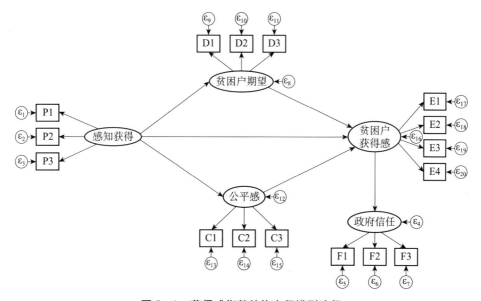

图 5 – 1　获得感指数结构方程模型路径

结构方程模型由测量模型和结构模型两个部分组成。测量模型的检验主要依据因子载荷系数以及模型内在结构效度和区别效度进行。结构模型的检验则依据到模型中的路径系数及模型总体的拟合度指数。研究假设的检验是否成立则主要依照路径系数的值进行判定。本书采用 Stata15.0 对获得感指数模型进行数据拟合，采用极大似然法估计。

5.4.1　测量模型评价

通过对概念模型中的 5 个潜变量进行验证性因子分析，从表 5 – 12 可以看出，概念模型各构面的 Cronbach's α 信度都在 0.8 以上，内部一致性很好；潜变量的组成信度都在 0.9 以上，表明测量模型的内部可靠性较高。

表 5 – 12　　　　　　　　　　　研究模型内在结构效度衡量

潜变量	观测变量	标准化系数（载荷）	标准误	Z	组成信度	析出方差	α 系数
感知获得	经济获得	0.788	0.029	27.47***	0.995	0.985	0.827
	民生获得	0.810	0.028	29.37***			0.814
	政治获得	0.826	0.034	24.21***			0.829
贫困户期望	收入提高	0.835	0.024	34.41***	0.979	0.989	0.870
	民生改善	0.881	0.223	39.52***			
	政治获得	0.777	0.273	28.50***			
公平感	过程公平	0.795	0.027	29.94***	0.988	0.987	0.867
	结果公平	0.876	0.023	38.27***			
	总体公平	0.813	0.026	31.70***			
贫困户获得感	纵向获得感	0.908	0.014	63.87***	0.994	0.995	0.917
	比较获得感	0.847	0.019	45.25***			
	横向获得感	0.834	0.020	42.04***			
	总体获得感	0.844	0.019	43.68***			
政府信任	政府宗旨	0.866	0.019	45.93***	0.992	0.992	0.905
	政府回应	0.850	0.020	42.79***			
	支持政府	0.900	0.017	52.95***			

测量模型的收敛效度，根据观测变量的标准化系数的显著性程度（C. R. 值）和潜变量的析出方差来判断。由表 5 – 12 可知，各潜变量观测指标的标准化系数介于 0.777 ~ 0.908 之间，达到显著水平（P < 0.001）。潜变量的平均析出方差表示某一潜变量对所属的观测变量所能解释的方差百分比，0.5 以上是理想标准。从表 5 – 12 来看，所有潜变量都在 0.5 以上，因此整体上而言概念模型的内在收敛效度较好。

测量模型的区别效度则可从两个潜变量之间的相关系数的 95% 置信区间是否涵盖 1.00 来判断。本书计算了整体量表所包括的 5 个潜变量之间的相关系数置信区间，具体见表 5 – 13。从表中可看出，各个置信区间都不包括 1，表明各潜变量之间具有比较好的区别效度。

表 5 – 13　　　　　　　　各潜变量之间相关系数的置信区间

因子	感知获得	公平感	贫困户期望	贫困户获得感	政府信任
公平 R（r^2） 感 95% CI	0.645（0.397） （0.553，0.738）	—	—	—	—
贫困户 R（r^2） 期望 95% CI	0.459（0.210） （0383，0.534）	—	—	—	—
获得 R（r^2） 感 95% CI	0.433（0.187） （0.348，0.517）	0.218（0.048） （0.056，0.238）	−0.539（0.291） （0.138，0.298）	—	0.660 （0.436） （0.607， 0.714）
政府 R（r^2） 信任 95% CI	—	—	—	0.660（0.436） （0.607，0.714）	—

最后，对正式调查数据和预试数据对测量模型的拟合指数进行比较，检验前后拟合情况是否有所改善。从表 5 – 14 可以看出，总体拟合指数相对于预试数据来讲都持平或者更好，可见正式调查数据更好，对于测量模型的拟合性更好，这也证明了正式调查问卷修订的有效性。

表 5 – 14　　　　　　正式数据与预试数据的测量模型拟合指数比较

拟合指数	正式数据的值	预试数据的值	判断值
χ^2	390.718	764.402	越小越好
P	0.00	0.00	<0.05
df	185	221	—
χ^2/df	2.11	3.4588	<3 或 5
RMSEA	0.058	0.086	<0.06 或 0.08
SRMR	0.048	0.088	<0.05
CFI	0.960	0.901	>0.9
TLI	0.950	0.887	>0.9

5.4.2　结构模型检验

本书通过 Stata15.0 软件，使用极大似然估计法对获得感指数模型进行运算后，得到结构方程模型的拟合优度指标、各路径系数和显著性等指标。

5.4.2.1 路径系数的 C. R. 检验

表 5 - 15 为结构方程模型各路径参数估计结果，反映的是结构潜变量间直接的关系和影响。所有的路径系数的 C. R. 值都通过 p < 0.001 的统计显著性水平检验。

表 5 - 15 获得感模型的路径系数估计

变量	路径	变量	标准误	C. R. 值	P 值	标准化系数
感知获得	→	贫困户期望	0.048	- 10.69	***	- 0.509
感知获得	→	公平感	0.044	14.86	***	0.645
贫困户期望	→	贫困户获得感	0.046	- 14.68	***	- 0.526
公平感	→	贫困户获得感	0.034	3.56	***	0.166
感知获得	→	贫困户获得感	0.059	8.98	***	0.439
贫困户获得感	→	政府信任	0.060	25.25	***	0.893

注：*** 表示 P < 0.001。

5.4.2.2 概念模型整体拟合情况

首先分析结构方程模型的拟合优度指标，如表 5 - 16 所示，绝对拟合指数卡方自由度比 $\chi^2/df = 2.19$，满足指标要求，标准化残差均方根 SRMR 为 0.041，超过 0.05 的理想水平，近似均方根残差 RMSEA 为 0.058，低于 0.06 的理想水平，其中拟合优度指标 CFI 和相对拟合指数的指标 TLI 分别为 0.973 和 0.965，均达到了 0.9 以上。整体来看，该结构方程模型所有指标均满足拟合指数要求，即表明概念模型的数据拟合程度较好。

表 5 - 16 获得感结构方程模型拟合指数

拟合指数	实际值	判断值
χ^2	199.282	越小越好
P	0.00	< 0.05
df	91	—
χ^2/df	2.19	< 3 或 5
RMSEA	0.058	< 0.06 或 0.08

续表

拟合指数	实际值	判断值
SRMR	0.041	<0.05
CFI	0.973	>0.9
TLI	0.965	>0.9

5.4.2.3 获得感模型及研究假设检验

图 5 - 2 是验证后的获得感指数模型标准化后的结构路径，比较直观地反映了结构变量之间的关系，拟合结果比较理想。图中的箭头表示变量直接影响的关系，数字则表示路径系数，即一个变量到另一个变量的直接效应，数字越大影响越大。

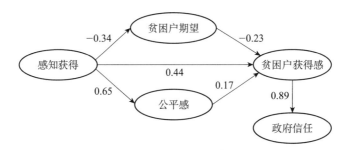

图 5 - 2　验证后的获得感指数模型标准化结构路径

从图 5 - 2 可知，感知获得对贫困户获得感的直接效应为 0.44（P = 0.00），感知获得经由贫困户期望对贫困户的间接效应为 0.08（P = 0.000），感知获得经由公平感对贫困户的间接效应为 0.11（P = 0.000），因此总的间接效应为 0.19，总效应则为 0.47。同时，贫困户获得感对政府信任的直接效应为 0.89。

（1）研究结果支持假设 1、假设 2、假设 3、假设 4，具体分析如下。

贫困户期望与感知获得感呈现显著的负向影响，影响系数为 - 0.34[***]，这说明感知获得感越高，贫困户期望越低。贫困户期望与贫困户获得感呈现显著的负向影响，影响系数为 - 0.23[***]，说明贫困户期望越高，贫困户获得感越低。因此如何适当地引导贫困户期望也是非常重要。由于贫困户个体因素的差异，期望值自然迥然不同。这与国内学者李丹等（2018）的研究发现基本一致。尽管身处相同的扶贫政策环境中，但个体价值观、期望的差异性，导致了贫困对象参与脱贫的行为呈现差异。价值观、期望、信念等个体认知对贫困户的脱贫行为具有内驱作用，而脱贫行为反过来也会影响其价值观、期望和信念。价值观影响一个人对自身所处客观状况的判断，进而对居民幸福感产生影响[1]。正如迪纳和藤田（Diener and Fujita，1995）研究指出，期望值的高低直接影响着人们幸福感的感知与评价，过高的期望容易造成主观获得的减少；反之，恰当或稍低的期望会使贫困户满足于自己的客观获得。

感知获得对贫困户获得感有着显著的正向影响，直接效应为 0.44***，加上通过贫困户期望和公平感的中介作用，对感知获得还有着 0.03*** 的间接影响，因此总的效应为 0.47***。可见，对于贫困户获得感来说，感知获得本身就直接体现出获得感的高低，因此政府在扶贫开发过程中要注重提升贫困农户的获得感。对于贫困户来说，经济收入的提升、民生福利的改善以及政府质量提高等这些方面满足，实实在在地能带来需求的满足和获得感的提升。直接的物质或生产资料的帮扶、低保的兜底，这些具体有形的内容获得，贫困人口获得感会带来很强烈的物质获得感和安全感[2]。

（2）研究结果支持假设 5、假设 6、假设 7，具体分析如下。

感知获得是一个三维构念，由经济获得、民生获得和政治获得三个维度组成。这也要求政府需从提高农户收入、增加民生获得和提高政治获得感这三个方面发力，努力提升贫困户的总体获得感。这方面的研究也与国内多位学者的研究具有共通之处。文宏等（2018）利用 CSGS 调研数据，对我国人民获得感进行时序比较，并从经济获得感、政治获得感和民生获得感进行了三个维度的细分和实证检验，得出提升这些获得感的具体对策建议。

公平感感知与贫困户获得感呈现显著的正向影响，影响系数为 0.17***，即公平感越高，贫困户的获得感越高。公平感感知与感知获得感呈现显著的正向影响，影响系数为 0.65***，即贫困户的感知获得感越高，其公平感知也越高。从访谈调查显示，精准扶贫中建档立卡户普遍公平感较强，但没有被评为

---

① 张学志，才国伟. 收入、价值观与居民幸福感——来自广东成人调查数据的经验证据［J］. 管理世界，2011（9）：63 - 73.

② 李丹，杨璐，何泽川. 精准扶贫背景下西南民族地区贫困人口获得感调查研究［J］. 四川大学学报（哲学社会科学版），2018（3）：57 - 642.

贫困户的边缘户却往往感觉不公平。因此，贫困户的精准识别会深刻影响贫困居民的公平感，自然就影响到其获得感。除了精准识别之外，精准帮扶、精准管理和精准考核等方面都在实践中带来公平困境①，影响贫困户对扶贫政策的获得感。因此，在政府扶贫开发过程中，从识别、帮扶到退出都应该彰显公开公平公正，要注重提高贫困户的公平感，确保贫困户感受到公平公正。

贫困户获得感对政府信任具有显著的正向影响，系数为 0.89***，即贫困户获得感越高，其对政府的信任越强。这也就很好地回应了为何政府要努力增强贫困户获得感。这与国内相关学者的研究结论基本一致，无论是公共部门的顾客满意度研究还是获得感对政府信任的影响研究②，都得到了广泛的共识和认同。

综上，通过数据拟合测算，本书的全部假设验证结果如表 5 – 17 所示。

表 5 – 17　　　　　　　　　　感知获得模型假设验证结果

假设	验证结果
假设 1：贫困户期望对感知获得具有直接的负向影响	支持
假设 2：贫困户期望对贫困户获得感具有直接的负向影响	支持
假设 3：感知获得对贫困户获得感具有直接的正向影响	支持
假设 4：感知获得是一个三维度的概念	支持
假设 5：公平感知对贫困户获得感具有直接的正向影响	支持
假设 6：公平感知对感知获得具有直接的正向影响	支持
假设 7：贫困户获得感对政府信任具有直接的正向影响	支持

5.4.3　贫困户获得感指数

借鉴相关研究中对潜变量公民满意度指数的处理方法，研究也使用百分制进行描述。当贫困户获得感极高的时候，取 100 分；当无获得感的时候，取 0 分；一般的获得感变动范围是 0 ~ 100 分，获得感高低程度由低分到高分用贫

---

① 张琦，张涛．精准扶贫政策的公平效应——基于生存伦理与互惠伦理视角 [J]．中南民族大学学报（人文社会科学版），2019，39（3）：152 – 157．

② 王亚茹．民生保障获得感、社会公平感对政府信任的影响研究 [J]．湖北社会科学，2020（4）：18 – 28．

困户获得感指数表示。贫困户获得感指数的计算方程式可表述为：

$$MGCSI = \frac{E[\eta] - Min[\eta]}{Max[\eta] - Min[\eta]} \times 100$$

其中，η 代表潜变量贫困户获得感；$E[\eta]$ 代表潜变量贫困户获得感的平均值，$Min[\eta]$ 代表潜变量贫困户获得感的最小值，$Max[\eta]$ 代表潜变量贫困户获得感的最大值。

上述最小值和最大值可由贫困户获得感的观测变量值来表示：

$$Min[\eta] = \sum_{i=1}^{n} w_i Min[x_i]$$

$$Max[\eta] = \sum_{i=1}^{n} w_i Max[x_i]$$

其中，x_i 表示潜变量贫困户获得感的观测变量；w_i 表示权重；n 代表观测变量的数目。

在本书中，观测变量的取值为 $1 \sim 10$，观测变量的数目为 4，因此贫困户获得感指数的计算方程式可简化为：

$$贫困户获得感指数 = \frac{\sum_{i=1}^{4} w_i \overline{x_i} - \sum_{i=1}^{4} w_i}{9 \sum_{i=1}^{4} w_i} \times 100$$

其中，w_i 代表非标准化的因子载荷系数。根据公式计算可得到贫困户获得感指数为 61.2。由于没有同类比较，因此这个分值不具备太大意义。当然，本书可以初步判断贫困户获得感指数不算太高。贫困户的选取未严格采取抽样方式，而是采取便利抽样的方式进行，因此尚不能将贫困户获得感指数作为绝对值来衡量贫困户的获得感，但可作为一种参考值。

第6章

数据量化统计分析与应用

本章对正式调查数据进行贫困户获得感测评的辅助分析，主要包括两个方面：一是对所收集资料的各个变量进行描述性统计分析，了解精准扶贫的微观领域的贫困户获得感状况；二是结合描述统计分析和结构方程模型分析所得指标权重，对贫困户获得感测评结果的管理应用。

6.1 测评指标的描述统计分析

本书主要运用 Stata 15.0 统计软件，对正式调查收集资料的各个变量（测评指标）进行描述性统计分析，一方面可以掌握总体样本在各个研究变量中的集中趋势和离散情况，对分析结果进行简要解释，另一方面也可以进一步了解精准扶贫的微观领域的贫困户获得感状况。具体情况如表 6-1 所示。

表 6-1　　　　　正式研究各变量的描述统计分析

项目	N	平均值	标准差	项目	N	平均值	标准差
B1 不愁吃	1006	7.542	1.347	B16 驻村干部	1006	6.494	1.704
B2 不愁穿	1006	7.461	1.406	B17 政府质量	1006	7.069	1.334
B3 经济发展	1006	6.193	1.719	C1 过程公平	1006	6.114	1.519
B4 家庭收入	1006	7.111	1.500	C2 结果公平	1006	6.009	1.474
B5 教育	983	6.916	1.554	C3 总体公平	1006	5.738	1.471
B6 医疗	1006	6.985	1.387	D1 收入期待	1006	6.768	1.318
B7 住房	1006	6.937	1.450	D2 民生期待	1006	6.985	1.252

续表

项目	N	平均值	标准差	项目	N	平均值	标准差
B8 交通	1006	6.566	1.548	D3 政治期待	1006	7.199	1.259
B9 环境	1006	6.346	1.562	E1 纵向获得感	1006	6.575	1.569
B10 民生工程	1006	7.099	1.258	E2 比较获得感	1006	6.491	1.581
B11 精准识别	1006	6.747	1.550	E3 横向获得感	1006	6.358	1.448
B12 产业扶贫	1006	6.768	1.455	E4 总体获得感	1006	6.581	1.434
B13 技能培训	1006	6.934	1.671	F1 政府宗旨	1006	7.575	1.573
B14 资金使用	1006	6.560	1.760	F2 政府回应	1006	7.184	1.602
B15 工作效率	1006	6.337	1.750	F3 支持政府	1006	7.696	1.591

6.1.1 感知获得

作为感知获得的17个测量项目，分别就精准扶贫绩效的各个具体领域作出获得感评价，可分别从3个维度进行统计描述。

（1）"经济获得"维度的4个测量项目。"B1 不愁吃"这一项得分均值为7.542，标准差为1.347。"B2 不愁穿"这一项得分均值为7.461，标准差为1.406。"B3 经济发展"这一项得分均值为6.193，标准差为1.719。"B4 家庭收入"这一项得分均值为7.111，标准差为1.5000。简单看来，贫困户对国家经济发展的满意程度要低于其他三项的满意情况，但总体都介于比较满意之间。具体内部来看，不愁吃更高，其次是不愁穿、家庭收入和经济发展。

（2）"民生获得"维度的6个测量项目。"B5 教育"题项的得分均值为6.916，标准差为1.554。"B6 医疗"这一项得分均值为6.985，标准差为1.387。"B7 住房"的满意度得分均值为6.937，标准差为1.450。"B8 交通"的满意程度得分均值为6.566，标准差为1.548。B9 环境题项的得分均值为6.346，标准差为1.562。B10 民生题项的得分均值为7.099，标准差为1.258。从这6个方面的满意程度来看，贫困户对民生福祉的满意状况都达到比较满意。具体内部来看，民生题项更高，其次是医疗、住房、教育、交通和环境。

（3）"政治获得"维度的 7 个测量项目。"B11 精准识别"的满意度均值为 6.747，标准差为 1.550。"B12 产业扶贫"的获得感均值为 6.786，标准差为 1.455。"B13 技能培训"的得分均值为 6.934，标准差为 1.671。"B14 资金使用"的得分均值为 6.560，标准差为 1.760。"B15 工作效率"的得分均值为 6.337，标准差为 1.750。"B16 驻村干部"的得分均值为 6.494，标准差为 1.704。"B17 政府质量"的得分均值为 7.069，标准差为 1.334。从这 7 个方面的获得感来看，贫困户对政府信任获得感状况都达到比较高。具体内部来看，政治获得感更高，其次是技能培训、产业扶贫、精准识别、资金使用、驻村干部和工作效率。

总体来看获得感知 3 个方面得分情况，经济收入的获得感最高，其次是民生获得感，而政治获得感最低。但这 3 个方面都处于比较高的范围，说明精准扶贫效果较好，贫困户对其普遍有较高获得感。

6.1.2　公平感

公平感有 3 个指标：其一是过程公平，均值为 6.114，标准差是 1.519；其二是结果公平，均值为 6.009，标准差是 1.474；其三是总体公平，均值为 5.738，标准差是 1.471。

总体来看公平感 3 个方面得分情况，过程公平的获得感最高，其次是结果公平，总体公平的获得感评价最低。从得分数值来看这 3 个方面处于一般水平，说明贫困户总体公平获得感一般。因此，在精准扶贫工作中要特别注重提升贫困户的公平感。

6.1.3　贫困户期望

贫困户期望潜变量的测量项目有 3 个。其中，"D1 收入期待"的得分均值为 6.768，标准差为 1.318，"D2 民生期待"的得分均值为 6.985，标准差为 1.252，"D3 政治期待"的得分均值为 7.199，标准差是 1.259。进一步来看，贫困户对政府质量提高期望最高，其次是民生改善期望和收入提高期望。从得分来看，贫困户对民生和政府质量的期望更高，说明贫困户期望得到更多的保障和更高水平的贫困治理。因此，一方面要适度地满足贫困户的期望，另一方面要合理地引导贫困户树立正确的期望，避免过高期望带来的负面影响，不可吊高贫困户的"胃口"。

6.1.4　贫困户获得感

贫困户获得感有 4 个测量项目：其一是和自己过去相比的经济获得感，称为"纵向获得感"，均值为 6.575，标准差为 1.569；其二是和期望相比较的民生获得感，称为"比较获得感"，均值为 6.491，标准差为 1.581；其三是和别人相比的满意度，称为"横向获得感"，均值为 6.358，标准差为 1.448；其四是在精准扶贫中总体获益情况的满足感，称为"总体获得感"，均值为 6.581，标准差为 1.434。从得分来看，纵向获得感得分最高，其次是总体获得感、比较获得感和横向获得感。说明贫困户在精准扶贫过程中生活得到较好的改善，尤其是相对于自己，但是与他人相比获得感相对较低。说明政府需要进一步发力，继续提高贫困农户的生活质量，提高他们的横向获得感。

6.1.5　政府信任

政府信任有 3 个测量项目：一是对政府为人民服务的宗旨的满足感，称为"政府回应"，均值为 7.575，标准差为 1.573；二是对群众诉求的回应的满足感，称为"政府回应"，均值为 7.184，标准差是 1.602；三是对支持配合政府各项工作的获得感评价，称为"支持政府"，均值为 7.696，标准差是 1.591。从得分来看，支持政府得分最高，其次是政府宗旨、政府回应，但三者都处于获得感评价较高，说明贫困户对精准扶贫政策和政府贫困治理具有的信任感比较强。

6.2　获得感测度结果的应用

农村贫困户获得感测度结果的应用，在管理实践中较少。一般而言，满意度测评结果的应用通常是采用重要性—满意度矩阵的做法。本书借鉴该做法，通过贫困户获得感重要性—获得感矩阵分析，可以发现精准扶贫绩效的优势和劣势，为当前巩固拓展脱贫攻坚成果同乡村振兴有效衔接提供具体的改进方案和行动方向。

6.2.1　贫困户获得感的重要性—获得感矩阵

再好的评价体系也只能提供信息，而不能代替决策。从信息转向决策的过程，提及政府质量改进战略，在很大程度上要依赖于对"重要性—获得感"的分析。贫困户获得感受诸多因素的影响，同时各个因素对贫困户获得感的影响程度不一。"重要性—获得感"矩阵分析就是一种偏于定性研究的诊断模型。它列出贫困户获得感的主要指标，每个指标都有重要性和在该指标上的获得感这样两个属性。通过分析各项因素的重要程度和获得感，为增强农村贫困户获得感提出战略思考。

通常按照指标重要性程度的评价和获得感评价的相对高低，将贫困户获得感的指标划分为 4 种类型，分属 4 个区域。贫困户获得感改进策略模型有两个坐标轴，横轴代表重要程度，纵轴代表满意度分值。X 轴和 Y 轴将图形分成四个区域：亟待改进区、次要改进区、锦上添花区和竞争优势区。每个区域都表示不同的含义及与其相对应的改进策略（如图 6 - 1 所示）。

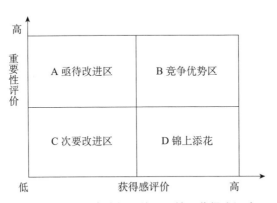

图 6 - 1　贫困户获得感的重要性—获得感矩阵

A 亟待改进区：落在该区域的因素表示其具有较高的重要性，但同时在获得感方面较低（比如图中因素 A）。相应的改进策略即是高度重视，政府需开展进一步调查，加强与贫困农户沟通交流，分析其获得感低的原因，并立刻进行改善和提高，给予资源优先配置权，尽快使其转变为竞争优势。

B 竞争优势区：落在该区域的因素无论是重要性还是获得感的评价都较高（比如图中因素 B）。这块区域的指标对贫困户获得感有着举足轻重的作用，一般而言，它往往是扶贫成效明显之所在，相应的策略是将该因素视为主要竞争力来源高度关注，在现有基础上可进一步发展和提高，突出竞争优势。

C 次要改进区：落在该区域内的因素在重要性程度方面相对较低，且获得感评价上也较低（比如图中因素 C）。相应的改进策略则是适当关注，在提高了亟待改进的因素后再加该因素。一旦它转化成亟待改进指标的可能性较大时，应当迅速做出反应，以增加资源投入；当它转化成锦上添花的指标可能性增大时，则应当充分考虑成本效益原则，适当维持即可①。

D 锦上添花区：落在该区域内的因素在重要性方面较低，却有比较高的获得感评价（比如图中因素 D）。相应的改进策略是适当给予关注，同时继续保持目前的状况为主。

通过分析该矩阵，可对目前的贫困户获得感进行诊断，寻找政府工作和服务的优势和不足，并针对具体情况制定实施、改进和调整的措施。找出最大的改进机会：

$$改进的机会 = \frac{贫困户的重视度}{贫困户的获得感}$$

从以上公式来看，对于某一感知获得指标而言，贫困户的重视程度越高，获得感越低，则改进的机会越大，应成为重点解决的问题。

6.2.2　重要性—获得感矩阵在本书中的应用

本书选择了 17 个测量指标（见表 6-2）。针对这些测量指标，以贫困户对该项指标的直接评价的均值作为其获得感知评价得分值，选取所有指标获得感得分平均值作为划分其相对高低的标准；以这些测度指标到获得感维度的因子载荷与感知获得的因子载荷和感知获得到获得感的直接作用系数的乘积作为其重要性评价得分值，选取所有指标重要性得分平均值作为划分其

---

① 杨道田. 公民满意度指数模型研究 [M]. 北京：经济管理出版社，2011.

相对高低的标准[①]。最后，在此基础上得出感知获得测度指标的重要性—获得感矩阵（如图 6 - 2 所示），市政府可以据此作为参照来开展绩效改进战略。

表 6 - 2　　　　　　　　各个绩效指标的重要性和获得感分值

测量项目	测项到维度的验证性因子载荷	获得维度到感知获得的因子载荷	路径系数	重要性分值	获得感分值
B1 不愁吃	0.488			0.169	6.494
B2 不愁穿	0.458	0.788		0.159	7.069
B3 经济发展	0.747			0.259	6.114
B4 家庭收入	0.695			0.241	6.009
B5 教育	0.705		感知获得到获得感的路径系数 0.44	0.251	5.738
B6 医疗	0.738			0.263	6.768
B7 住房	0.530			0.189	6.985
B8 交通	0.745	0.810		0.266	7.199
B9 环境	0.687			0.245	6.575
B10 民生工程	0.807			0.288	6.491
B11 精准识别	0.787			0.286	6.358
B12 产业扶贫	0.733			0.266	6.581
B13 技能培训	0.728			0.265	7.575
B14 资金使用	0.801	0.826		0.291	7.184
B15 工作效率	0.603			0.219	7.696
B16 驻村干部	0.539			0.196	6.494
B17 政府质量	0.753			0.274	7.069

　　根据表 6 - 2 中显示各个测量指标的重要性和获得感分值，通过 Excel 表格作图就可以直观地在图 6 - 2 中显示各个测量指标分属的具体区域。

　　根据表 6 - 2 和图 6 - 2 显示，可以进一步划分这 17 个感知获得测量指标分属的区域，并针对不同的竞争区域作出不同的改进方案和策略。这 17 个感知获得指标的分类如表 6 - 3 所示。

---

①　杨道田. 公民满意度指数模型研究［M］. 北京：经济管理出版社，2011.

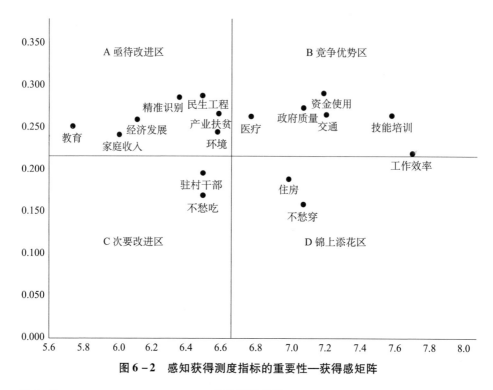

图 6 - 2　感知获得测度指标的重要性—获得感矩阵

表 6 - 3　　　　　　　　　　　　　　绩效指标分类

亟待改进指标（7）	竞争优势指标（6）	锦上添花指标（2）	次要改进指标（2）
经济发展、家庭收入、教育、环境、民生工程、精准识别、产业扶贫	医疗、交通、资金使用、技能培训、工作效率、政府质量	不愁穿、住房	不愁吃、驻村干部

6.2.3　基于感知获得测度指标重要性—获得感矩阵的改进流程

重要性—获得感矩阵的合理运用，关系到感知获得测量指标的选取、重要度和获得感相对高低标准的确定等。因此，在实际运用中，可参照以下流程①。

（1）选取合理的测量指标。本书中所选取的 17 个感知获得指标是在已有相关研究成果的基础上结合精准扶贫的实际情况修改而得。在实际中，最好是对贫困户进行民意调查，根据调查结果分析得出合理的测量指标。可采取以下

① 刘新燕. 顾客满意度指数模型研究［M］. 北京：中国财政经济出版社，2004：234.

两种方法。

一是因子分析法。在参考政府扶贫部门、人大代表、政协委员、专家学者、贫困户代表的意见之后，制定初步的测量指标，依据这些初步的测量指标制定封闭式问卷进行调查，利用调查获得的相关原始资料进行因子分析，并给予命名，公因子作为测量指标。

二是内容分析法。作为一种定性分析方法，是通过开放式的问卷直接对群众进行调查。然后仔细对调查问卷进行审查，将其核心内容转化为数个分析单位，对其出现的频率进行统计，把出现频率达到一定标准的单位作为绩效指标。

（2）调查各个测量指标的重要程度和获得感的分值。在确定测量指标的基础上，设计问卷，调查贫困户对上述获得感指标的重要性程度和获得感评价。

（3）确定划分重要程度和获得感高低的标准。按照相关专家的意见，选择某一评分尺度为标准，或者将所有测量指标重要度（满意度）得分的均值作为划分高低的标准。当然，如果能得到相关有价值的参考指标，如其他地方政府的标准作为参考依据，综合考虑，就会更合理。

（4）作出矩阵图，根据各项测量指标在矩阵图中的位置划分指标类别，并根据其落入的区域，针对性地制定相应的测量指标改进策略。

（5）调查论证各项测量指标改进测量的经济适应性，并适时推进。

（6）评估实施效果。定期重复以上流程，同时将调查结果进行时间序列比较。根据比较的结果，评估改进策略的实施成效，并依此调整今后的改进方向。

具体的提升农村贫困户获得感的对策建议将在第 8 章进行阐述。本书主要是考虑想通过对《中国住户调查年鉴》（2019～2023 年）和中国社会状况综合调查（CSS2021）数据的分析以及第 7 章对提升获得感的国内部分成功的典型案例进行补充研究以后，再总的进行对策研究提出。考虑到本书的研究对象是农村贫困户获得感，而在 2020 年取得全面脱贫攻坚胜利后，农村居民获得感还存在一定的短板弱项，因此分别从精准扶贫视角以及乡村振兴和共同富裕背景下，提出相应的提升农村贫困户和农村居民获得感的对策建议。

6.3　2020 年以来中国农村居民获得感水平

2021 年 2 月 25 日，在全国脱贫攻坚总结表彰大会上，习近平总书记庄严宣告，我国脱贫攻坚战取得了全面胜利，现行标准下 9899 万农村贫困人口全部脱贫，832 个贫困县全部摘帽，12.8 万个贫困村全部出列，区域性整体贫困得到解决，完成了消除绝对贫困的艰巨任务。那么，2020 年以来脱贫县农村居民获得感有何变化和呈现出什么新特点呢？本书在此通过两个公开的统计数据和综合调查数据来进行简单分析，寻求答案。

6.3.1　基于《中国住户调查年鉴》的分析

《中国住户调查年鉴》是一本全面反映中国城乡居民收支、生产和生活状况的资料性年鉴。该年鉴收录了历年全国及分城乡居民收支与生活状况主要数据，以及分地区、按收入五等份分组和按 4 个经济区域分组的住户收支与生活状况主要数据，还包括脱贫县农村住户监测调查主要数据、农民工监测调查主要数据和农村住户固定资产投资情况等其他住户调查数据。年鉴内容分为三部分，即：综述；（一）全国及分城乡居民收支与生活状况主要数据；（二）分地区居民收支与生活状况主要数据；（三）住户调查其他数据；附录。

国家统计局住户调查司发布的《中国住户调查年鉴》（2019～2023 年），可以全面反映中国城乡居民收支、生产和生活状况。其中，对全国脱贫县农村住户监测调查更为全面、准确、及时地反映了脱贫县农村居民收支状况、变化趋势和帮扶成效，客观衡量了居民生活改善情况，以及脱贫县的宏观经济背景和社会发展状况。其调查范围为脱贫县的农村地区，开展调查的省（自治区、直辖市）有 22 个，分别是河北、山西、内蒙古、吉林、黑龙江、安徽、江西、河南、湖北、湖南、广西、海南、重庆、四川、贵州、云南、西藏、陕西、甘肃、青海、宁夏、新疆。

从图 6-3、图 6-4、图 6-5 和图 6-6 的数据变化来看，全国农村居民可支配收入、全国脱贫县农村居民收入、全国脱贫县农村居民可支配收入和消费支出都呈现增长趋势。这里的统计名义增长率，如果扣除价格因素，实际增长率可能会小一些，但总体增长趋势没有改变。

自改革开放以来，我国经济不断发展，并取得了显著成绩，农村居民收入水平和消费需求也随之提高。图6-3和图6-4显示，2013~2022年，全国农村居民人均可支配收入由人民币9429.6元增长到人民币20132.8元，呈现出较为明显的增长趋势。这期间，我国经济持续稳步发展，社会保障制度逐渐完善。这些因素促进了农村居民收入的不断提高。农村居民在拥有更多可支配收入后，可以更好地满足个人和家庭的消费需求，同时也能在一定程度上提升其安全感和生活质量，农村居民获得感日益增强。

从图6-5和图6-6进一步比较可知，海南、江西、河南和广西这4个分属东、中、西部的省份，其农村居民可支配收入和消费支出等指标呈现出东部好于中部、中部好于西部的特点。尽管如此，从总体获得感的角度难以作出高低判断，因此有必要利用其他数据来求证。

图6-3 全国农村居民可支配收入及增长率变化趋势（2013~2022年）

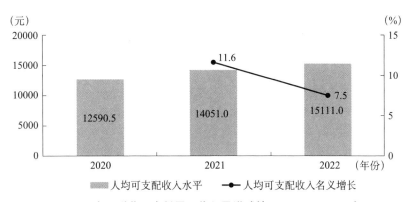

图6-4 全国脱贫县农村居民收入及增减情况（2020~2022年）

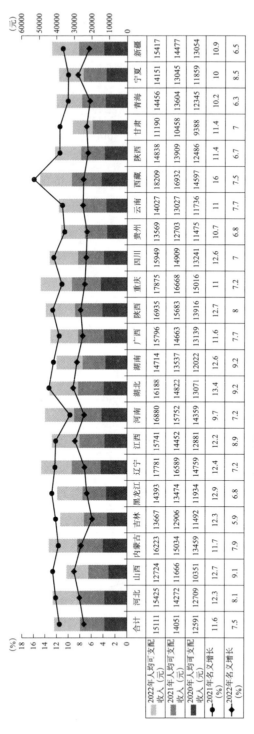

图 6 - 5　全国脱贫县农村居民可支配收入情况（2020 ~ 2022 年）

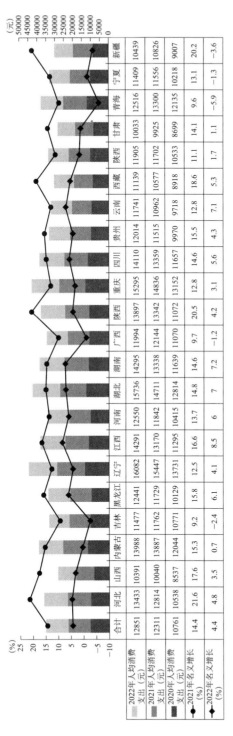

图 6－6　全国脱贫县农村居民消费支出情况（2020～2022 年）

6.3.2 基于中国社会状况综合调查（CSS）的分析

2020 年，我国农村贫困人口实现脱贫，并实现全面建成小康社会和"十三五"规划收官之年。鉴于此，本书从农村居民获得感着手，通过对 2021 年中国社会状况综合调查（CSS）数据的实证分析，以期解答脱贫攻坚完成后我国农村贫困居民的获得感状况和对政府信任的水平，并验证前文提出的部分结构变量之间的逻辑关系，阐释农村居民获得感的形成机理和传导效应。

6.3.2.1 基本逻辑和研究假设

根据前文的基准概念和农村贫困户获得感指数模型框架，结合前文对文献综述部分的讨论，在此进一步提出和论证各个结构变量之间的逻辑关系和基本假设。

（1）农村居民获得感与政府信任。随着经济社会的发展，日益增长的美好生活需要成为人们关心的着力点。研究显示，政府可通过对发展经济、劳动就业、公共教育、医疗卫生、住房保障、基础设施、生态环境、社会治安、政府改革、消除腐败等经济绩效、公共服务和政治效能建设的有效供给增强居民的经济获得感、民生保障获得感和政治获得感[1][2]，从而提高政府信任，并且许多研究都显示，居民对公共服务的质量感知与政府信任有着正向的影响关系[3]。于是，我们可以得出结论，政府的经济绩效、公共服务和政府质量都深刻影响着农村居民各个方面的获得感，进而对不断提升对政府的信任水平。反之，如果这些方面的工作做得不好，达不到有效供给，则会降低农村居民获得感，从而导致政府信任减退。根据前文研究，获得感可以从经济获得感、民生获得感和政治获得感三个维度来解析。根据上述分析，本书提出如下假设。

假设 H1a：农村居民经济获得感对政府信任有显著的正向影响。

假设 H1b：农村居民民生获得感对政府信任有显著的正向影响。

① 王亚茹. 民生保障获得感、社会公平感对政府信任的影响研究 [J]. 湖北社会科学，2020（4）：18－28.

② 龚会莲，李雯钰. 公共服务获得感、社会公平感知对政府信任的影响研究——基于 CGSS 的实证分析 [J]. 中国行政科学论坛，2023（8）：58－64.

③ 阳义南. 获得感、公平度与国民幸福感提升——基于 CGSS 微观调查数据的分析 [J]. 社会科学辑刊，2022（3）：50－59.

假设 H1c：农村居民政治获得感对政府信任有显著的正向影响。

（2）农村居民公平感与政府信任。维护社会公平是政府进行社会治理的基本职责，也是实现经济发展和社会进步的重要保障。有学者提出，社会公平是以权益平等为前提的价值判断，与公民经济社会权益紧密相关，且社会公平对政府信任存在关联影响①。既有研究发现，如果政府通过变革向公众提供众多向上流动的机会，使公众从现有制度和政府政策中获益，增强其社会公平感知，改善其生活质量，则会提升公众对政府的信任感。且当社会分配的结果得到公正的对待时，公众便会认为社会基本制度符合正义原则，具备道德基础；反之制度便是非正义的，公众便会怀疑其德性和能力，形成政府信任的缺失②。

由此我们可得出结论，公众通过参与社会活动，对政府分配的政治经济权利及机会产生的一系列综合主观认知，构成了社会公平感知。若公众对政府分配的结果感到公平，则会增强其对政治系统的支持与认同，从而提升政府信任。反之，若公众对政府分配的结果感到不公平，则会减弱其对政治系统的支持与认同，从而导致公众对政府的信任度减退。因此，提出如下假设。

假设 H2：农村居民公平感知对政府信任有显著正向影响。

（3）农村居民公平感的调节效应。阳义南（2022）基于交互效应结构方程模型估计的研究表明，公平度具有显著的正向调节作用，公平度上升能进一步增强获得感。前文也已经论证，本书认为公平感是农村居民获得感生成后增强对政府信任的路径，可以推测，如果居民获得感越高，并且具有较高的公平感，那他对政府的信任程度就越高。因此，本书提出如下假设。

假设 H3a：公平感能正向调节农村居民经济获得感与政府信任之间的关系，公平感越高，经济获得感与政府信任之间的关系越强。

假设 H3b：公平感能正向调节农村居民民生获得感与政府信任之间的关系，公平感越高，民生获得感与政府信任之间的关系越强。

---

① 郑功成. 中国社会公平状况分析：价值判断、权益失衡与制度保障 [J]. 中国人民大学学报，2009（2）：2－11.

② 马永强，麻宝斌. 社会公平影响政府信任的制度和文化路径分析 [J]. 河北师范大学学报（哲学社会科学版），2019（2）：119－128.

假设 H3c：公平感能正向调节农村居民政治获得感与政府信任之间的关系，公平感越高，政治获得感与政府信任之间的关系越强。

6.3.2.2 数据来源

本书所使用的数据来自 CSS 2021。CSS（中国社会状况综合调查，Chinese Social Survey）是由中国社会科学院社会学研究所和北京大学社会科学调查中心联合主办的一项全国性社会调查，旨在全面、系统地了解中国社会的基本状况和发展趋势。该项目自 2005 年启动，每两年进行一次，至今已积累了丰富的研究数据，成为研究中国社会的重要资源。CSS2021 通过分层多阶段抽样方法，在全国范围内对 18 岁及以上的中国居民进行问卷调查，涵盖了社会经济状况、生活质量、社会态度、价值观念等多个方面的数据。数据收集严格遵循科学的抽样和调查程序，具有良好的代表性和可靠性。本书利用 CSS2021 数据，删除城市居民数据，保留农村居民数据，共得到 1017 份有效样本，并通过结构方程模型分析中国农村居民获得感的现状及其与公平感、政府信任之间的逻辑关系。

6.3.2.3 变量说明

（1）政府信任。本书使用 CSS2021 数据中的政府信任度来测量受访者对政府机构的信任情况，并作为本书的解释变量之一。具体而言，政府信任度由以下三个指标构成。第一，中央政府信任度（Mean = 3.72，SD = 0.540）。问卷询问"请问，您信任下列机构吗？"针对中央政府的信任度进行评分，选项采用 4 点计分，分别对应"很不信任""不太信任""比较信任""非常信任"。第二，区县政府信任度（Mean = 2.82，SD = 0.789）。问卷同样询问受访者针对区县政府的信任度并评分，回答结果为 1～4，分别对应"很不信任""不太信任""比较信任""非常信任"。第三，乡镇政府信任度（Mean = 2.43，SD = 0.776）。问卷以同样的方式要求受访者对乡镇政府的信任度进行评分，回答结果同样采用 4 分制，分别对应"很不信任""不太信任""比较信任""非常信任"。这三道题的 Cronbach's α = 0.653，表明以上题项具有中等程度的内部一致性。

（2）获得感。本书中，农村居民获得感作为结构方程模型中的自变量。具体而言，获得感包含以下三个维度：经济获得感。该维度使用了 CSS2021 中的 d4c、d4d 和 d4e 三道题，分别询问"您认为未来 5 年，您本人的社会经济地位在本地大体会属于哪个层次？"（Mean = 2.20，SD = 0.762）；"您认为您目前的家庭经济状况与五年前相比，是好了很多、好了一些、没变化、差了一些，还是差了很多？"（Mean = 2.77，SD = 0.838）；"想想五年后，您估计那时候的家庭经济状况会比现在好很多、好一些、没变化、差一些，还是差很多？"（Mean = 2.91，SD = 0.829）。三题均采用 5 点计分法，得分越高，则状况越差。三题的 Cronbach's α = 0.691，具有中等程度的内部一致性。

民生获得感。该维度使用了 CSS2021 中的 g3a1、g3a2、g3a3、g3a5、g3a12、g3a13 和 g3a14 七道题，均属于"您认为政府下列方面的工作做得好不好"这一量表。七题均采用 4 点计分（很不好 = 1，不太好 = 2，比较好 = 3，非常好 = 4），并分别询问受访者对政府在"提供医疗卫生服务（Mean = 2.84，SD = 0.688）""为群众提供社会保障（Mean = 2.78，SD = 0.699）""保护环境，治理污染（Mean = 2.80，SD = 0.804）""打击犯罪，维护社会治安（Mean = 3.18，SD = 0.706）""提供优质教育资源，保障教育公平（Mean = 2.82，SD = 0.751）""保障食品药品安全（Mean = 2.96，SD = 0.698）""丰富群众文体活动，发展文化体育事业（Mean = 2.91，SD = 0.729）"方面工作的认可度。七题的 Cronbach's α = 0.777，具有较高的内部一致性。

政治获得感。该维度使用了 CSS2021 中的 g3a4、g3a6、g3a7、g3a10 和 g3a11 五道题，同样属于"您认为政府下列方面的工作做得好不好"这一量表。五题分别询问受访者对政府在"保障公民的政治权利（Mean = 2.90，SD = 0.721）""廉洁奉公，惩治腐败（Mean = 2.71，SD = 0.868）""依法办事，执法公平（Mean = 2.84，SD = 0.793）""政府信息公开，提高政府工作的透明度（Mean = 2.69，SD = 0.850）""有服务意识，能及时回应百姓的诉求（Mean = 2.61，SD = 0.804）"方面工作的认可度。五题的 Cronbach's α = 0.837，具有较高的内部一致性。通过分析以上三个维度，本书能够更全面地了解并评估受访者对其经济状况、民生服务和政治权利的主观获得感。

（3）公平感。本书将受访者的公平感作为中介变量。该变量由 CSS2021 中的 f3a4、f3a7、f3a8 和 f3b 测量。前三题为"您认为当前社会生活中以下方面的公平程度如何"这一量表中的题项，均采用 4 点计分（没有冲突 = 1，

不太严重 = 2，比较严重 = 3，非常严重 = 4）。f3a4、f3a7 和 f3a8 分别从公共医疗（Mean = 2.78，SD = 0.761）、养老等社会保障待遇（Mean = 2.63，SD = 0.828）和城乡间权利待遇（Mean = 2.25，SD = 0.802）三个方面考察受访者对社会公平的感知。得分越高，则公平感知水平越低。f3b（Mean = 2.80，SD = 0.756）则用于询问受访者对社会总体公平工作情况的评价，原题为 10 分制，1 分表示非常不公平，10 分表示非常公平。本书对该题进行了重新赋值（1~2 分赋值 1，3~5 分赋值 2，6~8 分赋值 3，9~10 分赋值 4）以与同维度下的另外三题一致。该维度下 4 题 Cronbach's α = 0.718，具有较高的信度。

表 6-4 为主要变量描述统计结果。

表 6-4　　　　　　　　　　主要变量描述统计结果（N = 1017）

变量类型	潜变量	题项	Mean（SD）	信度
因变量	政府信任	中央政府信任度	3.72（0.540）	0.653
		区县政府信任度	2.82（0.789）	
		乡镇政府信任度	2.43（0.776）	
自变量	经济获得感	未来 5 年社会经济地位	2.20（0.762）	0.691
		与五年前相比目前的家庭经济状况	2.77（0.838）	
		五年后家庭经济状况	2.91（0.829）	
	民生获得感	提供医疗卫生服务	2.84（0.688）	0.777
		为群众提供社会保障	2.78（0.699）	
		保护环境，治理污染	2.80（0.804）	
		打击犯罪，维护社会治安	3.18（0.706）	
		提供优质教育资源，保障教育公平	2.82（0.751）	
		保障食品药品安全	2.96（0.698）	
		丰富群众文体活动，发展文化体育事业	2.91（0.729）	
	政治获得感	保障公民的政治权利	2.90（0.721）	0.837
		廉洁奉公，惩治腐败	2.71（0.868）	
		依法办事，执法公平	2.84（0.793）	
		政府信息公开，提高政府工作的透明度	2.69（0.850）	
		有服务意识，能及时回应百姓的诉求	2.61（0.804）	

续表

变量类型	潜变量	题项	Mean（SD）	信度
中介变量	公平感知	公共医疗	2.78（0.761）	0.718
		养老等社会保障待遇	2.63（0.828）	
		城乡间权利待遇	2.25（0.802）	
		对社会总体公平工作情况的评价	2.80（0.756）	

6.3.2.4　结构方程模型分析结果

（1）自变量对因变量的影响。本书应用 AMOS 24.0 建立结构方程模型，从经济获得感、民生获得感、政治获得感三个维度出发，考察中国农村居民获得感对公平感知和政府信任两个因变量的影响。根据结构方程模型适配标准，本书中的模型的拟合度良好（$\chi^2/df = 3.355$，RMSEA = 0.048，CFI = 0.941，AGFI = 0.925）。

模型中的路径系数显示（如图 6 - 7 所示），经济对公平的标准化路径系数为 0.192（$p < 0.001$），民生对公平的标准化路径系数为 0.843（$p = 0.001$），政治对公平的标准化路径系数为 - 0.174（$p = 0.421$），表明经济获得感和民生获得感对公平感知存在显著正向影响（证实假设 H1a 和假设 H1b），而政治获得感对公平感知的影响则不显著（假设 H1b 没有验证成功）。另外，公平感知对政府信任的标准化路径系数为 0.205（$p = 0.01$），经济获得感对政府信任的标准化路径系数为 - 0.179（$p < 0.01$），民生获得感对政府信任的标准化路径系数为 - 0.173（$p = 0.450$），这表明公平对政府信任存在显著正向影响（验证了假设 H2），经济获得感和政治获得感对政府信任存在显著负向影响（证实假设 H3a 和假设 H3c），而民生获得感对政府信任的影响不显著（假设 H3b 不成立）。

（2）公平感知的中介效应检验。基于结构方程分析结果，本研究采用 Bootstrap 法（95% 置信区间，抽样 5000 次）检验，主要考察公平感知在经济获得感与政府信任路径上的中介效应。结果显示（见表 6 - 5），公平感知在经济获得感与政府信任间的效应值为 0.39，95% 的置信区间为 ［0.009，0.095］。且间接效应与直接效应的符号相同，证明公平感知在经济获得感与政府信任之间具备正向的中介效应。

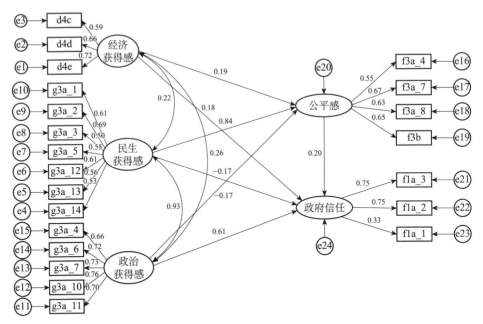

图 6 - 7　结果方程模型分析结果

表 6 - 5　　　　　　　　　　　中介效应检验

路径	效应值	SE	Bias Corrected 95% CI		
			Lower	Upper	P
总效应	0.219 ***	0.043	0.134	0.302	< 0.001
直接效应	0.179 **	0.050	0.077	0.271	0.002
间接效应	0.039 **	0.022	0.009	0.095	0.006

注: $^*p < 0.05$, $^{**}p < 0.01$, $^{***}p < 0.001$。

6.3.2.5　基本讨论

（1）各变量间的路径效果。各变量间的路径结果显示，首先，经济获得感对公平的影响是显著正向的，这表明随着经济发展的提升，公众对公平性的感知也会提高。这可能是由于经济发展带来了更均等的资源分配和更好的公共服务，进而提高了公平性感知。其次，民生获得感对公平的影响也表现为显著正向，这说明改善民生状况能够显著提升公众对社会公平的感知。民生作为直接关系到公众生活质量的因素，其改善对公平性的提升具有直接的推动作用。相反，政治获得感对公平的影响不显著，可能是因为政治因素更多涉及宏观政策和制度安排，公众对其感知不如经济获得感和民生获得感那样直接和具体。

此外，公平感知对政府信任的影响是显著正向的，说明当公众感受到更高的公平性时，他们对政府的信任度也会提高。这表明公平性是政府信任的重要构成因素。经济获得感对政府信任的负向影响则可能反映在经济发展过程中，某些不平等或资源分配不均的问题可能导致了公众对政府信任度的下降。尽管经济发展可以带来更多的公共资源，但如果这些资源的分配不公，则可能削弱公众对政府的信任。民生对政府信任的影响不显著，这可能是因为尽管民生改善了公众的生活质量，但单独的民生改善不足以显著提升公众对政府的整体信任度。

（2）公平感知的中介效应。从影响效应的比较来看，经济获得感通过公平感知影响政府信任的间接效应为 0.39（$p < 0.05$），而经济获得感对政府信任的直接影响效应为 0.179（$p < 0.01$），说明虽然公平感知在经济获得感对政府信任的关系中并非完全中介，但经济获得感通过公平感知能非常显著地提高对政府信任的影响，再次印证公平的中介效应。

另外，尽管政治对公平的直接影响不显著，但公平对政府信任的强中介效应仍然表明，提升公平性能够有效增强公众对政府的信任。因此，在政策实践中，应注重通过公平性的提升来间接增强政府信任。这包括优化资源分配、提高公共服务的可及性和公平性等方面的措施，以确保社会各阶层都能够公平地享受到经济发展和民生改善带来的成果。

（3）农村居民获得感水平。根据测算统计可得到表 6-6 的结果，用李克特量表 4 分制表示，农村居民的获得感中民生获得感最高（2.90 分），其次是政治获得感（2.75 分），最低的是经济获得感（2.63 分），此外，农村居民的公平感较低（2.62 分），对政府信任水平相对最高，为 2.99 分。

表 6-6　　　　　　　　　　　农村居民获得感状况

变量	均值	标准差
经济获得感	2.63	0.64
民生获得感	2.90	0.48
政治获得感	2.75	0.63
公平感	2.62	0.58
政府信任	2.99	0.54

进一步根据前述表 6-4 可知，政府信任存在差序格局的特点，对中央政府的信任度最高（3.72 分），其次是区县政府（2.82 分），最后是农村居民最接近的乡镇政府（2.43 分）。从经济获得感的三个测项来看，农村居民认为他们目前的家庭经济状况与五年前相比有显著提升，分值为 2.77 分，但依然对自身的社会经济地位表示忧虑，仅有 2.20 分。从民生获得感的七个测项来看，对社会治安最为满意，分值为 3.18 分，其次是食品药品安全、文体活动、医疗卫生服务的获得感相对较高，分别是 2.96 分、2.91 分、2.84 分，相比较而言，教育事业（2.82 分）、生态环境（2.80 分）和社会保障（2.78 分）得分稍低，但总体而言民生获得感还是很高的。从政治获得感的五个测项来看，得分由高到低分别是权利保障、依法办事、廉洁奉公、信息公开、服务意识。最低的服务意识得分仅有 2.61 分，可见农村居民对政府的服务品质还不够满意，感觉到政府响应百姓诉求方面还有一定的差距。从公平感的四个测项来看，农村居民对社会总体公平的评价为 2.80 分，但对自身关注的公共医疗、社会保障、城乡差异感觉到公平感不高，尤其是城乡差异让农村居民公平感最低，只有 2.25 分，远低于及格线，可见加强社会公平建设还任重道远。

6.3.3 当前中国农村居民获得感特征

基于以上两份数据的补充分析可知，我国脱贫攻坚取得伟大胜利后，农村居民的获得感有一定的提升，相比较而言，经济获得感更为明显。尤其是，我国精准扶贫时期以来至今发生了重大变化。

（1）经济获得感有"钝化"倾向。建档立卡贫困人口人均纯收入从 2015 年的 2982 元增加到 2020 年的 10740 元，工资性收入和生产经营性收入占比逐年上升，转移性收入占比逐年下降。这表明贫困户的经济状况有了显著改善，收入来源更加多元化。但从 CSS2021 的数据统计来看，农村居民的经济获得感相对来说较低，可见贫困户特殊群体获得感高，但农村居民总体获得感有钝化倾向。

（2）民生获得感和政治获得感基本稳定提升。从 CSS2021 的数据可知，当前中国农村居民深感这些年民生事业有很大发展，农村基本公共服务均等化水平明显提升。与此同时，随着政府注重加强自身改革，优化营商环境，加大反腐力度，提高服务品质，这些措施的推行让农村居民针织获得感也有显著改善。

（3）公平感有待持续增强。鉴于我国城镇化进程的加快，政府应注重增强城乡间的社会公平建设，增进不同社会阶层的公平感，不断提升相关制度和公共资源配置的公平性，进一步推进教育、医疗、就业、住房等基本公共服务在不同群体间的均等化，使改革成果更多更公平地惠及全体居民。

随后，本书将通过下一章选取部分案例的分析，来论证基于需求满足不断提升贫困户的获得感。

第7章

基于需求满足提升贫困户
获得感案例研究

习近平总书记指出:"必须以满足人民日益增长的美好生活需要为出发点和落脚点,把发展成果不断转化为生活品质,不断增强人民群众的获得感、幸福感、安全感。"这为实现人民群众对美好生活的向往指明了前进方向、提供了根本遵循。前述章节内容通过理论驱动、数据驱动相结合,较好阐释和解析了农村贫困户获得感形成机理和影响效应,验证了精准扶贫背景下贫困居民美好生活向往就是要不断增强经济获得感、民生获得感、政治获得感和公平感,才能提升总体获得感和增强政府信任。那么,从实践案例来看,能否通过典型案例进一步阐释需求满足的动力源呢?这是本章要解决的问题。

本章选取精准扶贫领域的典型案例,通过案例研究进一步探究需求满足基础上的精准扶贫政策绩效与贫困户获得感之间的关系。案例兼具解析出发点、研究落脚点的双重定位。当前,我国扶贫事业虽然已经进入"后扶贫时代",但是本章的案例分析,对于"后扶贫时代"提升贫困人口获得感亦可提供有益的政策启发和思考。在案例分析框架的基础上,有利于进一步确认本书的研究进路,即通过满足贫困户的多层次需求,经济获得感、民生获得感、政治获得感和公平感是增进贫困户总体获得感的最基本内容。

7.1 案例选取的原则

在中国共产党的正确领导下,我国先后汲取了马克思恩格斯的反贫困理论、列宁与斯大林的反贫困理论与经验，在大体遵循"首先消除生产资料绝对贫困总根源、其次消除生活资料绝对贫困、再次解决相对贫困问题、最后实现共同富裕"的逻辑线路基础上，中国共产党百年农村反贫困历程前后经历了 1921～1949 年解决农民土地贫困问题的革命斗争减贫阶段、1949～1978 年消除贫困制度根源的农业集体化减贫阶段、1978～1992 年解决普遍性贫困问题的农村改革减贫与专项扶贫阶段、1992～2012 年解决区域性贫困问题的统筹开发扶贫阶段、2012～2020 年全面消除绝对贫困的精准扶贫阶段①。毋庸置疑，我国农村扶贫的经历经验，是对马克思主义反贫困理论的补充和丰富，是一条兼具中国风格的农村扶贫道路，形成了一系列具有中国特色的农村扶贫理论。

　　进一步反观中国共产党领导的中国农村扶贫经历，可以更加深刻地认识到，首先，扶贫不是一个静态的、自发的、不用费多大气力自然而然就可以跨过的阶段，而是一个动态的、递进的、日益接近质的飞跃的量的积累和发展变化的过程②。在这个过程中，深刻提炼我国农村扶贫重要做法和基本经验尤为重要，将为后续巩固脱贫攻坚成果、扎实推进共同富裕，提供重要的举措参考、经验借鉴，也将为全球贫困治理提供宝贵的中国经验、中国智慧。其次，在中国共产党的统筹引领下，我国扶贫工作在日益高效化、精准化的同时，贫困户的获得感、幸福感、安全感也更加充实、更有保障、更可持续。而且，基于贫困户需求的复杂性和差异性，贫困户在扶贫（尤其是精准扶贫）进程中的获得感具有多样性和层次性等特征。最后，在精准扶贫视阈下，结合案例进一步探究贫困户需求满足与获得感之间的内在关联，贫困户获得感同精准扶贫政策绩效之间的深层联系，并基于案例比较进一步总结、凝练基于需求满足的精准扶贫提升贫困户获得感做法经验，有利于为贫困治理、增强农村贫困人口获得感，提供有益的政策启发和对策参考。

　　鉴于此，本章拟选取数个精准扶贫领域典型案例，开展基于需求满足提升

---

　　①　许彩玲. 中国共产党百年农村反贫困：历程、经验与展望［J］. 当代经济研究，2021（11）：29－37.

　　②　本报评论员. 新发展阶段是我国社会主义发展进程中的一个重要阶段［N］. 人民日报，2021－01－13（001）.

贫困户获得感案例研究，进一步探究贫困治理与贫困户获得感之间的内在关联。案例兼具案例解析出发点、案例研究落脚点的双重身份，在选取数量和质量方面至关重要。因此，本章在案例的选取方面，综合考量并遵循了理论导向、公平导向、实践导向三大原则。

7.1.1　理论导向原则

近年来，理论导向层面，在"走进个案"之后，"走出个案""拓展个案"，以"走出个案""拓展个案"延伸个案研究价值的思路，逐渐被多数学者青睐。"走出个案"的思路，从类型学和人类学的视角来看，分别是从个案研究到比较方法到模式再到普遍化道路，关注"个案特征"的代表性而非个案的代表性[①]；而"拓展个案"的思路，则是以质取胜，取决于个案研究的深度[②]，将日常生活置于超出地方和历史的情境之中进行研究，从独特之中抽取一般，从微观走向宏观[③]，继而用"延伸个案分析"来替代单纯的个案叙事[④]，在走进个案、跳出个案和抽象个案的进程中最大范围的寻找规律，从而更加深刻地理解个案及其背后的故事[⑤]。

"走进个案""走出个案""拓展个案"的思路，在本章基于需求满足的精准扶贫提升贫困户获得感案例研究中具有较强的参考借鉴价值。而在此之前，本章在案例选取的理论导向原则层面，还需进一步遵循问题导向、需求导向、数据导向三项基本要求和重点表现形式。

（1）问题导向。贫困治理的着眼点是解决贫困问题。坚持以解决贫困治理中的基本问题为导向，是提高治理效能的基本方法。案例研究的方式一般包括两种：一是对相关知识理论进行引介梳理，然后结合相关案例进行分析；二是率先引入并介绍相关案例，而后提出或分析相关的知识理论。上述两种案例

---

①　卢晖临，李雪．如何走出个案——从个案研究到扩展个案研究［J］．中国社会科学，2007（1）：118－130，207－208．

②　应星．评村民自治研究的新取向——以《选举事件与村庄政治》为例［J］．社会学研究，2005（1）：210－223．

③　D Perrotta, Michael Burawoy. The extended case method［J］. Etnografia E Ricerca Qualitativa, 2011.

④　朱晓阳．罪过与惩罚：小村故事［M］．天津：天津古籍出版社，2002：36－37．

⑤　胡兵．中国农村基层治理研究［M］．上海：华东理工大学出版社，2016：23－25．

研究方式将知识理论同案例分析较为紧密地结合起来，但重在相关知识理论的解析或建构，视案例为知识理论载体，对案例分析本身重视相对不够，问题导向相对不显著。

因此，为了更加深入地展开基于需求满足的精准扶贫提升贫困户获得感案例研究、更为深刻地厘清精准扶贫政策绩效与贫困户获得感之间的关系，本章在案例选取和研究过程中，将重点强调问题导向，将问题意识、问题追踪、问题解答、问题反馈等贯穿整个案例研究过程之中。将问题作为案例研究的起点，也作为衡量精准扶贫政策绩效与贫困户获得感关系的重要指标维度，在寻找问题、剖析问题、解决问题、反馈问题的问题导向中，进一步拓展基于需求满足的精准扶贫提升贫困户获得感案例研究的广度，增强精准扶贫政策绩效与贫困户获得感关系研究的深度。

（2）需求导向。马斯洛的"需求层次理论"提出，人的需求具有层次性，多数情况下，当个体低层次需求被满足之后，应明确并关注更高层次的需求，才能为驱动个体行为提供新动力。精准扶贫治理中，政府必须主动了解和精准识别和快速回应贫困户等弱势群体的需求才能提高贫困治理的精准性和靶向性。实际上，案例研究亦是如此。案例研究在注重问题导向的同时，还需进一步明确案例研究本身的需求。如此，研究者才不会迷失于错综复杂的案例情节，深陷案例解析细枝末节的泥淖，进而去粗取精，在案例研究中更清晰、深刻地聚焦研究重心，把握研究内容。

在本章，案例分析的需求导向主要表现在两个方面。一是在案例选取和研究过程中，重点关注贫困户的需求导向，在众多案例中，将精准扶贫进程中贫困户的诸多需求归纳为若干类，如经济需求、健康需求、教育需求、保障需求、政治需求、公平需求等，进而在案例选取、解析中，进一步探讨贫困户（特定）需求满足的同时，是否具有获得感、获得感提升程度、获得感提升表现形式及其主要特点，等等。二是跳出单纯案例分析的窠臼，从研究总体视角出发，检视案例遴选及其分析在本书的定位和作用，进而考量其如何更好地服务于本书的理论需求、实践需要、经验参考等。

（3）数据导向。大数据是推动贫困治理精准化、智能化、精细化的有效手段，也极大地发挥了赋能增效作用。数据的形式多样，既包括质性资料，也包括定量数据，既可以是访谈材料，也可以是文献资料和历史资料。由美国学者格拉斯（Barney Glaser）和施特劳斯（Anselm Strauss）共同发展提出的一种质性研究方法——扎根理论（grounded theory），认为"一切皆为数据"，可以从经验数据中建立理论①。扎根理论还提出，研究缘起于具体的社会现象，在对资料归纳提炼的基础上推进资料数据概念化，可以在厘清概念、范畴关系的进程中，更为清晰准确地将社会现象以解释性的理论呈现②。

参照扎根理论，本章在明确案例研究问题、需求导向的前提下，在案例选取和分析的具体过程中，将结合学者研究成果、新闻报道、政府文件、调研材料、地方日志、实地访谈等多方位、多层次渠道，广泛收集相关案例数据材料。之后，在细致梳理、分类初始材料数据的同时，研究者也将灵活运用材料，注重目的性抽样、开放性抽样和理论抽样相结合，保持"理论敏感性"③，重点把控材料信息的相互佐证祛伪，力求获得全面、翔实、准确的数据，为案例分析研究奠定准确、坚实的数据基础。

7.1.2 公民导向原则

案例选取除了要遵循理论导向，确保其具有较强的理论研究价值、研究可行性之外，还应体现相应的人文关怀（情怀），"从群众中来，到群众中去"，将研究对象作为研究重心，关注研究对象的诉求、行为和反应，进而切实反映研究对象的真实情况和客观诉求。因此，在基于需求满足的精准扶贫提升贫困户获得感的案例研究中，案例的选取和分析应遵循公民导向原则，密切关注贫困户的切身需求，以及贫困户获得感的真实情况。具体来看，公民导向还应进一步遵循公民至上、民生为先、群众参与三项基本要求。

（1）人民至上。发展为了人民、发展依靠人民。反贫困事业发展至今，我国之所以取得了举世瞩目的辉煌成就，最重要的一点就是永葆人民性这个马

---

① 陈向明. 扎根理论在中国教育研究中的运用探索 [J]. 北京大学教育评论, 2015, 13（1）: 2 - 15, 188.

② 吴继霞, 何雯静. 扎根理论的方法论意涵、建构与融合 [J]. 苏州大学学报（教育科学版）, 2019, 7（1）: 35 - 49.

③ 吴毅, 吴刚, 马颂歌. 扎根理论的起源、流派与应用方法述评——基于工作场所学习的案例分析 [J]. 远程教育杂志, 2016, 35（3）: 32 - 41.

克思主义的鲜明底色。具体到精准扶贫进程中，贫困群众具有脱贫攻坚的对象、脱贫致富的主体双重身份，只有始终如一坚持人民至上，彰显人民本位意识，才能让脱贫攻坚工作真正成为党的初心大彰显、为民造福的大实践、群众路线的大教育[1]。"只要还有一家一户乃至一个人没有解决基本生活问题，我们就不能安之若素；只要群众对幸福生活的憧憬还没有变成现实，我们就要毫不懈怠团结带领群众一起奋斗"[2]。

因此，在反贫困问题上，中国共产党从来不把人民作为施舍的对象，不是简单地将人民当作帮扶客体，而是注重激活贫困人口的内生动力，强调人民反贫困的主体地位，鼓励动员人民自己行动起来解决贫困问题，成为历史的缔造者[3]。习近平总书记强调，"把人民拥护不拥护、赞成不赞成、高兴不高兴、答应不答应作为衡量一切工作得失的根本标准"[4]。因此，本章在案例的具体选取过程中，将始终坚持人民至上，把人民安居乐业、安危冷暖放在首要位置，重点选取解决贫困户就业、教育和住房等紧迫性问题的典型性、代表性案例，深刻挖掘精准扶贫不断满足贫困户美好生活需要的举措和特点，确保选取的案例鲜活凸显"人民至上造福人民"的主旨。

（2）民生为先。新中国成立以来，中国共产党团结带领全国各族人民进行革命、建设和改革，根本目的就是要改善民本民生，努力践行人民对美好生活的向往。聚焦于精准扶贫，其重要价值导向就是民生为先，将贫困户生产、生活、物质、精神等方面的状态提升作为精准扶贫工作的重点和核心。也正因为如此，精准扶贫工作虽千头万绪，但以民为本，民生为先，着力改善民生，无疑是评估精准扶贫工作精不精准、有没有效的"重中之重"。

鉴于此，本章在案例选取和分析的过程中，将始终坚持人民至上，在民生为先的遵循导向下，重点解析精准扶贫如何夯实基础、强化措施、落实责任、巩固成果，提炼精准扶贫改善贫困户生活质量、增强贫困户获得感、满意度的思维思路、做法举措、体制机制等。

①　本刊评论员. 决胜脱贫攻坚擦亮"人民至上"鲜明底色［J］. 中国纪检监察，2020（20）：1.

②　本刊评论员. 人民至上造福人民［N］. 光明日报，2020 - 05 - 23（002）.

③　杨灿明. 中国共产党反贫困理论的创新［N］. 学习时报，2021 - 10 - 25（02）.

④　习近平. 在第十三届全国人民代表大会第一次会议上的讲话［N］. 人民日报，2018 - 03 - 21（002）.

（3）群众参与。精准扶贫是一项全社会共同参与的重大任务。自精准扶贫实施推进以来，党委和政府在深入实施精准识贫、精准扶贫、精准脱贫的同时，一直致力于搭建社会多主体参与平台，全力打造"党委领导、政府主导、农民主体、部门配合、社会参与"的体制机制，努力调动群众参与精准扶贫工作的主动性和积极性。群众参与精准扶贫之所以重要，是因为只有在精准扶贫进程中进一步激发群众参与的主动性和积极性，才能将各项工作做细做实。一是进一步建立健全"三位一体"的大扶贫格局，持续提高精准扶贫的质量和水平。二是持续推进精准扶贫"扶志""扶智""扶能"相结合，破除贫困户扶贫即救助的片面认识，引导贫困人员态度由"等、靠、要"向"独、立、行"转变，由"要我脱贫"向"我要脱贫"转变，进而从幕后走向舞台，变被动为主动，积极、主动参与精准扶贫工作。三是对精准扶贫各项工作的进展程度和实施效果形成客观、公正的评判。人民群众拥护与否、赞成与否、高兴与否、答应与否，是考核精准扶贫工作成效的重要标准。主动欢迎、邀请群众阅卷，让群众充当裁判，才能对精准扶贫工作作风形成客观公正的评价，推进精准扶贫工作做细、做实、做深、做好。

鉴于群众参与在精准扶贫工作中的重要地位，本章在案例选取过程中，在关注案例是否体现人民至上、民生为先导向的同时，也将重点考量精准扶贫案例中，群众是否积极参与精准扶贫工作，群众参与精准扶贫工作的大体环节和具体形式，群众参与精准扶贫工作的显著优势和潜在风险，群众更好、更优参与精准扶贫工作的可行做法和优良经验，确保入选案例凸显群众参与的主线。

7.1.3 实践导向原则

案例的选取和分析，除了要具有理论价值和理论可行性，彰显人文关怀，体现公民导向，还应遵循实践导向原则。这是因为，一方面案例从实践中来，是实践的片段和缩影，另一方面实践则是由诸多案例排列组合的形式，是案例的编织和叠加。只有在案例选择和分析中体现实践导向原则，才不至于让案例沦为"无源之水，无本之木"，才能让案例在兼具典型性、多样性和可获取性的过程中，更具理论分析意义和实践探讨价值。

（1）典型性。关于个案研究的典型性、代表性问题，一直是争议不断的话题。当前，各类案例研究如火如荼展开，但质疑之声依旧萦绕不绝，认为案例研究在系统性描述、因果性推论、描述性推论等方面依旧不尽如人意，最多只能算是一个"地方性知识"，不能完整地代表全部、映衬现实①。而且，个案作为样本所代表的是一个经验层面的总体，它在统计或概率的意义上很难确保定量研究所要求的代表性②，在议题、应用和范式等方面往往容易面临诸多问题和挑战③。尽管如此，还是有更多学者逐渐认识到，个案研究自身的短板弱项并不能就此说明其"代表性无涉"，所有的个案研究也并不都是以代表性、推广性为目标。以定量研究的标准和口径来衡量、评判个案研究，本身就失之偏颇。而且，普遍性寓于特殊性之中，共性寓于个性之中，个案"小切口"折射大问题，总是某个层次共性或普遍性现象的载体④。事实上，个案研究集中一点发力，既便于对新事物、新现象获得最初的宏观性认识，也能为理解某一类型现象提供一般性的解释性框架，还能通过多案例深挖比较，映射事物现象的整体性状况和一般性规律⑤。

　　基于上述逻辑，本章在案例选择时，将优先考虑精准扶贫解决贫困户就业、教育、社保、医疗、住房、社会治安等切实问题的相关案例。当然，本章选取的案例，并不期待其具有全盘典型性、代表性，也不认为其只能"就个案而个案"。而是旨在"走进个案"之后"拓展个案""延伸个案"，将个案调查置于区域研究之中，并"上升"为分类研究，将其视为精准扶贫提升贫困户获得感的若干类型，使其在类型学上具有代表性⑥，从而获得特定类型精准扶贫提升贫困户获得感的"片面的深刻"认识⑦。

　　（2）多样性。精准扶贫可以在生活收入、安全保障、扶贫机制、扶贫项

---

　　① 　王铭铭．社会人类学与中国研究［M］．广西：广西师范大学出版社，2005：36．

　　② 　王宁．代表性还是典型性？——个案的属性与个案研究方法的逻辑基础［J］．社会学研究，2002（5）：123－125．

　　③ 　于文轩．中国公共行政学案例研究：问题与挑战［J］．中国行政管理，2020（6）：105－112．

　　④ 　刘晓峰．荃镇干部：行动逻辑与规制之道［M］．北京：中国社会科学出版社，2019：24－26．

　　⑤ 　风笑天．个案的力量：论个案研究的方法论意义及其应用［J］．社会科学，2022（5）：140－149．

　　⑥ 　贺雪峰．乡村治理的社会基础［M］．北京：生活·读书·新知三联书店，2020：337．

　　⑦ 　吴毅．何以个案为何叙述——对经典农村研究方法质疑的反思［J］．探索与争鸣，2007，210（4）：22－25．

目等层面提升贫困户获得感。进一步来看，贫困户生活收入获得感提升涉及个人收入、"两不愁三保障"等环节；贫困户民生获得感提升涉及义务教育、医疗和就业保障等环节；贫困户扶贫机制满意度提升涉及精准识别、精准帮扶、精准管理、精准考核等环节；贫困户扶贫项目获得感提升涉及移民搬迁工程、教育扶贫工程、扶贫培训工程、产业扶贫工程、基础设施扶贫工程、卫生健康扶贫工程等环节。因此，精准扶贫提升贫困户获得感层面、环节的多样性，决定了必须选取尽可能丰富多样的典型案例，才能更为系统、全面地探究需求满足基础上的精准扶贫政策绩效与贫困户获得感之间的关系。

鉴于此，本章在案例选择时，将优先考虑精准扶贫解决贫困户就业、教育、和社会治安等与实际生活息息相关的典型案例，重点关注精准扶贫如何有效提升贫困户的经济获得感、民生获得感、政治获得感和公平获得感，以期通过多维度、多层次、多样性的典型案例，深刻厘清精准扶贫提升贫困户获得感的思路、举措、经验等。

（3）可获取性。本章在案例选取和分析过程中，将结合学者研究成果、新闻报道、政府文件、调研材料、地方日志、实地访谈等多方位、多层次渠道，广泛收集相关案例数据材料，在确保案例材料全面、丰富的基础上，系统梳理精准扶贫提升贫困户获得感的思维思路、做法举措、体制机制等。并结合案例总结和比较，进一步提炼精准扶贫提升贫困户获得感的经历经验，以期为精准扶贫和后扶贫时代提升农村贫困户获得感提出政策启发和对策思考。

7.2　典型案例分析

本章选取了4个基于需求满足提升贫困户获得感典型案例进行剖析。这些案例都是近年来得到各方面认可或在全国知名的案例（如表7-1所示）。

表7-1　　　　　　　需求满足提升贫困户获得感典型案例选取

案例	典型案例	选取原因
案例1	贵州省店子村产业扶贫提高贫困户收入	增强贫困户经济获得感
案例2	宁夏盐池县教育扶贫解决贫困户子女教育	增强贫困户民生获得感
案例3	河南宜阳县人社局就业扶贫显成效	增强贫困户民生获得感

续表

案例	典型案例	选取原因
案例 4	宁夏龙王坝村注重贫困户参与农村发展规划	增强贫困户政治获得感
案例 5	广西龙州县遵循"三公"原则注重精准识别	增强贫困户公平获得感

7.2.1　贵州省店子村产业扶贫提高贫困户收入①

7.2.1.1　缘起

贵州省店子村位于大方县中部，地貌以丘陵为主，距离县、乡距离分别为 19 公里和 2 公里。截至 2016 年底，店子村占地面积共计 8.28 平方公里，其中耕地面积 1737 亩，园地面积 560 亩，林地面积 624 亩，下辖高原、湾子和店子等 8 个村小组，全村共计 1084 户 3023 人，其中建档立卡户 145 个 294 人（低保户 80 人，低保贫困户 31 人，脱贫户 18 人，一般贫困户 11 人，五保户 5 人），导致当地贫困户长期陷入贫困的主要原因包括缺少劳动力、因病致贫和因学致贫三种类型，各自占比 63%、27%、10% 左右。从经济结构来看，店子村农户农业发展经济以种植玉米、马铃薯等农作物为主，非农业发展经济只有为数不多的几家小型餐饮及零售店，农业、非农业经济发展总体孱弱滞后的现实，造就了当地经济发展结构单一、传统农业生产比较利益过低的不利局面。以 2016 年获得的调研数据为例，店子村全村人均年收入为 8956 元，虽略高于大方县和贵州省农村居民平均收入水平，但依旧低于全国农村居民平均收入水平。

党的十八大以来，精准扶贫有序推进为店子村脱贫致富赋予了新动能。以 2015～2016 年店子村精准扶贫涉及的项目为例，两年来当地扶贫项目涉及道路建设、农田水利、饮水安全、居住改善、发展生产、易地搬迁、宽带入户等多个方面，诸多精准扶贫项目输血、造血功能并行，尤其是基础设施建设和产业发展两大项目，不仅盘活了当地劳动力，而且助推了城乡融合，助力了乡村繁荣，促进了当地农业强、农村美和农民富。

---

① 部分参考杜鑫等．精准扶贫精准脱贫百村调研．店子村卷：乌蒙山区贫困村的企业扶贫案例［M］．北京：社会科学文献出版社，2020.

7.2.1.2　实施过程及特点

首先是基础设施夯实完善，为店子村产业致富奠定了基础。2015 年之前，店子村以丘陵、山地为主，平均海拔 1600 米，未通组公路较长，路面年久失修，泥泞凹凸不平，下雨天就容易变得又湿又滑，通行极为不便，给广大村民的生活带来了很多不便，一度成为当地村民经济发展和脱贫致富的"中阻梗"和"拦路虎"。"要想富，先修路"，2015～2016 年，在国家精准扶贫利好政策的大力支持下，店子村村两委和党员率先带头，广泛动员群众参与修路，总计利用财政专项扶贫资金 180 万元，硬化村内道路 4.8 公里，受益农户达 320 户，极大缓解了乡村交通不便的局面。此外，在党建统筹引领、群众广泛参与的进程中，店子村还陆续开展了小型水利工程、宽带入户等基础设施建设，使得村民的生产生活水平得到了较为显著的改善，店子村基础设施的持续夯实完善，也为产业扶贫提高村民（贫困户）收入奠定了前提基础。

其次是发展产业。为实现产业精准扶贫，在大方县政府的引导助推下，店子村积极采取"政府引导＋专业合作社＋公司＋基地农户（贫困户）"的运行模式，组建专业合作社，由县农投公司申请基金投入流转土地、采购苗木、管护、采收等环节。2015～2016 年，店子村共计投资 511 万元（财政专项扶贫资金 211 万元，群众自筹资金 300 万元），发展培育了 3 个农民合作社，使得全村受益户数达 160 户。成立农民合作社之后，店子村在村两委的示范带头下进一步开拓创新，通过流转农民土地形成规模化经营，改变原来以玉米、土豆等传统粮食作物为主的种植，改以花卉、蔬菜、水果为主要种植品种，经济效益大大提高。在此过程中，贫困户将土地流转入合作社后，一方面可以获得每年每亩 800 元的土地流转租金，另一方面又可以受雇于合作社，获得务工收入，同时还可以获得合作社经营分红收入[1]，尽可能地保障了贫困户的利益最大化。

除了大力发展种植业脱贫致富，店子村还充分发挥彝族文化、生态文化优势，抓住美丽乡村、民族团结示范村、民族特色旅游村建设的机遇，持续建立

---

[1]　在收益分成方面，公司、合作社、一般农民按照 6∶2∶2 的比例进行分红，对贫困户则采用 2∶1∶7 的比例分红。

健全"建美丽村、吃旅游饭、脱贫困帽"的脱贫致富之路，先后打造了火封丫彝族村寨、千亩蔬菜瓜果采摘基地、蒙古族风情园等旅游景点，进一步为当地村民（贫困户）生活提质升级赋予了新动能。

7.2.1.3　治理成效与经济获得感

在产业扶贫的持续赋能加持下，2016 年店子村 64 名贫困户顺利脱贫，其中发展生产脱贫人口最多，达到 34 人。总的来看，依托于精准扶贫的利好政策，在政府和社会各界的帮扶下，店子村村民脱贫致富的信心和勇气相继被激活。而且，店子村进一步引导贫困人口利用自身能力和条件，通过发展生产、转移就业增加收入，提高生活水平，增强了贫困户脱贫的可持续性，也有效避免了脱贫后返贫现象的再发生。总之，在精准扶贫之产业扶贫的持续赋能下，贫困户的收入稳步提升，经济获得感显著增强。

7.2.2　宁夏盐池县教育扶贫解决贫困户子女教育①

7.2.2.1　缘起

"十三五"时期是全面建成小康社会、实现第一个百年奋斗目标的决胜阶段，也是打赢脱贫攻坚战的决胜阶段。2016 年以来，宁夏回族自治区党委和政府高度重视习近平总书记号召，将教育脱贫工作作为重中之重，并于 2017 年出台了《宁夏教育精准扶贫"十三五"行动方案》，形成了横向上"全口径"、纵向上"全方位"、横纵交互协同的教育精准扶贫工作格局。

盐池县位于宁夏东部，生态脆弱，自然灾害频发，当地百姓生活艰辛，教育意识淡薄，乡村教师有效供给严重不足，学校教学设备简陋，学生受教育机会受到软件、硬件方面的诸多限制。自宁夏将教育扶贫作为全区工作重心以来，盐池县结合当地教学资源现状，大力推进各类教育均衡、协调、科学发展。瞄准本县教育的短板和弱项，因地制宜、因校制宜，上下协同、持续发力，旨在提高贫困地区教育发展水平，提高贫困人口文化素质，进而阻断贫困的代际传递。

---

　　①　部分参考张丽君等. 中国少数民族地区精准扶贫案例集 2019 ［M］. 北京：中国经济出版社，2020：25 - 81.

7.2.2.2　实施过程及特点

作为宁夏9个贫困县首个脱贫摘帽的县区，盐池县教育扶贫具体做法和经验在脱贫攻坚中起到了至关重要的作用，已形成了横向到底、纵向到边的教育扶贫体系，具有鲜明的地方性特色，也体现了教育扶贫的通约性经验。

具体来看，一是建立了从幼儿园到高中的全程教育体系。（1）重视学前教育。积极开展学前教育两年资助、"一免一补"资助等活动，为贫困户家庭子女上学提供了基本的补贴资助。（2）普及义务教育。积极落实"三免一补"政策、营养改善计划、补助交通费、控辍保学等政策，以充分保障当地公民享有义务教育的基本权利。（3）发展职业教育。多措并举，推进并落实免费教育、国家助学金、职业教育扶贫与当地产业扶贫相结合等举措，有针对性地帮扶贫困人口掌握谋生技能，从根本上实现脱贫致富。（4）资助高等教育。坚持推进并落实"一免一补"政策、生源地信用助学贷款、国家助学金、社会资助等高等教育资助政策，以鼓励贫困家庭的孩子坚持学业。

二是构建学生资助体系与关爱体系。（1）在学生支持帮扶体系方面，盐池县多方发力，打造了从学前、初中、高中、大学教育的贫困家庭子女"四位一体"的支持帮扶机制，力争以完善的资助体系保障学生不因贫失学。（2）在学生关爱体系方面，盐池县建立了家庭经济困难学生"一对一"师生关爱体系，健全了学校教师与农村留守儿童关爱服务网络，为每一名贫困家庭学生和农村留守儿童确定一名帮扶教师，指导和照顾其学习与生活，加强留守儿童心理健康教育和亲情关爱，对其精神方面给予帮扶。

三是完善学校基础设施建设。2018年，盐池县"改薄项目"共投入45.47亿元，改造项目学校1496所。此外，在学校建设补助方面，盐池县政府按照县城公办幼儿园每生每年150元、民办每生每年200元、派驻管理团队每生每年300元、农村幼儿园及学前班每生每年500元标准安排生均公用经费，对公办幼儿园给予生均100元采暖费补助；按照每生每年6000元的标准，核拨民办特殊教育中心生均公用经费。

四是建设高素质教师队伍。（1）建立城乡帮扶体系，"一对一"解决教育难题，促进城乡优秀教育资源动态流动，帮扶乡村提升教学质量。（2）联合区内外公益组织，借力发展"音体美信"素质教育，丰富学生的艺术课堂和业余生活，加强家校互动，活跃当地社区的文化氛围。（3）成立名师工作室，发挥名师辐射作用，进一步扩大和优化农村教师队伍。（4）创建"互联网＋教育"示范县，实现优质师资共享，充分利用现代先进信息技术，以点带面弥补贫困地区教师短缺、教学质量不高等短板和弱项。

7.2.2.3　治理成效与民生获得感

盐池县始终坚持教育优先发展战略不动摇，大力推进各类教育均衡发展。2004 年，在宁南山区率先实现了"两基"目标；2008 年，全县"两基"工作高标准通过国家教育督导团检查验收；2009 年，创建教育强县工作高标准通过自治区人民政府的评估验收，在宁南山区率先实现了教育强县目标；2010年，基本普及高中阶段教育工作顺利通过自治区人民政府考核验收；2011 ～ 2013 年，承担国家学前教育体制机制改革试点工作取得了显著成效，试点经验在全国全区推广；2016 年，推进义务教育均衡发展工作高标准，通过了国家教育督导委员会的考核认定。

依托于当地衔接紧密、全面系统的教育扶贫体系，盐池县教育发展整体水平得到显著提升。（1）教育体系不断完善，实现了全面发展。为幼儿提供了高质量的教育，缓解了学前教育师资短缺问题，确保了适龄儿童少年都能够接受完整的义务教育，帮助众多贫困家庭减轻了教育负担，切实增强了贫困户脱贫致富能力。（2）教师队伍获得补充，缓解了师资不足的难题，为解决新时代背景下乡村教师短缺问题提供了新思路、新路径，提高了贫困地区教学点教学质量。（3）素质教育有序开展，带动了乡村文明发展。开拓了贫困家庭子女的知识视野，提升了贫困家庭做子女独立思考、亲自实践的能力，进一步为贫困家庭子女提供了全面发展的机会和平台，有力提升了贫困家庭子女教育获得感和满意度。

7.2.3　河南宜阳县人社局适势就业扶贫显成效 ①

7.2.3.1　缘起

宜阳县位于河南省西部，于 2012 年被确定为全国 592 个国家扶贫开发重

---

①　部分参考宜阳县贫困县退出考核第三方评估报告，以及新闻报道"技能培训＋就业扶持"铺就"富美宜阳"幸福底色［EB/OL］. https：//m. thepaper. cn/baijiahao_11723576，2021 – 03 – 15.

点县之一，地貌特征为"三山六陵一分川，南山北岭中为滩，洛河东西全境穿"。截至 2018 年底，全县共有建档立卡贫困人口 18779 户、69788 人（不含稳定脱贫 2818 户、10780 人），其中，已脱贫 16363 户 62635 人。还有 4 个贫困村、2415 户 7154 人未脱贫。经第三方评估，综合贫困发生率降至 1.18%，符合贫困县退出综合贫困发生率低于 2% 的标准，群众认可度均符合贫困县退出高于 90% 的标准，建档立卡贫困村退出率高于贫困县退出 90% 以上的标准；2018 年农村居民人均可支配收入增幅高于全省平均水平；教育、文化、卫生医疗等基本公共服务主要领域指标均高于全省平均水平，达到贫困县退出标准，并于 2019 年 5 月 9 日的河南省政府新闻发布会上宣告，宜阳县成功脱贫摘帽，正式退出贫困县行列。

就业扶贫是决定农民增收、决定脱贫攻坚收官之战的关键指标和重要推力。就业是民生之本、财富之源，一头连着百姓饭碗，一头连着经济社会发展。如何解提升贫困户的收入水平，增加公共服务供给，提升贫困居民的获得感，始终是宜阳县就业扶贫的难题。针对过去就业帮扶措施存在不精准的问题，结合产业发展需求，需要完善就业帮扶政策，提高贫困户就业培训的参与积极性和实效性。为此，一直以来宜阳县聚焦留守妇女及老弱病残等特殊群体，大力发展来料加工业，全面推进"就业创业基地"建设，让贫困户和弱劳力可以在家门口就近就业，实现群众增收、村集体增益、企业增效、产业增强"一举四得"。

根据市场需求和贫困户能力制定不同的就业技能培训项目，保障培训后能就业，同时培训贫困户能学懂、愿意学、乐于学的内容，开展理论培训与实际操作相结合、技能培训与创业培训相结合、专业老师授课与专家、能人实地讲解相结合等多种方式。广泛搜集就业需求信息，搭建就业、创业平台，提高政府组织的外出务工比例。因地因村制宜，根据村级地理位置、产业优势等分门别类提供技能培训，提升培训知识的含金量，增强培训针对性，实现"服务到村、培训到户、精准到人"。

7.2.3.2 实施过程及特点

作为河南 2019 年 33 个贫困县脱贫摘帽的县区，宜阳县就业扶贫具体做法和经验在脱贫攻坚中起到了至关重要的作用，具有鲜明的地方性特色，也体现了就业扶贫的成功经验。

一是探索模式，精心筑巢。紧紧把握"宜建则建""宜改则改"的原则，采取"村建、企用、乡管、县补"模式建设就业创业基地，因村制宜、灵活创建。（1）"从无到有"新建模式。针对无集体资产、无法提供生产厂房的村，经村申报、乡审核、县审批后，可在村集体土地上"先建后补"。（2）"盘活资产"改建模式。鼓励乡镇或村集体利用闲置校舍、厂房等集体资产，按需改建，同样享受"先建后补"。截至 2019 年，已建成投入运营就业创业基地 106 个。

二是出台政策，引凤来栖。宜阳县先后研究出台了《关于产业扶贫"以奖代补"的实施意见》《来料加工产业实施方案》等一系列政策措施，对带贫企业凡满足带贫条件的连续 5 年给予厂房租赁补贴和免费技能培训；对新进贫困群众凡完成任务的发放 3 个月每月 900 元保底工资；对工作成绩突出的贫困群众委托义乌企业进行免费管理技能培训；对经纪人满足吸纳贫困户要求的发放 3 个月每月 1000 元的培养补贴。

三是加强沟通，主动作为。在义乌市设立了来料加工产业驻义乌联络处，挑选精兵强将驻守产业重地，由招商局、扶贫办会同联络处，以轻工业加工为主，积极拜访企业，引进项目。两年多时间，先后拜访手套协会、仿真花协会、打底裤协会等商协会 43 家、企业 431 家，收集投资线索 200 余个，筛选有意向企业近 80 家。同时，积极与义乌来料加工产业主管部门沟通对接，与义乌民政行业管理科建立了合作关系，通过行业主管部门与各企业商会建立了互通机制。

四是强化保障，助力脱贫。企业入驻后，通过工业经济例会、现场观摩会、银企对接会、用工招聘会等形式，组织县直委局及金融部门现场办公，协调和解决项目建设或运行中存在的手续办理、物流运输、融资需求、人员招聘等问题，确保政策落到实处、企业得到实惠、群众增长收入。截至 2019 年，全县共引进至尚工业园、祐固服饰等来料加工企业 50 余家（其中引进义乌企业 20 余家），投资总额 11.84 亿元，实现总加工费 9885 万元，带动就业人口达 1 万余人，其中贫困人口 3875 人，脱贫成效显著。

近年来，在巩固拓展脱贫攻坚阶段，宜阳县继续通过精准帮扶贫困农村劳动力转移就业，带动贫困家庭持续增收；多渠道加大岗位开发和技能培训力度；创新帮扶模式，帮助贫困劳动力就近就地安置就业；突出抓好重点群体的就业工作等，政策发力多管齐下。

7.2.3.3 治理成效与民生获得感

强化就业扶贫，为群众带去切切实实的获得感。一人就业，全家脱贫，增加就业是最直接最有效的脱贫方式，也是阻断贫困代际传递的举措。就业稳，收入增，消除零就业家庭，脱贫才有底气，经济才能稳定。

回望"十三五"，宜阳县人社工作凯歌高奏，硕果累累。该县获得国家结合新型城镇化开展支持农民工等人员返乡创业试点县、河南省返乡创业示范县等荣誉，县人社局获得河南省农民工返乡创业工作先进单位、河南省创业孵化示范基地等多项荣誉，局属永晖创业孵化园、局属技工学校分别被评为国家级众创空间、河南省职业教育特色院校，"宜阳红"月嫂、"首都地勤"等宜阳劳务品牌集群涌现。

"技能培训+就业扶持"，铺就了"富美宜阳"幸福底色。2020年，宜阳县人口70余万，农村富余劳动力20余万，全县农村劳动力转移就业16.8万人，实现劳务收入4.258亿元，占全县 GDP 315亿元的1.35%。众多农村劳动力尤其是贫困户通过提升技能、转移就业实现脱贫致富。截至2020年3月5日，宜阳县人社局先后组织了56期免费足疗培训班开班。宜阳县坚持把就业扶贫作为长效脱贫的有力抓手，推出"培训+就业+脱贫"模式，坚持"树品牌、建基地"发展思路，重点打造"宜阳红"月嫂、"宜阳足疗"、"宜阳电商"、"宜阳艾灸师"、"宜阳地勤"等劳务品牌，实现了服务模式创新，打造了就业帮扶全链条。

2023年，宜阳县全面落实河南省"人人持证、技能河南"战略，将脱贫人口劳动力技能培训作为重要民生工程，立足地方特色产业与传统资源优势，积极开展多个类型的就业技能培训，壮大农村技能人才队伍，引领带动更多群众实现稳定就业、持续增收。通过就业带动贫困人口收入增加，大大增强了贫困居民的民生获得感和满意度，切实提高了脱贫群众的职业素养和技能水平，增强勤劳致富的积极性和主动性。

宜阳的就业扶贫的成功实践，通过技能培训、产业扶持、政策激励和品牌建设等措施，有效地促进了包括贫困户在内的当地居民的就业和收入增长，不仅为脱贫攻坚发挥了重要成效，而且也为乡村振兴提供了有力支撑。

7.2.4　宁夏龙王坝村注重贫困户参与农村发展规划①

7.2.4.1　缘起

龙王坝村位于宁夏西吉县，距县城 10 千米，土地总面积 1.2 万亩，耕地面积 5700 亩，下辖 8 个村民小组 404 户 1678 人，其中建档立卡贫困户 208 户 849 人，是县级重点贫困村，也是国家级乡村旅游扶贫村试点村。

龙王坝村拥有深厚的历史文化，拥有战国秦长城国家级文物保护单位 1 处、将台堡红军长征纪念园国家级文物保护单位 1 处、硝河古城址等区级文物保护单位 8 处、县级文物保护单位 13 处、文物保护点 354 个，有西夏铜头盔、凤凰玉琮等馆藏文物 2014 件，馆藏古钱币 4124 件（20 余万枚）。2014 年以来，在被确定为"全国最美休闲村庄"之后，依托精准扶贫利好政策，龙王坝村成立了数个产业合作社，并充分利用当地丰富、特色、秀丽的自然景观，积极发展休闲农业，拓展乡村旅游业。在旅游扶贫进程中，龙王坝村以增加贫困户收入为核心，以整体脱贫为目标开展乡村旅游扶贫，凸显了积极动员贫困户参与农村发展规划的显著特征。

7.2.4.2　实施过程及特点

首先，龙王坝村积极发展"农户土地 + 政府补助 + 合作社兜底"PPP 帮扶模式，为贫困户参与家乡发展规划提供政策引领。旅游扶贫项目正式确立以来，龙王坝村先后动员本村农户投入 2.8 万元、合作社投资 6.2 万元建设日光温棚（用以种植各类瓜果蔬菜），每座大棚按 2500 元/年标准出租，采取"保底 + 分红"方式，保障农户保底收入 800 元/亩/年，以激励每位农户参与到本村发展规划中。除此之外，龙王坝村还通过金融扶贫为贫困农户提供资金支持，在带动贫困户脱贫致富的同时，也相应引导贫困户从幕后走上舞台，变被动为主动，参与本村经济发展规划。调研统计发现，截至 2017 年，国家、社

---

①　部分参考张丽君等. 中国少数民族地区精准扶贫案例集 2019［M］. 北京：中国经济出版社，2020：424 – 473.

会各类组织机构累计向龙王坝村 83 户建档立卡贫困户发放贷款 315.5 万元。多数贫困户依托扶贫贷款脱贫致富后，对生活的态度信心大增，在勤奋发家致富的同时，还主动"反哺"乡村，为本村其他农户增收提供就业机会，为乡村发展出谋划策。

其次，龙王坝发展壮大"扶贫车间 + 建档立卡贫困户 + O2O"的电商扶贫模式，为贫困户参与乡村发展规划进一步提供平台契机。依托于上级政府的引导支持，龙王坝村建成了工会振兴乡村电商体验店，形成了"扶贫车间 + 建档立卡贫困户 + O2O"的电商扶贫模式。该模式作为一种消费扶贫和电商扶贫相结合的创新形式，为贫困户提供了就业机会的同时，也为贫困户产品销售提供了可靠的品牌和销售平台。初步统计，截至 2018 年末，龙王坝村工会助力乡村振兴电商体验店已打造形成小秋杂粮、西吉土蜂蜜和宁夏枸杞等为主的特色品牌，达成合作的扶贫合作社（企业）5 家，对接贫困户 20 余家，通过提供销售平台、就业岗位和培训技术等方式，一方面助力了贫困户脱贫增收，另一方面也为贫困户参与农村发展、助力乡村振兴提供了新机遇和新平台。

最后，龙王坝村实施多元化经营，扩大生产规模，改变了过去农户单打独斗、一家一户各自经营的局面，创新推行"农户土地 + 政府补助 + 合作社兜底"的农村 PPP 扶贫模式，极大提高了农户抵御风险和抢占市场的能力。借助金融扶贫、保险扶贫，建立乡村旅游扶贫帮扶体系，充分调动了贫困户参与旅游扶贫的积极性，让贫困农户成为旅游经营者，真正做到了当家做主。

7.2.4.3 治理成效与政治获得感

龙王坝村以旅游扶贫为重要抓手，同时在旅游扶贫中注重调动贫困户参与农村发展规划，有力地带动了当地政治、经济、文化、社会和生态等全方位发展。

一是完善乡村基础设施，提高了贫困户生活质量。旅游扶贫实施推进以来，大龙坝村先后整合了各类扶贫资金 3026 万元，改造危房 315 户、修村道 5.7 千米、架农网 3.2 千米、绿化道路 10 千米、硬化广场 1000 平方米、引水入户 195 户、建设圈舍 290 座、投放基础母牛 299 头，累计向 83 户建档立卡贫困户发放贷款 315.5 万元，带动了贫困群众创业致富。

二是带动贫困户就业增收，实现了减贫脱贫目标。龙王坝工会助力乡村振兴电商体验店、自营农家乐、餐饮业等，为贫困人口提供了更多的就业机会。而西吉县心雨林下专业合作社"造血""输血"功能并举，先后吸纳了 200 多户农户参与乡村旅游扶贫，投资入股发展乡村旅游。截至 2017 年，龙王坝乡村游景点已解决 60 多户农民的就业，每人每月工资都在 2200 元左右。2018年，龙王坝村农民年人均可支配收入达到 9600 元以上，贫困发生率降至 0.56%。

三是提高了贫困户专业技能，提升了贫困户的文化自信。龙王坝村建立了人才扶贫培训基地，先后开展了农业种植养殖、餐饮、回乡刺绣、民宿等专业技能培训，不仅帮助贫困户在经济上脱贫，而且助力贫困户在精神上脱贫。随着思想觉悟和自身能力的提升，贫困户更加积极进取，变被动贫困为主动致富，积极为乡村发展规划贡献自己的智慧和力量。

龙王坝村的实践不仅提高了贫困居民的物质生活水平，也增强了他们对国家政策的认同感和满意度，提升了他们的政治参与意识和社会责任感。

7.2.5　广西龙州县遵循"三公"原则注重精准识别①

7.2.5.1　缘起

龙州县一直是一个相对贫困的县城。早在 1986 年，龙州就被列为国家级贫困县。2012 年，龙州县又被纳入全国集中连片特困地区之一的滇桂黔石漠化片区县。改革开放以来，尤其是党的十八大精准扶贫以来，龙州县经济发展水平显著提升，贫困人口大幅下降，但"老、少、边、山、穷"的基本县情依旧没有改变，贫困分布广、贫困程度深、致贫因素复杂的农村贫困表征依旧显著，脱贫攻坚的任务艰巨而繁重。

面对艰巨的脱贫攻坚任务，龙州县以习近平总书记关于扶贫工作的重要论述为指导，紧紧抓住"十三五"脱贫攻坚重大机遇，以脱贫攻坚统领经济社会发展全局，聚焦"两不愁、三保障、一高于、一接近"和"五有四通"目

---

① 部分参考凌经球等.精准脱贫研究：基于滇桂黔石漠化片区贫困农户可持续生计策略优化的视角［M］.北京：研究出版社，2021：454 – 531.

标，坚持问题导向，以"三找"（找穷户、找穷根、找富方）和"三真"（真扶贫、扶真贫、真富民）为抓手，从大局着眼、从小事入手，实施精准扶贫"十大工程"，扎实推进脱贫摘帽的实践创新。

7.2.5.2 实施过程及特点

龙州县坚持实施精准扶贫、精准脱贫基本方略，针对扶贫主体、扶贫对象、扶贫方式出实招，狠抓扶贫过程和成效，使脱贫攻坚取得实实在在的效果。大体而言，一是在精准识别方面，龙州县严格遵循中央和地方上级政府精准识别公平、公正、公开"三公"要求，同时兼具自身特色，制定了找穷户、找穷根、找富路"三找"精准识别工作方案，并严格按照"一个绝不，两个关键，三个坚持，四个坚决，五个必须"的工作要求，扎实推进精准识别工作。（1）"一个绝不"，绝不允许弄虚作假。（2）"两个关键"，关键在入户走访评估，关键在屯级代表评议。（3）"三个坚持"，坚持入户走访原则，坚持实事求是原则，坚持民主评议原则。（4）"四个坚决"，坚决按照既定时间要求完成所有程序；坚决做到逐户评估，逐户评议；坚决做到按照程序逐步完成，不能省略跳跃、糊弄走过场；坚决做到客观、公正、公平、公开。（5）"五个必须"，必须精准、精细、精确；必须走完所有对象，走完每一个程序；必须做到区别对待；必须负责到底；必须经得起考验。

二是为了确保找出真正的"穷户"，龙州县还制定并严格实施了"贫困户精准识别的'一票否决'政策"。即有下列情形之一者①，原则上在精准识别贫困户评议中采取一票否决。以确保不落下一个"穷户"，同时也不让一个"富户"搭便车，从而进一步增强精准扶贫进程中贫困户识别的精准性、规范

---

① （1）有两层以上（含两层）砖混结构且精装修住房或两层纯木结构住房且人均居住面积在50平方米以上（含50平方米）的农户。（2）在闹市区，或集镇，或城市有住房（含自建房）、商铺、地皮等房地产的农户（移民搬迁的除外）。（3）家庭成员（包括同户父母、子女）有经营公司或其他经济实体（如饭店、宾馆、超市、农家乐、工厂、药店、诊所等）的农户。（4）现有价值在3万元以上（含3万元），且能正常使用的农用拖拉机、大型收割机、面包车、轿车、越野车、卡车、重型货车、船舶等之一的农户。（5）家庭成员有1人以上（含1人）在国家机关、事业单位工作且有正式编制（含离退休干部职工）的农户，或1人以上（含1人）在国有企业和大型民营企业工作相对稳定的农户。（6）全家外出务工3年以上，且家中长期无人回来居住的农户。（7）家庭成员具有健康劳动能力和一定生产资料，又无正当理由不愿从事劳动的，且明显有吸毒、赌博、好吃懒做等不良习性导致生活困难的农户。（8）为了成为贫困户，把户口迁入农村，但实际不在落户地生产生活的空挂户，或明显为争当贫困而进行拆户、分户的农户。

性、客观性、高效性和公平性。

7.2.5.3　治理成效与公平感

结合"三找"方案、"一个绝不，两个关键，三个坚持，四个坚决，五个必须"的工作要求、"贫困户精准识别的'一票否决'政策"，龙州县在2015 年 7 月开展的精准识别全面核实基础上，2015 年 10 月~2016 年 2 月，又根据自治区统一部署，开展了精准识别"回头看"，累计投入 2 万多人次，完成精准识别任务。不仅精准找出了 14000 多户 5 万多名贫困人口，还深入分析了各村屯、各农户的致贫因素、致贫类型，为精准帮扶奠定了扎实基础。

除此之外，龙州县还对识别出来的贫困地区和贫困人口进行建档立卡登记，连接入网，打造数据集中、规范有序、互联互通、实时共享的精准扶贫大数据管理服务平台。同时，龙州县扶贫办和各乡（镇）建立扶贫信息管理中心，组织强有力的队伍开展精准识别、脱贫认定评估、脱贫动态信息采集和信息共享等相关工作，定期或不定期进行核查和信息更新，实行"有进有出"的动态管理，促进贫困对象精准管理工作不断规范。总体来看，客观、公正、精准的精识别体制机制设计，有效防止了精准扶贫"瞄不准""政策执行不精准""精准识别不准确"等问题，贫困户对"有进有出"的贫困对象管理工作有据可循、心中有数，不公平感、被剥夺感心理显著下降，公平感显著提升。

7.3　案例比较与经验总结

7.3.1　农村贫困户的基本需求和美好生活向往

通过以上 5 个典型案例，显示精准扶贫取得积极成效，有效提升了农村贫困户获得感。本节在此基础上，对这几个案例进行对比，提炼农村贫困户的需求满足的内容及要素，并分析提出扶贫治理的有效性与农村贫困户获得感之间的关系（见表 7 - 2）。

表7-2 基于需求满足的精准扶贫提升贫困户获得感的案例比较

编号	需求满足	实施方式	基本经验
案例1	经济获得感	顶层政策倾斜；党政统筹引领；社会参与助力；村委带头动员；集体协同发力	①科学统筹规划，精准落地实施；②重视多主体协同合作，充分利用多方资源；③创新扶贫帮扶机制，注重贫困户自我发展提升；④对标建立健全相应体制机制，激励贫困户参与精准扶贫进程，提升贫困户获得感和满意度
案例2	民生获得感	建立学生资助体系与关爱体系；健全学生资助与关爱体系；完善学校基础设施建设；建设高素质教师队伍	
案例3	民生获得感	探索模式，精心筑巢；出台政策，引凤来栖；加强沟通，主动作为；强化保障，助力脱贫	
案例4	政治获得感	发展PPP帮扶模式，为贫困户参与家乡发展规划提供政策引领；发展壮大电商扶贫模式，为贫困户参与乡村发展提供平台契机；实施多元化经营，扩大生产规模，调动贫困户参与旅游扶贫的积极性	
案例5	公平获得感	"三找"方案；"一个绝不，两个关键，三个坚持，四个坚决，五个必须"的工作要求；"贫困户精准识别的'一票否决'政策"	

　　首先，结合案例选取原则和精准扶贫提升贫困户获得感的典型案例分析，可以发现，农村贫困户作为乡村场域的"弱势群体"，他们在物质、精神、文化、政治等多个层面都处于相对弱势地位，相关美好事物在他们生产生活中的长期缺场、不足或短板，使其产生相应的需求。大体而言，从生活收入层面来看，贫困户的基本需求包括经济收入、"两不愁三保障"等；从安全保障层面来看，贫困户的基本需求涉及义务教育、基本医疗、住房、养老、就业等安全保障；从具体项目层面来看，贫困户的基本需求涵盖移民搬迁、教育、培训、产业、基础设施、卫生健康等多个方面。基于上述列举式的方式对农村贫困户的基本需求进行梳理，可以发现贫困户的基本需求层次丰富，内容纷繁复杂，囊括政治、经济、文化、社会、生态等多个领域、多个层次、多个环节。由此，贫困户基本需求的丰富性，决定了精准扶贫工作本身的复杂性，也决定了以精准扶贫改善贫困户生活质量，满足其相应需求，必然是一个循序渐进的过程，也是一项牵一发而动全身的全局性、系统性工程。

　　其次，对比上述5个精准扶贫提升贫困户获得感的典型案例，直观来看，贵州省店子村实践、宁夏盐池县实践、河南宜阳县实践、宁夏龙王坝村实践、广西龙州县实践分别满足了贫困户提高收入、接受教育、就业帮扶、参与村政、平等公平对待的基本诉求，进而提升了贫困户满意度和获得感，增强了精准扶贫效能。而进一步分析提炼发现，贵州省店子村实践提高贫困户收入，本质上是提升了贫困户的经济获得感，使其在经济方面的满意度相应增强；宁夏盐池县实践保障贫困户子女接受教育权利，实际上是提升了贫困户的民生获得感，使其在教育民生方面的满意度相应增强；河南宜阳县促进多样化就业扶贫实践，切实提升贫困居民的就业技能和致富能力，增强其民生获得感；宁夏龙王坝村实践鼓励贫困户参与村政，实质上是提升了贫困户的政治获得感，使其在参政议政方面的意愿相应增强；广西龙州县实践确保贫困户"进出"评估过程中受到平等公平对待，很大程度上是提升了贫困户的公平获得感，使其在心理和精神层面的满意度相应增强。此外，辩证看待精准扶贫提升贫困户的上述四种获得感，其中，经济获得感、民生获得感、政治获得感直接影响贫困户对精准扶贫政策（举措）的满意度，进而影响贫困户政府信任。而公平感既可以直接影响贫困户对精准扶贫政策（举措）的满意度，也是影响贫困户对精准扶贫政策（举措）满意度的中介变量（因素）。

最后，综合上述 5 个精准扶贫提升贫困户获得感的典型案例来看，贫困户的基本需求不仅具有多样性、复杂性，而且其基本需求满足后的获得感，也大致遵循马斯洛"需求层次理论"的一般性规律，即贫困户的基本需求及其对应的满意度，大体从经济、民生、公平到政治，依次循环上升，当贫困户基本需求得到满足并取得相应满意度时，将逐步衍生并追求更高层次的需求，向往更为美好、更加满意、更高层次的生活。

7.3.2　基于需求满足的扶贫治理提升贫困户获得感的方式

从 5 个典型案例来看，精准扶贫提升贫困户获得感的大体形式是结合顶层设计、区域总体情况、当地现实基础、贫困户当前需要，进而促进贫困户的基本需求得到满足，以提升其相应获得感。具体到上述 5 个典型案例，贵州省店子村先后结合顶层政策倾斜、党政统筹引领、社会参与助力、村委带头动员、多元协同发力等形式，促进当地产业扶贫发展，进而使得贫困户的经济收入获得提升，提升了贫困户的经济获得感；宁县盐池县陆续通过建立学生资助体系与关爱体系、健全学生资助体系与关爱体系、完善学校基础设施建设、建设高素质教师队伍等形式，促进当地扶贫教育提质升级，进而使得贫困户子女接受教育的权利和机会得到保障，提升了贫困户的民生获得感；河南宜阳县积极创新就业扶贫服务模式，通过精准帮扶贫困农村劳动力转移就业，带动贫困家庭持续增收，多渠道加大岗位开发和技能培训力度，创新帮扶模式，帮助贫困劳动力就近就地安置就业，突出抓好重点群体的就业工作等，政策发力多管齐下，提升了贫困居民的民生获得感；宁夏龙王坝村则通过积极发展 PPP 帮扶模式，为贫困户参与家乡发展规划提供政策引领、发展壮大电商扶贫模式，为贫困户参与乡村发展规划进一步提供平台契机、实施多元化经营，扩大生产规模，调动贫困户参与旅游扶贫积极性等举措，在改善贫困户物质基础和精神状态的基础上，引导助推贫困户参与乡村发展规划，提升了贫困户政治获得感；广西龙州县在建立健全"三找"方案、"一个绝不，两个关键，三个坚持，四个坚决，五个必须"工作要求、"贫困户精准识别的'一票否决'政策"的基础上，确保贫困户"进出"评估过程中受到平等公平对待，从而满足了贫困户心理和精神层面的公平需求，提升了贫困户的公平感。四个典型案例虽各有侧重，但都针对贫困户不同类别、差异层次的基本需求，因地制宜，结合当地实际情况提供与之匹配的行为方式，为提升贫困户获得感提供了政策支撑和举措保障。

进一步归纳提炼 5 个典型案例，虽然区域总体情况、当地现实基础、贫困户当前需要的差异，造就了精准扶贫提升贫困户获得感具体方式的不同，但其总体思路形式也有共通之处。一是在宏观层面，紧密结合国家大政方针，在熟悉、吃透国家精准扶贫相关政策文件的基础上，明确国家精准扶贫的初衷和重心，遵循国家顶层设计，紧随国家大政方针不动摇。二是在中观层面，在遵循国家"规定动作"的基础上，相机"自选动作"，结合自身情况做好承上启下的中观布局，进一步建立健全基于需求满足的精准扶贫提升贫困户获得感的体制机制，备齐相应的人、财、物资源，统筹动员各方力量，推进政策落地。三是在微观层面，在领悟中央和地方上级政府施政意图的基础上，进一步做好微观设计和细致安排，发挥基层党政统筹力量，动员社会各界主体和乡村各类力量，并大力激活贫困户脱贫致富和公共事务参与的积极性和主动性，多位一体，协同发力，综合提升贫困户在精准扶贫进程中的满意度和获得感。

总之，依托精准扶贫精准脱贫的好政策，各地提升贫困户满意度和获得感的方式丰富多样，但关键是在宏观层面吃透并遵循顶层设计，在中观层面做好承上启下衔接，在微观层面做好具体落实。

7.3.3　基于需求满足的扶贫治理增强贫困户获得感的经验

一是科学统筹规划，精准落地实施。在深刻领会中央大政方针的基础上，严格遵循顶层设计不动摇，而后结合顶层设计、区域总体情况、当地现实基础、贫困户当前需要，科学统筹，合理规划，从宏观层面做好精准扶贫战略发展规划，通过"精准识别、精准帮扶、精准管理"的原则对贫困户进行准确识别，实施差异化帮扶，并对精准扶贫各个环节和各个要素进行精准化管理，建立基于需求满足的扶贫治理增强贫困户获得感的分工机制、管理制度以及多元主体协调机制，确保精准扶贫相关政策方案有序推进，精准实施。

二是重视多主体协同合作，充分利用多方资源。在客观评估区域和地方自身优势的同时，因地制宜，选取能发挥自身优势的扶贫项目、途径和方式，大力推进精准扶贫相关工作。与此同时，在精准扶贫进程中重视党委、政府、社会、公众、贫困户等多元主体的协同合作，积极寻求多方支持，动员多方力量，获取多方资源，发挥多方优势，在提高精准扶贫项目的知名度和公信力的同时，进一步减轻精准扶贫工作运行实施的成本和障碍。

三是创新扶贫帮扶机制，注重贫困户自我发展提升。在精准扶贫项目的具体实施过程中，应避免方式内容的千篇一律，积极创新精准扶贫帮扶机制。此外，在寻求多方支持、动员多元力量的同时，应建立健全激活多方活力的体制机制，充分调动贫困户的内在脱贫意识和外在行动自觉，从"要我脱贫"到"我要脱贫"，再到"我能脱贫"，在内源性脱贫进程中自我造血，提升自我技能，促进自我发展，进而在物质和精神层面取得长足进步。

四是对标建立健全相应体制机制，激励贫困户参与精准扶贫进程，提升贫困户获得感和满意度。在注重贫困户发展提升，改善贫困户物质、精神状态的基础上，进一步对标贫困户更高层次的需求，引导助推贫困户参与到精准扶贫相关环节和相关工作中去，激活贫困户参与脱贫项目以及自主脱贫的主动性和积极性，增强自主"造血"能力，逐步将"输血"式的扶贫模式向贫困户参与式的扶贫模式转变，进而在参与式扶贫中逐步向贫困户增能、赋权，凸显并发挥贫困户的主体地位，使其相关需求和偏好得到充分表达和重视，在经济、民生、政治、公平等需求逐步得到满足的进程中，持续提升精准扶贫政策获得感和满意度。

第8章

提升农村居民获得感的
基本路径与对策建议

　　根据第 5 章和第 6 章的研究发现，以及第 7 章的案例研究启发，本章从精准扶贫视角和乡村振兴视角分别提出增强农村居民获得感的基本路径和对策建议。

　　改革开放以来，我国持续实施农村扶贫开发，于 2013 年提出的"精准扶贫"政策使我国农村扶贫开发进入了新阶段，是农村扶贫减贫实践"集大成者"，成功解决了我国区域性整体贫困，消除了千百年来的绝对贫困现象。而"获得感"的概念一经提出，便成为检验我国发展成就和改革效果的"试金石"。因此，以农村贫困户获得感来检验我国精准扶贫政策绩效，是一种新的视角，相比于以往基于收入提升等单维、客观指标，获得感基于综合多维考量，同时也更加注重精准扶贫政策客体——农村贫困户的主观感受和满意程度。本书通过构建感知获得的多维度评价指标体系，掌握农村贫困户对生活收入、安全保障、扶贫机制和扶贫项目各方面的满意情况以及他们的感知获得、需求满足情况，并相应构建农村贫困户经济获得感、民生获得感、政治获得感的贫困户获得感综合指数，利用结构方程模型论证了感知获得对获得感的影响及其机制，探讨了贫困户期望与公平感的中介效应，研究了农村贫困户获得感对政府信任的效应。基于此，本书提出了精准扶贫视角下提升农村贫困户获得感的对策，并为乡村振兴和共同富裕背景下进一步治理农村相对贫困、提升农村居民获得感提供经验和有益参考。本章内容是本书的研究的目的和归宿，即提出精准扶贫视角下农村贫困户获得感提升对策以及乡村振兴和共同富裕背景下农村居民获得感提升路径。

8.1 精准扶贫视角下提升农村贫困户获得感的对策建议

8.1.1 弥补农村贫困户感知获得短板

根据上文，通过贫困户获得感重要性—获得感矩阵分析，发现了精准扶贫绩效的优势和劣势，落在亟待改进区的因素表示其具有较高的重要性，但同时在获得感方面较低，相应的改进策略是需高度重视，这为当前巩固拓展脱贫攻坚成果同乡村振兴有效衔接提供具体的改进方案和行动方向。具体落在亟待改进区的因素有教育、家庭收入、经济发展、精准识别、民生工程、产业扶贫、环境工程，从具体扶贫项目、可操作可实施的角度，应在教育、产业扶贫、环境方面尽快弥补短板，进一步提升农村贫困群体获得感。

（1）促进教育公平，提升贫困群体教育获得感知。精准扶贫政策没有有效提升贫困户教育方面的感知获得，有学者提供的解释是现阶段教育支出存在的结构性不平等与"增长的分化"现象，增大了回报的不确定性。[①] 但结合调研情况，我们认为，主要原因是虽然精准扶贫政策给予了全周期教育资助政策，有效保证了贫困家庭学生接受教育的机会，但是并未有效改善教育不公平现象，尤其是贫困地区教育基础设施和师资等硬件、软件教育条件仍然较差。基于此，必须牢牢把握教育公平这一基本原则，合理配置教育资源，缓解教育资源的城乡差距和地区差距，引导激励优质教师向贫困地区流动，使得贫困家庭学生不光能"上得起学"，更能"上好学"，满足贫困家庭"望子成龙，望女成凤"的美好愿望。

（2）优化产业扶贫，夯实贫困户增收基础。从理论上来讲，产业扶贫是保证贫困户增收的最优渠道，符合市场规律，也能够最大程度地发挥贫困户的主观能动性，实现其个人价值，但是贫困户对其满意度相对不足，且表现出了巨大的差异。经过调研，发现主要存在以下几个问题：一是扶贫产业规模效益

① 李其容，李春萱，胡世亮. 精准扶贫政策主观效果评估——贫困群众"三保障"民生问题严重程度的感知［J］. 人口与发展，2023，29（3）：148－160，136.

不高，可持续性不足，各地扶贫产业同质化现象明显，市场竞争力不足，产业发展风险较高；二是作为扶贫产业的主体——企业参与积极性不高，企业的第一要务是盈利，当产业经济效益不足时便很难吸引其主动参与和持续经营；三是产业扶贫与公益性岗位补贴、社保兜底等政策不同，贫困户增收难度更大，而且经常出现扶强不扶弱的现象，由于人力资本差距，部分贫困户不具备与产业发展相匹配的技术和素质，反而不利于贫困户自身发展。基于此，有必要进一步增加扶贫产业的精准性。一是因地制宜发展特色产业，结合市场需求发展必要产业，增强扶贫产业的市场融入性和竞争力，以可持续发展作为扶贫产业立项的首要指标，保证产业企业的经济效益，以优惠财税政策、财政补贴等方式扶持产业企业发展，以良好充足的金融服务助力扶贫产业发展；二是提升贫困户与扶贫产业的适配性，提升贫困户职业技能培训的精准性，发挥贫困户主观积极性，使"被动培训"转变为"主动学习"，针对贫困户不同的素质和禀赋，提供差异化的素质提升服务，促进贫困户的能力提升和全面发展。

（3）改进生态文明建设，提高贫困群体环境获得感知。生态文明建设，是我国"五位一体"总体布局的重要组成部分，也应是精准扶贫实施过程中不可忽略的指导原则。贫困户环境获得感知不足，说明在精准扶贫实施过程中这一方面存在短板。经济发展与生态环境之间存在着与生俱来的矛盾，在精准扶贫提升贫困户收入、促进贫困地区经济发展的目标指引下，必然也存在着类似的问题，刘张发（2021）发现，集中连片特困地区扶贫政策加剧了环境污染，显著提高了片区县的工业废水排放量。因此，必须以系统性思维总体把握，具体可从以下几个方面入手：一是切实发挥地方政府的主导责任，提高领导干部思想认知和政治站位，贯彻落实新发展理念，杜绝"牺牲环境，发展经济""为了脱贫，放弃环境"的不良理念和短时行为，加强农村生态扶贫的督查力度，促进生态扶贫岗位实质化运行。二是将绿色发展理念深入到扶贫实施全过程，在发展扶贫产业时增加环境影响评估环节，大力发展无污染健康产业，放弃高污染非健康产业，提高产业发展可持续性，推进企业主动公开环保信息，加强利益相关者沟通协调。三是发挥党建引领，强化人居环境整治长效行动。以"党建＋农村环境净化整治"为抓手，持续推动基层党建与农村环境净化整治深度融合。通过发挥党员先锋模范作用，发动村"两委"干部、党员、人大代表、志愿者，以"支部推动、党员带动、党群互动、群众行动"的党建引领模式，带动群众积极参与，持续推动人居环境整治开展。

8.1.2 提升农村贫困户的公平感

根据本书实证研究的结果，公平感在感知获得与农村贫困户之间发挥着重要的正向中介效应，即贫困户认为扶贫过程越公平，精准扶贫政策的获得感效应将得到放大，反之，则会削弱贫困户获得感。因此，在扶贫实践中必须着重提升贫困户公平感，从而达到"事半功倍"的效果。根据量化分析结果，发现贫困户总体公平感不足，精准识别、过程公平、结果公平得分均不高，应从提高扶贫对象识别精准性、提高扶贫过程透明度和提高扶贫资源均衡性三个方面着手，相应提高农村贫困户的机会公平感、程序公平感和结果公平感。

（1）提高对象识别精准性。增强机会公平感。提高扶贫对象识别和准入的精准性，是提升农村贫困户公平感受的首要前提。根据农户实际贫困情况来确定贫困对象，越贫困的对象得到越多的帮扶，不贫困的对象不得到帮扶，这是对象识别的最佳状态，但事实上，这一理想状态无法完全达到。由于贫困对象家计普查所需要的人力物力资金成本过于庞大，不具有操作性，因此我国采取了上层下发指标，由基层统计贫困对象收入，从而确定贫困户的做法。在实际操作中，由于村委等基层机构人力不足，无法做到准确的收入统计，因此又结合了民主评议的方式。这造成了三种精准扶贫对象识别偏差的现象：一是"精英捕获"，地方精英凭借自身优势和对政策的认知，侵占了贫困户的名额，使得本来应该享受政策的贫困户无法得到帮扶；二是基层单位在层级考核和基层维稳压力下，采取"道义填补"、精英分工治理与关系驱动的扶贫策略（董帅鹏，2020），对对象识别制度进行"变通执行"（王中原，2020），导致精准扶贫对象识别产生偏差；三是由于采取下发指标的方式，那么就会存在"规模排斥"现象（左停等，2015），也即基层政府为了控制贫困户规模，将本应该享受帮扶的贫困户排除在外，使其无法成为帮扶对象，从而导致识别偏差。基于此，必须优化精准扶贫对象识别机制，提高精准扶贫对象识别精准度，杜绝"关系户""精英捕获""变通执行"等现象，建立动态识别机制、不定期抽查制度和人民舆论监督机制，提升贫困户在对象识别环节的机会公平感。

（2）提高扶贫程序透明度。增强贫困户过程公平感。在扶贫过程中，扶贫工作干得好坏是一方面，扶贫工作程序是否公开透明也会影响到贫困户的实际获得感。由于扶贫工作者和贫困户之间信息不对称，贫困户无法通过其他的渠道了解扶贫政策实施过程，因此程序透明做得好，贫困户就多一份信任和满意，程序透明做得不好，贫困户就会产生质疑，认为扶贫工作"有猫腻"。调研发现有些扶贫干部由于工作任务非常繁重，工作时间非常紧张，所以就采取了简单的工作方式，也没有及时进行政务公开。有些扶贫干部虽然通过粘贴告示等方式进行政务公开，但只是公开了最后的结果，并没有对政策进行告知和讲解。基于此，有必要建立政策宣讲活动，建立定期讲座、宣讲制度，对每一个扶贫政策的享受条件和申请程序进行细致讲解，使每一个政策的落实都"暴露在阳光下"，提升贫困户过程公平感。

（3）提高扶贫资源均衡性。增强贫困户结果公平感。贫困户通过对自身享受到的扶贫政策和资源与其他人进行对比，是贫困户衡量扶贫政策公平性的直接因素和最后环节，因此必须做到扶贫资源地区之间的均衡和贫困户之间的均衡，避免"厚此薄彼"，做到相同贫困程度地区之间扶贫资金大致均衡，相同贫困程度农户之间扶贫资金大致均衡，相同贫困类型农户享受同等的扶贫政策。有学者发现，由于实施差异化的扶贫政策，加上上级政府在个人利益和地区政绩的驱使下，导致贫困地区之间扶贫资金分配不公平的现象。调研发现，在不同的关系网络下，享受相同扶贫政策的两个贫困户，所享受到的配套措施存在差异，都是产业扶贫对象，一个能够较容易获得小额信贷，另一个则很难。因此，有必要建立包含均衡性指标在内的资金分配评价机制以及针对贫困户个体的资金使用评价机制，来提升扶贫资源的均衡性，提升贫困户结果公平感。

8.1.3　引导农村贫困户合理预期

实证研究结果显示，贫困户期望指标在贫困户感知获得和获得感之间发挥着显著的反向调节效应。也就是，在越高的期望之下，感知获得越难提高贫困户获得感，反之，则贫困户获得感更易提升。因此，有必要引导贫困户合理预期，如果预期过高，则很难使精准扶贫政策获得感效应充分发挥出来，导致精准扶贫政策效果受到削弱，且"尾大不掉"。需树立激发贫困户内生动力、杜绝福利依赖、量力而行不拔高标准等理念，使扶贫减贫实践健康可持续。

（1）扶贫先扶志，激发贫困户内生动力。扶贫先扶志，激发贫困户内生动力，提高其参与积极性，是促进贫困户脱贫和全面发展的首要前提。首先，精准扶贫作为一项项目复杂、内容丰富、形式多样、任务艰巨的系统工程，光靠政府一方的力量是难以完成的，必须寻求多方支持、动员多方力量，政府、市场、社会、贫困户个人多主体必须形成合力，才能发挥巨大能量，推动这项复杂艰巨的任务向前迈进。其次，作为精准扶贫的客体，贫困户自身的意愿和能动性是这项工作获得成功的首要前提，自己不想脱贫、没有意志脱贫，政府投入再多的扶贫资源也无济于事，须杜绝"政府使劲干，贫困户站着看"的现象。最后，激励贫困户自身积极参与，能够使贫困户成就感最大化，能够为实现贫困户个人价值提供良好条件，更是贫困户自身全面发展的不竭动力。因此，需构建共建共治共享治理格局，建立自己越积极，享受帮扶越多的奖励激励机制，加强贫困户思想教育引领，充分调动贫困户的内在脱贫意识，从"要我脱贫"到"我要脱贫"，再到"我能脱贫"，在内源性脱贫进程中自我造血，提升自我技能，促进自我发展，进而在物质和精神层面取得长足进步。

（2）杜绝"大水漫灌"，警惕福利依赖。如果"大水漫灌"，过度投入扶贫资源，不仅会导致扶贫资源的巨大浪费，更会使得贫困户需求越来越高，造成福利依赖和"养懒汉"，这是不可持续的。众多研究表明，不管是扶贫资金投入，还是其他的扶贫项目资源投入，都会出现边际效应递减的情况，这也就意味着，当扶贫资源投入超过临界点后，贫困户的获得感和满意度将"钝化"，此后将需要极大的利益刺激，才能进一步提升其获得感，最后造成扶贫开支的难以持续。另外，"懒汉"思维一旦养成，人会变得懒惰、懈怠，不愿意工作，不愿意奋斗，逐渐失去进取心和创造力，造成无法脱贫，甚至脱贫后快速返贫的恶果。需统筹经济社会发展全局，合理投入扶贫资源，兼顾社会其他人员的收入标准，避免形成新的不公平和"悬崖效应"。

（3）不"拔高标准"，注意需求层次满足顺序。按照马斯洛需求层次理论，人的需求从层次结构上来说，由低到高分别为生理需求、安全需求、社交需求、尊重需求和自我实现需求，从贫困户的原有条件来看，扶贫目的应以满足其生理需求（吃穿）和安全需求（生活环境、住房、医疗）为主，切勿拔高标准，过急过躁，优先保证贫困户基本需求，再培养其满足自身更高层次需求的能力，使其不断实现自我价值，回馈社会。

8.2 乡村振兴和共同富裕背景下农村居民获得感提升路径

2021 年 2 月 25 日，我国脱贫攻坚战取得了全面胜利，这标志着我国精准扶贫阶段顺利结束，并取得了巨大成功。同年的中央一号文件提出全面推进乡村振兴，在推进脱贫攻坚成果有效衔接乡村振兴的同时，加快推进农业现代化。同年，中共中央、国务院发布《关于支持浙江高质量发展建设共同富裕示范区的意见》，明确提出到 2025 年推动高质量发展建设共同富裕示范区取得实质性进展，形成阶段性标志性成果。在绝对贫困已经消除，继而促进乡村振兴和共同富裕的背景下，工作内容和帮扶对象已然发生了转变，工作内容由解决绝对贫困转变为解决相对贫困，帮扶对象由建档立卡贫困户转变为低收入群体，但是不断提高人民获得感是永恒的政策追求。因此，有必要基于精准扶贫政策的经验和启示，为进一步提升农村低收入者乃至整个农村居民群体的获得感提出政策建议。

8.2.1 建立健全相对贫困治理长效机制

虽然绝对贫困已被消除，但是相对贫困尤其是农村相对贫困现象仍会长期存在，当下需建立健全相对贫困治理长效机制，建立有别于"低收入"的相对贫困多维评价机制，并注重相对贫困帮扶对象精准识别机制，提高相对贫困群体的公平感。

（1）建立相对贫困多维评价机制。随着人们对贫困的理解越来越深入，逐渐形成了多维贫困评价而非单维贫困评价的共识，以往包括精准扶贫阶段以经济（收入）型贫困来确定帮扶对象的做法需得到拓展。目前，学界对相对贫困评价的维度主要包括支出贫困、社会贫困、文化贫困、能力贫困、权利贫困等。为了巩固拓展脱贫攻坚成果，有些地方开始了低收入人口的评定和监测工作，主要包括低保对象、特困人员、低保边缘人员、支出型困难人口等群体，但是这种评价方式相当于限定了特定人群，且仍是以收入作为主要衡量指标。当前，需探索建立相对贫困标准，建立以收入、支出、教育、健康、社会融入等多维评价体系，精准识别相对贫困者并施以帮扶。

（2）建立相对贫困对象精准识别机制。根据精准扶贫阶段的经验，帮扶对象精准识别是保证相对贫困群体公平感的首要前提，也是提升相对贫困群体获得感的关键一环。首先，应做好政策宣传与解读，将相对贫困户准入条件和享受待遇公开，保证民众的知晓度，疏通群众诉求表达渠道。其次，采取多种瞄准机制相结合，区域瞄准和个体瞄准并重，结合民主评议、代理家计调查等方式，提高对象瞄准精度，从制度设置上杜绝"关系户""变通执行""精英捕获"等不合理现象。再次，不建议采用直接下发具体指标的方式确定区域相对贫困群体规模，而是建立联席磋商机制，提高基层话语权，以防因为"规模控制"而导致对象瞄准失真。最后，随着互联网、大数据、人工智能技术的发展，有必要也有条件建立大数据监测系统，打通信息壁垒，提高公安部门、税务部门、人社部门、金融部门等机构协同度，通过互联网技术实现家计普查和监测预警。

（3）建立健全相对贫困治理长效机制。建立健全相对贫困治理长效机制，是今后相对贫困治理的必由之路，与以往扶贫阶段包括精准扶贫政策不同，相对贫困是相对概念，是长期存在的，这就决定了相对贫困治理不可能是"运动式""阶段式"的帮扶，一则会带来巨大的管理成本，二则不具有长久持续性。国际上解决相对贫困，普遍采纳了经济增长、人力资本投资、社会保障"三支柱"战略，但是需要根据中国国情进行调适（檀学文，2020）。长效机制构建必然要求将相对贫困治理嵌入若干长期政策之中，根据精准扶贫的经验，可从就业、教育、医疗、社会保障等方面入手，建立相对贫困治理政策体系。建立就业能力和就业促进机制，提高相对贫困群体收入；进一步完善教育资助政策，优化教育资源配置，阻断贫困的代际传递；完善社会保障制度，建立低收入家庭生活负担减免制度，增加专项救助资金投入，以医疗救助制度解决医疗支出贫困，以教育救助制度解决教育支出贫困，完善住房保障制度，提高保障性住房供给水平。

8.2.2　促进农民持续增收

实证研究结果显示，生活水平、收入的提高是影响贫困户获得感最重要的因素，在新发展背景下，持续提高农民收入，是提升农村相对贫困群体乃至农村居民获得感的首要手段。当前，城乡收入差距仍然是发展不平衡的主要表现，农民人均可支配收入虽然显著提升，但城乡收入差距却仍在持续扩大（黄延信，2023）。在城乡二元结构下，城乡收入差距是我国长期存在的问题，有必要从提高农民经营性收入、工资性收入、财产性收入和转移性收入全方位入手，逐步提高农民整体收入。

（1）增加农民经营性收入。在加大农村投入的基础上提升农业收入，是增加农民经营性收入的主要方式。在我国工业化时期，一直采用"农业补贴工业"的政策，以较低的农产品价格来扶持工业发展，导致农民收入增长受到限制，当前有必要放开农产品价格限制，以市场化方式提高农民收入。在经营理念上，应创新农产品加工走精走深，拓展农村产业链条，提高农产品的附加值。优化农村产业结构，开展一二三产业融合发展，结合当地自然和人文资源，发展特色种养、特色农业、特色文化、特色旅游相结合等，以此来提高农民经营性收入。

（2）增加农民工资性收入。农民工资性收入来源是产业、企业，渠道是就业，因此提高农民工资性收入首先就应该扶持产业、企业发展，要创造有利于民营企业家创业的制度环境，完善对企业家的产权保护制度，对绿色健康可持续、符合人民利益的产业、企业进行政策扶持，提供优惠的财税政策，在土地、人才、技术、金融各方面提供支持。其次，提高农民就业技能培训质量，提高农民人力资本投入，提高农民劳动参与能力，使农民就业能力与企业发展需求相匹配。最后，完善劳动力市场匹配机制，发挥政府主导作用，通过建立劳动力市场信息系统，使企业用工需求与农民就业需求精准匹配，破除信息不对称导致的"用工荒""就业难"。以此提高农民工资性收入。

（3）增加农民财产性收入。推动农村产权制度改革，加快农村集体土地所有权、集体土地使用权、土地承包经营权和房屋所有权确权登记，推动农村产权的流转，赋予农民更多财产权利。以市场化改革为导向，深化农村集体产权制度改革，推动资源变资产、资金变股金、农民变股东。与此同时，还需进一步推进农村产权体制机制创新，在防止集体资产变私产，保障农民权益、确保农民群众成为改革参与者、推动者、主导者和受益者，不断增加农民的财产性收入。

（4）增加农民转移性收入。农民转移性收入主要是来自各级财政的补贴，一是应该提高农产品的价格补贴，在当前农产品收购价格较低的基础上，通过加大农产品价格补贴力度大幅增加农产品实际价格，使其达到甚至高于实际市场交易价格。二是提高农村养老金待遇标准，现下农民到手养老金一个月只有一两百元（各省标准有所差异），无法支撑农村老人的日常生活，需要拓宽农村养老金资金来源，优化财政投入结构，增加各级政府对养老保险的财政补贴标准。以此增加农民转移性收入。

8.2.3 加快城乡融合发展

城乡融合发展是促进城乡公平、促进乡村振兴的关键一招，党的十九大作出建立健全城乡融合发展体制机制和政策体系的重大决策部署，重点解决城乡要素流动不顺畅、公共资源配置不合理等问题，需主要从加快城乡要素流动、推动城乡公共服务资源合理配置、促进农村产业发展三个方面入手，加快城乡融合发展进程。

（1）加快城乡要素流动。加快户籍制度改革，全面放宽城市落户条件，完善配套政策，促进有能力在城镇稳定就业生活的农村人口在城市举家落户[1]。健全农业转移人口市民化机制，使在城市就业、安居的农村人口能够享受到与城市居民相等的公共服务资源，提升城市包容性，推动农民工特别是新生代农民工融入城市。建立城市人才入乡激励机制，制定财政、金融、社会保障等激励政策，吸引各类人才返乡入乡创业，鼓励原籍普通高校和职业院校毕业生、外出农民工及经商人员回乡创业兴业。同时，深化农村金融体制改革，在加快城乡资产、要素双向流动广度和深度的进程中，促进城乡劳动力、资本、技术、土地等要素的相互流动[2]。

---

①② 高泽敏. 促进城乡要素双向流动［N］. 河南日报，2019-03-29.

（2）推动城乡公共服务资源合理配置。强化跨地区基本公共服务统筹合作，加快建立医疗卫生、劳动就业等基本公共服务跨城乡跨地区流转衔接制度，促进各级公共服务资源有效整合①。优化教育资源合理配置，推动优质教育资源城乡共享。优化医疗资源合理配置，促进分级诊疗，改善农村医疗条件，推进县域医共体建设，提高农村医疗技术水平和医疗服务供给质量。完善城乡统一的社会保障制度，完善统一的城乡居民基本医疗保险、大病保险和基本养老保险制度，巩固医保全国异地就医联网直接结算。建立完善城乡居民基本养老保险待遇确定和基础养老金正常调整机制。做好社会保险关系转移接续工作，建立以国家政务服务平台为统一入口的社会保险公共服务平台。构建多层次农村养老保障体系，创新多元化照料服务模式。

（3）促进城乡基础设施一体化发展。建立城乡基础设施一体化规划机制。以市县域为整体，统筹规划城乡基础设施，统筹布局道路、供水、供电、信息、广播电视、防洪和垃圾污水处理等设施。统筹规划重要市政公用设施，推动向城市郊区乡村和规模较大中心镇延伸。推动城乡路网一体规划设计，畅通城乡交通运输连接，加快实现县乡村（户）道路联通、城乡道路客运一体化，完善道路安全防范措施。健全分级分类投入机制，对乡村道路、水利、渡口、公交和邮政等公益性强、经济性差的设施，建设投入以政府为主；对乡村供水、垃圾污水处理和农贸市场等有一定经济收益的设施，政府应加大投入力度，积极引入社会资本，并引导农民投入；对乡村供电、电信和物流等经营性为主的设施，建设投入以企业为主。

8.2.4　切实解决农民民生难题

提高公共服务水平，切实解决农民民生难题，提高农民民生获得感是提升农民获得感的重要路径。相比于城市居民，农村居民主要的民生难题集中于教育、医疗、养老领域，增强教育、医疗、养老服务供给水平，提高服务质量，是解决农民民生难题的主要方式。

（1）切实解决农村教育难题。农村教育难题主要表现在农村教育设施滞

---

① 高泽敏. 促进城乡要素双向流动［N］. 河南日报，2019 - 03 - 29.

后和优质教师缺乏。教师队伍存在整体素质不高、人员结构不合理的问题，同时，家长"望子成龙"的需求强烈，导致有些农村家庭不得不向城市转移，但是一方面面临入学难的问题，另一方面将带来巨大的成本，生活压力剧增。因此，最主要的方法就是要吸引优质教师向农村流动，首要的就是解决农村教师工资待遇相对较差的问题，必须通过财政的资源配置功能，强化农村教育经费，提高农村教师工资待遇。但是，由于农村公共服务和基础设施条件相对较差，就算是提高待遇也不见得能够吸引优质教师，因此必须提高农村教师培训质量，探索建立地方化、本土化的教师培训体系和制度。此外，随着互联网的快速推广，互联网教育也得到了快速发展，有必要提高农村数字化水平，消除农村家庭尤其是贫困家庭的"数字鸿沟"，使其能够接受来自互联网的优质教育资源。

（2）切实解决农村医疗难题。"看病难""看病贵"是古今中外都面临的难题，与城市地区不同，城市地区尤其是东部经济发达地区基本解决了"看病难"的问题，主要是"看病贵"的问题，而农村地区面临"看病难""看病贵"同时存在的难题。一方面，优质医疗资源向城市地区、东部地区集聚，虽然农村地区医药资源可及性得到了保障，但是农村地区的医疗服务质量和医疗技术与城市地区存在相当大的差距，因此农村居民不得不到城市、经济发达地区就医，以此享受到更好的医疗服务，导致大规模人群涌向城市大医院，导致了排队难、看病难问题。另一方面，医疗服务供方改革和医疗保险支付方式改革不到位，医药费用的过快增长未能得到有效遏制，导致在医保基金支出逐年增长的同时，患者尤其是重大疾病患者的负担并未同步下降。同时，由于在城市就医尤其是需要住院的情况下，患者及陪护家人必须在城市住宿、吃饭、坐车，带来了巨大的陪护成本。因此带来严重的"看病贵"问题。针对这些问题，一是要加快推进"三医协同"改革，二是要进一步推进医疗保险支付方式改革，三是建立健全医保待遇保障政策，以满足人民日益增长的基本的、合理的医疗服务需求（张仲芳和刘星，2020）。

（3）切实解决农村养老难题。随着城镇化不断加快，农村出现了明显的老龄化、"空心化"现象。根据第七次全国人口普查数据，农村60岁人口的比重为7.99%，65岁以上的比重为17.72%，相比城镇，分别高出了7.99个、

6.61 个百分点。同时，空巢老人、留守老人居多，农村的养老问题相比于城市更加突出。农村由于经济基础薄弱，资金投入不足，养老机构缺乏，养老服务供给资源明显不足。在当前家庭结构规模不断缩小的情况下，传统的家庭养老服务能力不断降低，尤其是年轻人在外打工的家庭，家庭养老服务已经"名存实亡"。因此，必须增加社会化养老服务，提高机构养老服务、社区居家养老服务数量和质量。为了达到这个目标，最主要的路径是构建多主体参与机制。发挥政府主导作用，提高农村养老资金投入，完善农村养老基础设施建设，提高敬老院养老服务水平。发挥社区引领作用，大力推动"颐养之家"等社区公益性养老机构建设，创新农村互助养老模式，通过"时间银行"等形式发挥年轻老人的参与主动性。发挥市场的重要作用，通过财政补贴和政策供给，吸引社会资本进入，加强农村养老服务机构建设，使用市场化的手段高效供给养老服务。

8.2.5　构建共建共治共享的基层治理格局

在乡村振兴和共同富裕建设中，需引领农村居民、贫困群体的合理预期，杜绝"养懒汉"现象，摒弃"吃大锅饭""平均主义"思想，充分发挥农村居民的主观能动性，引导农村居民积极参与，构建共建共治共享的基层治理格局，才能充分提高农民获得感。应提高农村居民尤其是贫困群体的可行能力，打造利益诉求平台，加强思想文化引领。

（1）提高贫困群体的可行能力。阿马蒂亚·森的贫困理论在学界广泛流传，该理论主要分为两个大的方面：一个是从能力理论出发，另一个则是从权利理论出发。从这个角度来说，相对贫困者往往是失去了可行能力，而使自己在经济社会中处于弱势，因此必须从提高其可行能力出发，让其具有自我发展、自我提高的能力。因此，应重视农村人力资本投资，增强农村教育、医疗、公共物品投入，提高农村居民尤其是相对贫困群体的受教育水平和健康程度，加强农民职业技能培训，提高其农业知识储备和非农就业能力。

（2）建立利益诉求表达机制。阿马蒂亚·森从权利的角度出发，阐述了人们某些权利的丧失和被剥夺也是导致贫困的根本所在。基于此，乡村振兴实施过程中，必须注重农民尤其是相对贫困群体的利益表达，通过与社区、市场主体、政府的沟通、磋商和协调，实现个人利益追求。提高农民尤其是相对贫困群体的话语权和谈判能力，能够充分保障其基本权利和人格尊严，例如，提高农民在农产品市场的议价能力，能够促进农产品价格市场化，从而提高农民的收入。

（3）加强思想文化引领。不管是绝对贫困还是相对贫困，其治理必须依赖于贫困者的正向思想观念和主动参与，因此必须加强思想文化引领，拒绝"等靠要"，树立"美好生活不是等来的，而是干出来的"思想信念。在精准扶贫过程中，我国提出了"扶志＋扶智"理念，提出"扶贫先扶志""扶贫先扶智"。"扶智"即是提高贫困户教育水平，"扶志"则是培育主体意识，推动从资源型脱贫向内生性发展转化，从依附性脱贫向自主型振兴转化。因此，培养主体意识仍然是巩固脱贫攻坚成果、实施乡村振兴战略的重要前提。为此，应进一步加强农村居民的思想文化引领。其一，发挥基层党建引领作用，做好乡村党建工作，发挥乡村基层党组织的堡垒作用，引领乡风文明，做好国家政策的宣传解读，走好群众路线，尊重农民，了解农民诉求，树立贫困者的自信心和积极性。其二，传播推广中华民族传统文化，中华优秀传统文化是提升民族凝聚力和自信心的瑰宝，要弘扬勤劳致富、勤俭持家、积极进取的传统美德，注重家风文明建设，从根本上发力，"破穷风""拔穷根"。其三，将主体意识嵌入农村下一代教育，在学习知识的同时，使其树立远大理想，制定远大目标，将自身发展与国家民族的发展融为一体，追求个人价值的实现，彻底阻断贫困的代际传递渠道。

第9章

结论与研究展望

本章主要就本书的发现进行进一步讨论和分析，据此概括出本书的研究结论和可能的贡献，最后提出本书存在的局限和对下一步研究方向的设想。

9.1　研究结论与贡献

本书以农村精准扶贫为背景，开展了农村贫困户获得感的测度研究，以促进精准扶贫、精准脱贫，实现贫困地区可持续发展和贫困人口获得感持续提升为目标，基于理论分析和实证研究，构建了农村贫困户获得感指数模型，并进行了信度和效度检验。考虑到我国已经取得了脱贫攻坚的伟大胜利，当前处于巩固拓展脱贫攻坚成果同乡村振兴有效衔接的关键阶段，因此本书研究还开展了相关案例的探究，并基于后扶贫时代思考乡村振兴和共同富裕背景下提高农村居民获得感的对策探讨，相关研究的结论对贫困治理和乡村振兴都大有裨益。

9.1.1　研究结论

本书的选题有两个意图：其一，基于新时代背景下，亟须开展提高人民获得感尤其是增强农村居民获得感的相关理论测度和实践研究。获得感作为政策评估的新概念，理论应用和实践测度还远远不够，结合具体领域和对象，获得感的内容、层次、类型和提升途径都不完全相同，因此开展贫困户获得感的测度研究必要而关键。其二，国内外经典顾客满意度、相对剥夺感和主观幸福感等研究虽然积累了大量成果，但对获得感的研究不能简单照搬，需要在参考借鉴的基础上进行探索和创新。也正是基于这两方面的考虑，本书希冀能够在这方面为改善贫困治理和提升贫困户获得感提供一些理论和方法上的改进策略和建议。

从上述两个研究意图出发，本书在相关理论研究的基础上，以我国多地农村贫困户为具体实证研究对象，通过问卷调查，运用统计分析软件，对农村贫困户获得感影响因素进行了探讨，建立了获得感指数模型，得出以下主要结论。

（1）感知获得是一个多维度组成的构念。本书首先从理论驱动的方式初步确定感知获得（需求满足）的维度，然后通过结构式访谈、专家访谈等资料收集方法和技术，获得和筛选感知获得的初步量表。并通过信度与效度分析及探索性因子分析确定初步的测量问卷。在理论驱动、经验总结和数据驱动相结合的方式上，初步发现感知获得的三个维度。在随后的验证性因子分析中，验证了感知获得是一个三维度组成的构念，分别是经济获得、民生获得和政治获得。这比较契合我国精准扶贫背景下农村贫困户需求满足下的获得感特征和内涵。

（2）感知获得、公平感知、贫困户期望均是贫困户获得感的重要影响因素，是获得感的前置变量。其中，感知获得（需求满足）是影响贫困户获得感的至为关键之因素。贫困户获得感的总体方差被解释量达到78.2%，说明除此之外，可能还有一些本书之外的影响因素。

（3）公平感和获得感是感知获得影响行为意图（政府信任）的中介环节。感知获得对政府信任行为的影响都是通过贫困户获得感这个环节起作用。实证研究也表明，在对政府信任的总体效应中，获得感的贡献最大。这与多数有关的研究是一致的。

（4）在对现有主流顾客满意度指数模型和国内相关获得感测度研究的基础上，提出了一个新的适合我国精准扶贫特征要求的农村贫困户获得感指数模型，对概念模型进行了内在结构效度和整体拟合效度的检验，模型对正式调查的数据拟合良好。

（5）利用结构方程模型中各变量之间的路径系数对本书中的各项研究假

设进行了检验，结果表明各项研究假设均得到了支持。

（6）通过实证研究和案例研究，本书归纳出精准扶贫视野下农村贫困户获得感提升的方式，即"感知获得的需求满足——获得感"，这和需求层次理论相呼应。

9.1.2　管理启示

本书通过农村贫困户获得感指数模型研究和需求满足视野下提升贫困户获得感的案例研究，并以调查获得的大样本进行实证分析检验模型的适配度，验证了研究假设，在管理中也具有很好的启示和借鉴作用。

（1）要加强建立政策需求对接机制，关注贫困户期望和需求。特别是要关注贫困户的民生需求，注重扶贫需求响应对接，满足贫困户对美好生活的向往，并适度管理价值期望，关注贫困居民的期望并进行适当的引导和调控，打消其不合理的幻想，消除贫困户"等靠要"思想，将"扶贫"与"扶智"和"扶志"有效结合起来。

（2）要夯实农村贫困户实际所得，关注感知获得的三大因素。要持续提升贫困户减贫脱贫能力，改善其生活收入状况；要加快改善农村基础设施和基本公共服务，突出民生保障；要着力创新扶贫开发工作机制，推进贫困治理创新；要扎实推进精准扶贫项目工程和资金使用精准，提高政府质量和服务水平，增强农村贫困户的获得感。

（3）要持续消除贫困户的不公平感，关注不公平感的危害性。要强化社会公平建设，提升贫困户识别的"精准性"，防止贫困户识别"漏出"，从机会公平、程序公平和结果公平等方面让贫困户能感受到公平正义。

（4）增强贫困户对党和政府的信任，关注群众对政府的信任。要持续改进产业扶贫和项目扶贫方式，防止资源配置"内卷化"和"精英房获"；要优化精准扶贫考核方式，防止"假脱贫""被脱贫"与"数字脱贫"；要严厉整治扶贫领域的各类腐败，加强对基层干部的监督；要积极构建大扶贫治理格局，消除"碎片化"现象，减少相对剥夺感和社会排斥。

（5）提高贫困户获得感的关键在于要让贫困居民有实际收获。根据国内外满意度研究文献可知，感知获得（需求满足）对获得感具有主导作用，这也是获得感形成机理的重要途径。具体来说，政府需要在提高农村居民收入状况，发展和改善民生事业，提高政府质量和服务水平，在反贫困的治理机制和措施上齐抓共管，不断提高扶贫开发机制和减贫政策绩效，才能提高贫困居民获得感，增强政府信任度和公信力。

（6）注重提升获得感的优先策略，掌握获得感改进优先次序。根据重要性—获得感矩阵的分析，本书研究得出了贫困户获得感改进的优先顺序，在经济发展、家庭收入、教育、环境、民生工程、精准识别、产业扶贫等方面要特别优先发力，持续改进，才能更好地增强农村贫困居民获得感。

9.1.3　研究贡献

本书的研究拓展了精准扶贫的贫困户获得感评价视野，深化了农村贫困户感知获得的维度认知，丰富了获得感理论框架，促进了评估学的深入研究。本书在探讨了农村贫困户获得感的感知获得维度和获得感的传导机制及其相关测度理论和方法，得到一些研究结论。

（1）得到了贫困户感知获得量表。随着对获得感的研究深入，从定性研究为主，转向定性研究和定量研究相结合，客观上要求感知获得量表的产生。本书通过理论和实证研究，构建了一个适合我国精准扶贫精准考核需要的感知获得测量量表，得到了经济获得、民生获得和政治获得3个维度。本书所做的工作可以为后续研究打下良好基础。

（2）检验了期望不一致理论在获得感测度中运用的可行性。以往学者的研究，在运用期望不一致理论，主要是在经典的顾客满意度研究中。本书则进一步大胆地借鉴运用于获得感指数模型构建中，解析了获得感的影响因素和传导机理。

（3）提出和验证了农村贫困户获得感指数模型。自从获得感一词提出以来，我国获得感测度的理论较为滞后于实践需要，一个很重要的原因是由于缺乏理论模型和可操作化的技术指导。尽管本书提出的农村贫困户获得感指数模型还需要更多地实证研究检验，但它具有一定的借鉴和推广价值，有较好的外部效度。

（4）提出了基于重要性—获得感矩阵的提升策略。通过解析贫困户获得感知的各个指标进行重要性—获得感矩阵分析，可以得到获得感提升优先计划和具体实施方案，为贫困治理实践提供决策参考。

9.2 研究展望

9.2.1 研究局限

本书对农村贫困户获得感指数模型构建和验证方面进行了实证研究，得到了一些结论，但也存在以下局限性。

（1）本书开发和检验的感知获得量表，虽然作了探索和验证分析，但仍然需要在今后的研究中不断修正完善，并通过扩大研究范围等实证研究来检验量表的适用性。

（2）模型构建时或许会遗漏了某些重要变量，如就业满意、贫困户参与等。因此，这些未纳入的变量是否会影响，在多大程度上影响贫困户获得感不得而知，这就需要在今后进一步加以研究。

（3）抽样范围不够广，样本规模也不够大。由于时间、人力、经费成本等因素的限制，本书开展了调查和实证分析，样本选择上具有一定的局限性，因而结论的广泛适用性值得进一步验证。

（4）毕竟由于本书获得感指数分值不高，样本量可能受疫情等多方面因素影响，因此在某种程度上有损研究的外部效度。

（5）案例研究部分选取的案例时间上都是 2017 年前后的，主要是精准扶贫背景下的案例，相应的 2019 年前后的案例缺乏，还有就是 2020 年后的巩固拓展脱贫攻坚成果同乡村振兴有效衔接取得成功的案例没有提供，这也是本书的缺憾和不足。

9.2.2 研究展望

在本书的基础上，我们下一步将主要就以下几个方面继续进行深入。

（1）扩大研究对象选取范围，进行跨地域研究。未来研究可以把本书的理论模型应用到乡村振兴和相对贫困治理等领域，通过模型对获得感指数模型适用性检验，分析它们之间的差异。进一步扩大样本，提高理论模型的普适性，拓展研究结论的应用范围，从而为概念模型提供更加充分的数据支持。

（2）根据感知获得和需求满足因素及其获得感测度实践和相关理论研究进展，对获得感指数模型进行修正，进一步改进各结构变量的量表，以对相关概念进行更为准确可靠的测量。

（3）本书的研究模型中没有包括群众参与、就业满意度等变量。未来的研究可以根据需要来调整，进一步丰富和拓展获得感指数模型的研究。

（4）进一步加强获得感测度的社会学分析，并进一步考虑将人口统计学因素纳入获得感测度的理论框架，并为评估实践提供理论指导和决策参考。

（5）将获得感测度结果与扶贫绩效的客观统计指标进行相关分析，验证测评的效度，改进贫困治理绩效评估的外部评估模式，促进外部评估科学化水平的提高。

（6）进一步加强田野调查和案例研究，对巩固拓展脱贫攻坚成果同乡村振兴有效衔接以及全面乡村振兴促进共同富裕的鲜活案例加强调研和提炼，讲好中国贫困治理、实现中国式现代化的故事，提炼好做法好经验，把文章写在祖国大地上。

附　录

精准扶贫政策下农村贫困户的获得感调查问卷（2019）

您好！我们是江西财经大学财税与公共管理学院的研究人员，目前正在进行国家社科基金课题研究。为了准确了解精准扶贫政策实施效果以及贫困户的获得感，希望您能抽空接受我们的访问。

本调查仅作为学术研究之用，答题选项没有对错之分，只要您按照自己的真实想法填答或选择即可。对于您所填的信息，我们将严格保密。非常感谢您的支持！

江西财经大学财税与公共管理学院

_____省（自治区）_____县（市）_____乡（镇）_____村_____组

第一部分　背景信息

A1. 性别（　　）①男　②女

A2. 年龄_____周岁

A3. 民族_____

A4. 政治面貌（　　）①中共党员　②共青团员　③民主党派　④无党派　⑤群众

A5. 您的受教育程度（　　）①文盲或半文盲　②小学　③初中 ④高中

或中职 ⑤大专及以上

A6. 您的婚姻状况（　　）①已婚　②未婚　③丧偶　④离婚

A7. 您的家庭人数有 _____ 人，其中 60 周岁以上的老人 _____ 人，未成年子女 _____ 人

A8. 您的身体情况（　　）①健康　②一般　③重度残疾　④轻度残疾 ⑤大病重病　⑥慢性病　⑦体弱

A9. 您是否丧失劳动能力（　　　）

①否　　②是 ————→ 丧失劳动力程度为：（　　　）

①部分丧失劳动能力 ②大部分丧失劳动能力③完全丧失劳动能力

A10. 您的家庭年人均收入（　　）①2995 元及以下 ②2996 ~ 5000 元 ③ 5001 ~ 10000 元 ④10001 ~ 20000 元 ⑤20000 元及以上

第二部分　贫困户获得感调查问卷

1. 经济获得

No	测量项目	从低到高 1 = 完全否定 10 = 完全肯定
B1	我家现在吃的食物能得到满足（不愁吃）	1 2 3 4 5 6 7 8 9 10
B2	我家现在穿的衣服能得到满足（不愁穿）	1 2 3 4 5 6 7 8 9 10
B3	我对目前国家经济发展状况感到满足（经济发展）	1 2 3 4 5 6 7 8 9 10
B4	我对家里的生活收入状况总体感到满足（经济获得感）	1 2 3 4 5 6 7 8 9 10

2. 民生获得

No	测量项目	从低到高 1 = 完全否定 10 = 完全肯定
B5	我觉得村里的孩子现在都"有书读"（教育）	1 2 3 4 5 6 7 8 9 10
B6	您觉得现在家里人都能"看得起病"（医疗）	1 2 3 4 5 6 7 8 9 10
B7	我觉得现在住的房子能满足居住需求（住房）	1 2 3 4 5 6 7 8 9 10
B8	我觉得现在交通出行变得方便了（交通）	1 2 3 4 5 6 7 8 9 10

续表

No	测量项目	从低到高 1 = 完全否定 10 = 完全肯定
B9	我觉得现在周边生活环境变好了（环境）	1 2 3 4 5 6 7 8 9 10
B10	我觉得现在政府民生工程抓得好（民生获得感）	1 2 3 4 5 6 7 8 9 10

3. 政治获得

No	测量项目	从低到高 1 = 完全否定 10 = 完全肯定
B11	我对身边贫困户评选工作感到满意（精准识别）	1 2 3 4 5 6 7 8 9 10
B12	我对政府帮扶的产业扶贫感到满意（产业扶贫）	1 2 3 4 5 6 7 8 9 10
B13	我对政府组织的技能培训感到满意（技能培训）	1 2 3 4 5 6 7 8 9 10
B14	我对扶贫开发资金的使用感到满意（资金使用）	1 2 3 4 5 6 7 8 9 10
B15	我对扶贫开发的工作效率感到满意（工作效率）	1 2 3 4 5 6 7 8 9 10
B16	我对政府扶贫的驻村干部感到满意（驻村干部）	1 2 3 4 5 6 7 8 9 10
B17	我对精准扶贫的政府质量感到满意（政治获得感）	1 2 3 4 5 6 7 8 9 10

4. 公平感

No	测量项目	从低到高 1 = 完全否定 10 = 完全肯定
C1	我觉得精准扶贫的过程都是透明公开的（过程公平）	1 2 3 4 5 6 7 8 9 10
C2	我觉得每个贫困户获得的帮扶都差不多（结果公平）	1 2 3 4 5 6 7 8 9 10
C3	总体来看我觉得精准扶贫是公平公正的（总体公平）	1 2 3 4 5 6 7 8 9 10

5. 贫困户期望

No	测量项目	从低到高 1 = 完全否定 10 = 完全肯定
D1	我期待精准扶贫能让生活水平得到提高（收入提高期望）	1 2 3 4 5 6 7 8 9 10

续表

No	测量项目	从低到高 1 = 完全否定 10 = 完全肯定
D2	我期待精准扶贫能让民生福祉得到改善（民生改善期望）	1 2 3 4 5 6 7 8 9 10
D3	我期待精准扶贫能让政府质量得到提升（政府质量期望）	1 2 3 4 5 6 7 8 9 10

6. 贫困户获得感

No	测量项目	从低到高 1 = 完全否定 10 = 完全肯定
E1	跟过去相比，我觉得家庭经济状况变好了（纵向获得感）	1 2 3 4 5 6 7 8 9 10
E2	与预期相比，我觉得民生改善更有保障了（比较获得感）	1 2 3 4 5 6 7 8 9 10
E3	与别人相比，我觉得也有满足感和幸福感（横向获得感）	1 2 3 4 5 6 7 8 9 10
E4	总体来看，我觉得能从精准扶贫中获得收益（总体获得感）	1 2 3 4 5 6 7 8 9 10

7. 政府信任

No	测量项目	从低到高 1 = 完全否定 10 = 完全肯定
F1	我相信精准扶贫始终是以人民为中心（政府宗旨）	1 2 3 4 5 6 7 8 9 10
F2	我相信群众的诉求会得到政府的回应（政府回应）	1 2 3 4 5 6 7 8 9 10
F3	如有需要我会支持配合政府各项工作（支持政府）	1 2 3 4 5 6 7 8 9 10

问卷到此结束，再次感谢您的支持，祝您身体健康，家庭幸福！

参考文献

［1］马克思恩格斯选集：第一卷［M］．北京：人民出版社，2012.

［2］习近平谈治国理政［M］．北京：外文出版社，2017.

［3］［美］斯塔弗尔比姆，等．评估模型［M］．苏锦丽，等译．北京：北京大学出版社，2007.

［4］［美］彼得·布劳．社会生活中的交换与权力［M］．李国强，译．北京：商务印书馆，2008.

［5］［美］菲利普·科特勒．营销管理［M］．梅汝和，等译，北京：中国人民大学出版社，2001.

［6］［美］马克·詹金斯．以顾客为中心的战略——从战略的高度对顾客进行思考［M］．施昌奎，译，北京：经济管理出版社，2001.

［7］Dail L. Fields．工作评价：组织诊断与研究实用量表［M］．阳志平，等译．北京：中国轻工业出版社，2004.

［8］［印度］阿马蒂亚·森．贫困与饥荒［M］．商务印书馆，2001.

［9］杜鑫，等．精准扶贫精准脱贫百村调研．店子村卷：乌蒙山去贫困村的企业扶贫案例［M］．北京：社会科学文献出版社，2020.

［10］黄芳铭．结构方程模式：理论与应用［M］．北京：中国税务出版社，2002.

［11］何兰萍，傅利平，等．公共服务供给与居民获得感［M］．北京：中国社会科学出版社，2019.

［12］贺雪峰．乡村治理的社会基础［M］．北京：生活·读书·新知三联书店，2020.

[13] 胡兵．中国农村基层治理研究［M］．上海：华东理工大学出版社，2016.

[14] 李怀祖．管理研究方法论（第二版）［M］．西安：西安交通大学出版社，2004.

[15] 谭旭运．获得感——一种社会心理分析［M］．北京：社会科学文献出版社，2020.

[16] 杨道田．公民满意度指数模型研究［M］．北京：经济管理出版社，2011.

[17] 阳义南．结构方程模型及 stata 应用［M］．北京：北京大学出版社，2021.

[18] 凌经球，等．精准脱贫研究：基于滇桂黔石漠化片区贫困农户可持续生计策略优化的视角［M］．北京：研究出版社，2021.

[19] 刘晓峰．荃镇干部：行动逻辑与规制之道［M］．北京：中国社会科学出版社，2019.

[20] ［美］罗伯特·K. 默顿．社会理论和社会结构［M］．唐少杰，齐心，译，北京：译林出版社，2006.

[21] 邱皓政．结构方程模式：LISREL 的理论、技术与应用［M］．台北：双叶书廊有限公司 2003.

[22] 王铭铭．社会人类学与中国研究［M］．广西：广西师范大学出版社，2005.

[23] 张丽君，等．中国少数民族地区精准扶贫案例集 2019［M］．北京：中国经济出版社，2020.

[24] 卓越．公共部门绩效评估［M］．北京：中国人民大学出版社，2004.

[25] 刘新燕．顾客满意度指数模型研究［M］．北京：中国财政经济出版社，2004.

[26] 陈晓萍，徐淑英，樊景立．组织与管理研究的实证方法［M］．北京：北京大学出版社，2008.

[27] 唐钧．在参与与共享中让人民有更多获得感［J］．人民论坛·学术

前沿，2017，5（2）．

［28］白描．扶贫政策对农民主观福祉的影响分析［J］．兰州大学学报（社会科学版），2018，46（5）．

［29］戴艳清，戴柏清．中国公共数字文化服务平台用户体验评价：以国家数字文化网为例［J］．图书情报知识，2019（5）．

［30］樊红敏，王新星．地方政府疫情防控行为如何影响居民获得感？——基于公众满意度的实证调查［J］．河南师范大学学报（哲学社会科学版），2022，49（5）．

［31］何林．新基建背景下的图书馆发展动能与服务升级［J］．图书与情报，2020（5）．

［32］康来云．获得感：人民幸福的核心坐标［J］．学习论坛，2016，32（12）．

［33］梁土坤．环境因素、政策效应与低收入家庭经济获得感——基于2016年全国低收入家庭经济调查数据的实证分析［J］．现代经济探讨，2018（9）．

［34］钱力，倪修凤．贫困人口扶贫政策获得感评价与提升路径研究——以马斯洛需求层次理论为视角［J］．人文地理，2020，35（6）．

［35］孙计领．收入不平等、分配公平感与幸福［J］．经济学家，2016（1）．

［36］孙远太．城市居民社会地位对其获得感的影响分析——基于6省市的调查［J］．调研世界，2015（9）．

［37］谭旭运，董洪杰，张跃，王俊秀．获得感的概念内涵、结构及其对生活满意度的影响［J］．社会学研究，2020（5）．

［38］王浦劬，季程远．我国经济发展不平衡与社会稳定之间矛盾的化解机制分析——基于人民纵向获得感的诠释［J］．政治学研究，2019（1）．

［39］谢刚，苗红娜．社区公共参与何以增促居民的公共服务获得感？［J］．公共行政评论，2023，16（2）．

［40］邢敏慧，张航．家庭资本、政治信任与教育扶贫政策满意度——基于全国31个省240个村庄的实证分析［J］．四川师范大学学报（社会科学

版），2019，46（4）．

[41] 阳义南．民生公共服务的国民"获得感"：测量与解析——基于 MIMIC 模型的经验证据 [J]．公共行政评论，2018，11（5）．

[42] 易爱军，崔红志．影响农民对精准扶贫政策成效评价的因素分析——兼论农村的扶贫现状 [J]．兰州大学学报（社会科学版），2018，46（4）．

[43] 张航，邢敏慧．脱贫能力、内生动力与教育扶贫政策满意度研究 [J]．教育与经济，2020，36（3）．

[44] 赵守盈，臧运洪，陈维，等．教师工作生活质量问卷的编制 [J]．心理科学，2010，33（3）．

[45] 李晔，龙立荣．组织公平感对人力资源管理的启示 [J]．外国经济管理，2003（2）．

[46] 白秀银，康健．以基本公共服务均等化增强民族地区群众获得感 [J]．人民论坛·学术前沿，2020（17）．

[47] 鲍磊．"获得感"及其概念周边——兼论其政策意涵 [J]．社科纵横，2019，34（7）．

[48] 本刊评论员．决胜脱贫攻坚擦亮"人民至上"鲜明底色 [J]．中国纪检监察，2020（20）．

[49] 蔡立辉．西方国家政府绩效评估的理念及其启示 [J]．清华大学学报（哲学社会科学版），2003（1）．

[50] 曹现强，李烁．获得感的时代内涵与国外经验借鉴 [J]．人民论坛·学术前沿，2017（2）．

[51] 曹艳春．农村低保制度对贫困群体生活水平改善效应研究 [J]．中国人口科学，2016，（6）．

[52] 陈爱雪，刘艳．层次分析法的我国精准扶贫实施绩效评价研究 [J]．华侨大学学报（哲学社会科学版），2017（1）．

[53] 陈成文，吴军民．从"内卷化"困境看精准扶贫资源配置的政策调整 [J]．甘肃社会科学，2017（2）．

[54] 陈飞，苏章杰．城镇移民的幸福损失——基于期望水平理论的新解

释［J］．经济学动态，2020（9）．

［55］陈刚，李树．政府如何能够让人幸福？——政府质量影响居民幸福感的实证研究［J］．管理世界，2012（8）．

［56］陈昊，陈建伟，马超．助力健康中国：精准扶贫是否提高了医疗服务利用水平［J］．世界经济，2020，43（12）．

［57］陈喜强，姚芳芳，马双．区域一体化政策、要素流动与居民获得感提升——基于政策文本的量化分析［J］．经济理论与经济管理，2022，42（6）．

［58］陈向明．扎根理论在中国教育研究中的运用探索［J］．北京大学教育评论，2015，13（1）．

［59］陈尧．社会转型期政治信任结构的变化［J］．中国浦东干部学院学报，2009，3（4）．

［60］陈永进，张攀．精准扶贫效益对政府公信力的影响——基于CGSS2015 和 CSS2019 数据的实证研究［J］．湖北民族大学学报（哲学社会科学版），2021，39（4）．

［61］戴从容．网络空间"人民获得感"的生成理路［J］．哈尔滨学院学报，2021，42（9）．

［62］戴艳清，戴柏清．中国公共数字文化服务平台用户体验评价：以国家数字文化网为例［J］．图书情报知识，2019（5）．

［63］戴艳清，孙一鹤．公共数字文化服务获得感：内涵、评价体系与提升策略［J］．图书馆学研究，2022（3）．

［64］董帅鹏．关系嵌入与精准偏离：基层扶贫治理策略及影响机制研究［J］．中国农村观察，2020（4）．

［65］董瑛．"获得感"：习近平正风反腐的新理念新实践［J］．中共浙江省委党校学报，2017，33（1）．

［66］杜永红．大数据背景下精准扶贫绩效评估研究［J］．求实，2018（2）．

［67］樊红敏，王新星．地方政府疫情防控行为如何影响居民获得感？——基于公众满意度的实证调查［J］．河南师范大学学报（哲学社会科学版），2022，49（5）．

［68］风笑天．个案的力量：论个案研究的方法论意义及其应用［J］．社会科学，2022（5）．

［69］冯帅帅，罗教讲．中国居民获得感影响因素研究——基于经济激励、国家供给与个体特质的视角［J］．贵州师范大学学报（社会科学版），2018（3）．

［70］傅樵．居民收入与宏观经济因素影响的动态关系分析［J］．统计与决策，2014（21）．

［71］高学德，翟学伟．政府信任的城乡比较［J］．社会学研究，2013（2）．

［72］龚文君，周健宇．社会保障核心价值理念再思考——基于社会学视角的社会公平理论分析［J］．当代经济管理，2012，34（6）．

［73］国务院发展研究中心"中国民生调查"课题组，张军扩，叶兴庆，葛延风等．中国民生调查2018综合研究报告——新时代的民生保障［J］．管理世界，2018，34（11）．

［74］何林．新基建背景下的图书馆发展动能与服务升级［J］．图书与情报，2020（5）．

［75］洪业应．包容性发展：一种新时代农村脱贫人口获得感的尝试性阐释［J］．西昌学院学报（社会科学版），2021，33（1）．

［76］胡洪曙，武锶芪．基于获得感提升的基本公共服务供给结构优化研究［J］．财贸经济，2019，40（12）．

［77］胡小勇，李静，芦学璋，等．社会阶层的心理学研究：社会认知视角［J］．心理科学，2014，37（6）．

［78］黄承伟．论习近平新时代中国特色社会主义扶贫思想［J］．南京农业大学学报（社会科学版），2018，18（3）．

［79］黄薇，祝伟．精准帮扶政策的多维评估：基于G省B市扶贫实践的经验分析［J］．管理世界，2021，37（10）．

［80］黄延信．实现农民收入可持续增长［J］．农业经济与管理，2023（1）．

［81］黄艳敏，张文娟，赵娟霞．实际获得、公平认知与居民获得感

[J]. 现代经济探讨, 2018 (11).

[82] 姬生翔, 姜流. 社会地位、政府角色认知与公共服务满意度——基于 CGSS2013 的结构方程分析 [J]. 软科学, 2017, 31 (1).

[83] 季程远, 胡悦. 经济发展与纵向获得感——基于全球面板数据的分析 [J]. 公共行政评论, 2022, 15 (2).

[84] 季程远. 再分配改革与获得感: 以免征农业税改革为例 [J]. 经济社会体制比较, 2021 (5).

[85] 贾洪波, 周心怡. 城乡居民基本养老保险对参保者获得感的影响——基于 CSS2019 数据的准实验研究 [J]. 北京航空航天大学学报 (社会科学版), 2023, 36 (3).

[86] 蒋永穆. 建设现代化经济体系必须坚持的基本取向 [J]. 马克思主义研究, 2017 (12).

[87] 康慧, 张晓林. 农村居民收入质量对生活满意度的影响 [J]. 经济问题, 2019 (4).

[88] 李聪, 刘若鸿, 许晏君. 易地扶贫搬迁、生计资本与农户收入不平等: 来自陕南的证据 [J]. 农业技术经济, 2019 (7).

[89] 李东平, 田北海. 民生获得感、政府信任与城乡居民选举参与行为——基于川、鲁、粤三省调查数据的实证分析 [J]. 学习与实践, 2021 (9).

[90] 李锋. 新时代人民获得感再提升与民生政策调适 [J]. 云南社会科学, 2018 (4).

[91] 李景源. 习近平的群众观 [J]. 中共福建省委党校学报, 2016 (10).

[92] 李明月, 陈凯. 精准扶贫对提升农户生计的效果评价 [J]. 华南农业大学学报 (社会科学版), 2020, 19 (1).

[93] 李萍. 民营企业家安全感、获得感和主观幸福感的现状与提升路径——基于浙江省民营企业家的调查 [J]. 广西社会主义学院学报, 2021, 32 (1).

[94] 李强. 改革开放 30 年来中国社会分层结构的变迁 [J]. 北京社会科学, 2008 (5).

[95] 李其容, 李春萱, 胡世亮. 精准扶贫政策主观效果评估——贫困群

众"三保障"民生问题严重程度的感知 [J]. 人口与发展, 2023, 29 (3).

[96] 李涛, 陶明浩, 张竞. 精准扶贫中的人民获得感: 基于广西民族地区的实证研究 [J]. 管理学刊, 2019, 32 (1).

[97] 李燕. "互联网 + 政务服务"公民获得感: 理论内涵与测量维度 [J]. 探索, 2021 (4).

[98] 李玉水, 韩雅清. 资本禀赋、社会公平与医疗卫生服务获得感研究——基于 CGSS2013 的实证分析 [J]. 武汉商学院学报, 2021, 35 (2).

[99] 梁土坤. 环境因素、政策效应与低收入家庭经济获得感——基于 2016 年全国低收入家庭经济调查数据的实证分析 [J]. 现代经济探讨, 2018 (9).

[100] 廖福崇. 公共服务质量与公民获得感——基于 CFPS 面板数据的统计分析 [J]. 重庆社会科学, 2020 (2).

[101] 廖桂蓉. 教育期望与贫困陷阱: 对藏区牧民持续贫困的一种解释 [J]. 西南民族大学学报 (人文社会科学版), 2014, 35 (6).

[102] 林文曼. 海南农村精准扶贫项目绩效评估实证研究 [J]. 中国农业资源与区划, 2017, 38 (4).

[103] 刘澹远, 陈始发. 公共性扶贫资源配置对农村贫困人口获得感的影响——基于贵州省国定贫困县的实证研究 [J]. 经济地理, 2020, 40 (9).

[104] 刘武, 刘钊, 孙宇. 公共服务顾客满意度测评的结构方程模型方法 [J]. 科技与管理, 2009, 11 (4).

[105] 刘轩, 马海韵. 农业转移人口城市基本公共服务获得感的测度及影响机制——基于长三角41个设区市调查数据的多水平分析 [J]. 苏州大学学报 (哲学社会科学版), 2023, 44 (2).

[106] 刘裕, 王璇. 贫困地区贫困人口对精准扶贫满意度及影响因素实证研究 [J]. 经济问题, 2018 (8).

[107] 刘昀献. 当代中国的政治信任及其培育 [J]. 中国浦东干部学院学报, 2009, 3 (4).

[108] 卢晖临, 李雪. 如何走出个案——从个案研究到扩展个案研究 [J]. 中国社会科学, 2007 (1).

［109］路锦非．社会救助中的民众获得感、幸福感、安全感研究——基于上海浦东新区的实证调查［J］．社会科学辑刊，2022（3）．

［110］［英］罗兰·彭诺克．政治发展、政治体系和政治产品［J］．世界政治，1996（18）．

［111］罗叶，贺晓英，宁满秀．新型农村社会养老保险制度对农村老人经济获得感的影响［J］．湖南农业大学学报（社会科学版），2021，22（1）．

［112］马磊，刘欣．中国城市居民的分配公平感研究［J］．社会学研究，2010（5）．

［113］马媛，孔龙．甘肃省精准扶贫绩效评价及对策研究［J］．云南农业大学学报（社会科学），2017，11（4）．

［114］马振清，刘隆．获得感、幸福感、安全感的深层逻辑联系［J］．国家治理，2017（44）．

［115］孟天广．转型期中国公众的分配公平感：结果公平与机会公平［J］．社会，2012（6）．

［116］穆怀中，范洪敏．收入不平等认可影响机制：社会结构地位与流动性预期［J］．广东财经大学学报，2015，30（1）．

［117］宋凤轩，孙颖鹿．我国财政精准扶贫的问题与优化路径［J］．甘肃社会科学，2019（6）．

［118］孙冰清．精准扶贫实践中"精英俘获"现象及其治理［J］．领导科学，2018（35）．

［119］孙明．市场转型与民众的分配公平观［J］．社会学研究，2009（3）．

［120］郇秀军，高爱香．贫困地区生态移民的搬迁意愿与搬迁后的生计重建焦虑：移民期望达成的中介作用［J］．老区建设，2018（22）．

［121］谭旭运．获得感与美好生活需要的关系研究［J］．江苏社会科学，2021（3）．

［122］檀学文．走向共同富裕的解决相对贫困思路研究［J］．中国农村经济，2020（6）．

［123］唐任伍．习近平精准扶贫思想研究［J］．人民论坛·学术前沿，

2017（23）.

　　[124] 田旭明.“让人民群众有更多获得感”的理论意涵与现实意蕴[J].马克思主义研究，2018（4）.

　　[125] 汪三贵，郭子豪.论中国的精准扶贫[J].贵州社会科学，2015（5）.

　　[126] 汪三贵，胡骏.从生存到发展：新中国七十年反贫困的实践[J].农业经济问题，2020，40（2）.

　　[127] 汪三贵.中国40年大规模减贫：推动力量与制度基础[J].中国人民大学学报，2018，32（6）.

　　[128] 王介勇，陈玉福.我国精准扶贫政策及其创新路径研究[J].中国科学院院刊，2016，31（3）.

　　[129] 王立勇，许明.中国精准扶贫政策的减贫效应研究：来自准自然实验的经验证据[J].统计研究，2019，36（12）.

　　[130] 王林雪，殷雪.精准扶贫视角下教育扶贫绩效评价体系构建[J].统计与决策，2019，35（3）.

　　[131] 王宁.代表性还是典型性？——个案的属性与个案研究方法的逻辑基础[J].社会学研究，2002（5）.

　　[132] 王思斌.整合制度体系保障人民可持续的获得感[J].行政管理改革，2018（3）.

　　[133] 王小林.建立贫困退出机制确保贫困人口稳定脱贫[J].中国财政，2016（12）.

　　[134] 王亚茹.民生保障获得感、社会公平感对政府信任的影响研究[J].湖北社会科学，2020（4）.

　　[135] 王喆，管佩霞，刘玉洁，等.农村居民获得感影响路径的实证分析——基于山东三地的调查[J].湖北农业科学，2021，60（15）.

　　[136] 王志兴，李铁治.顾客满意理论综述[J].商场现代化，2009（23）.

　　[137] 乌德亚·瓦格尔，刘亚秋.贫困再思考：定义和衡量[J].国际社会科学杂志（中文版），2019，36（3）.

[138] 吴继霞，何雯静．扎根理论的方法论意涵、建构与融合［J］．苏州大学学报（教育科学版），2019，7（1）．

[139] 吴建南，庄秋爽．"自下而上"评价政府绩效探索："公民评议政府"的得失分析［J］．理论与改革，2004（5）．

[140] 吴毅．何以个案为何叙述——对经典农村研究方法质疑的反思［J］．探索与争鸣，2007，210（4）．

[141] 夏海军，范明英．精准扶贫战略思想是中国特色反贫困理论最新成果［J］．江淮论坛，2018（5）．

[142] 夏敏，张毅实际获得与主观获得感——基于社会公平感知对公共服务的调节作用［J］．甘肃理论学刊，2020（6）．

[143] 肖唐镖，王欣．"民心"何以得或失——影响农民政治信任的因素分析：五省（市）60 村调查（1999~2008）［J］．中国农村观察，2011（6）．

[144] 谢刚，苗红娜．社区公共参与何以增促居民的公共服务获得感？［J］．公共行政评论，2023，16（2）．

[145] 谢珍萍．中华文化情境下青年美好生活获得感的构成及影响因素研究［J］．新疆社会科学，2021（04）：132–141，170．

[146] 辛超丽．乡村振兴背景下提升农民获得感的路径探析——基于马克思主义幸福观视角［J］．贵州社会科学，2021（4）．

[147] 辛秀芹．民众获得感"钝化"的成因分析——以马斯洛需求层次理论为视角［J］．中共青岛市委党校．青岛行政学院学报，2016（4）．

[148] 邢占军，张燕．党政领导干部心理工作环境与主观幸福感关系初步研究［J］．南京社会科学，2010，268（2）．

[149] 徐灿，高洪波．精准扶贫政策效应评价——基于双重差分法的实证［J］．统计与决策，2021，37（5）．

[150] 徐延辉，李志滨．社会质量与城市居民的获得感研究［J］．南开学报（哲学社会科学版），2021（4）．

[151] 许彩玲．中国共产党百年农村反贫困：历程、经验与展望［J］．当代经济研究，2021（11）．

[152] 许汉泽，李小云．精准扶贫：理论基础、实践困境与路径选择——

基于云南两大贫困县的调研［J］. 探索与争鸣，2018，（2）.

［153］薛恒. 社会主义国家人民主权的实践探索［J］. 唯实，2000（6）.

［154］阳义南. 获得感、公平度与国民幸福感提升——基于 CGSS 微观调查数据的分析［J］. 社会科学辑刊，2022（3）.

［155］杨三，康健，祝小宁. 基本公共服务主观绩效对地方政府信任的影响机理——公众参与的中介作用与获得感的调节效应［J］. 软科学，2022，36（9）.

［156］杨希. 精准视角下扶贫项目绩效评估研究［J］. 金融经济，2017（4）.

［157］杨照，张正尧. 产业精准扶贫评价体系构建及研究——基于 14 个贫困县的调查［J］. 中国农业资源与区划，2018，39（3）.

［158］杨振之，潘金玉. 民族村寨旅游地游客相对剥夺感的生成与应对——以西江苗寨为例［J］. 民族学刊，2022，13（11）.

［159］叶敏，彭妍. “央强地弱”政治信任结构的解析［J］. 甘肃行政学院学报，2010（3）.

［160］叶胥，谢迟，毛中根. 中国居民民生获得感与民生满意度：测度及差异分析［J］. 数量经济技术经济研究，2018，35（10）.

［161］尹志超，郭沛瑶. 精准扶贫政策效果评估——家庭消费视角下的实证研究［J］. 管理世界，2021，37（4）.

［162］应星. 评村民自治研究的新取向——以《选举事件与村庄政治》为例［J］. 社会学研究，2005（1）.

［163］于文轩. 中国公共行政学案例研究：问题与挑战［J］. 中国行政管理，2020（6）.

［164］［英］约翰·奈特，［中］宋丽娜，［斯］拉曼尼·古纳提拉卡，等. 中国农村的主观幸福感及其决定因素［J］. 国外理论动态，2014（6）.

［165］张玫，霍增辉. 农户主观获得感测度及影响因素研究——以浙江省 16 个村为例［J］. 地域研究与开发，2022，41（6）.

［166］张念萍，豆均林. 服务型企业导入 CS 战略的基本程序——服务型企业 CS 战略研究之一［J］. 经济与社会发展，2004（4）.

［167］张琦，杨增崧．习近平扶贫开发战略思想的理论品格［J］．人民论坛，2018（4）．

［168］张全红，周强．精准扶贫政策效果评估——收入、消费、生活改善和外出务工［J］．统计研究，2019，36（10）．

［169］张书维，王二平，周洁．跨情境下集群行为的动因机制［J］．心理学报，2012，44（4）．

［170］张伟宾，汪三贵．扶贫政策、收入分配与中国农村减贫［J］．农业经济问题，2013，34（2）．

［171］张英，龙安娜．民族村镇旅游精准扶贫实证分析——以湘西州德夯、芙蓉镇、老洞、惹巴拉四村为例［J］．中南民族大学学报（人文社会科学版），2019，39（3）．

［172］张正，金丽馥．获得感研究述评与展望——基于2015—2020年文献CiteSpace可视化分析［J］．江苏大学学报（社会科学版），2021，23（5）．

［173］郑建君，马璇，刘丝嘉．公共服务参与会增加个体的获得感吗［J］．公共行政评论，2022，15（2）．

［174］郑建君．政治信任、社会公正与政治参与的关系——一项基于625名中国被试的实证分析［J］．政治学研究，2013（6）．

［175］郑建君．中国公民美好生活感知的测量与现状［J］．政治学研究，2020（6）．

［176］周海涛，张墨涵，罗炜．我国民办高校学生获得感的调查与分析［J］．高等教育研究，2016，37（9）．

［177］周强．精准扶贫政策的减贫绩效与收入分配效应研究［J］．中国农村经济，2021（5）．

［178］周绍杰，胡鞍钢．理解经济发展与社会进步：基于国民幸福的视角［J］．中国软科学，2012（1）．

［179］周雪娇，崔江龙，吕静．阶层定位、社会公平感对居民幸福感的影响［J］．人口与社会，2021，37（2）．

［180］周志忍．公共组织绩效评估：英国的实践及其对我们的启示［J］．新视野，1995（5）．

[181] 朱晓阳. 罪过与惩罚：小村故事 [M]. 天津：天津古籍出版社，2002.

[182] 卓越，杨道田. 基于战略的公共部门绩效评估模式构建 [J]. 天津行政学院学报，2008 (4).

[183] 卓越. 试论公共管理学科体系的构架基石 [J]. 新视野，2005 (3).

[184] 左停，杨雨鑫，钟玲. 精准扶贫：技术靶向、理论解析和现实挑战 [J]. 贵州社会科学，2015 (8).

[185] 本报评论员. 新发展阶段是我国社会主义发展进程中的一个重要阶段 [N]. 人民日报，2021 - 01 - 13 (001).

[186] 半月评论. "扶贫深处是赋权" [N]. http：//www. xinhuanet. com/politics/2015 - 06/14/c_127913626. htm.

[187] 本刊评论员. 人民至上造福人民 [N]. 光明日报，2020 - 05 - 23 (002).

[188] 习近平. 在第十三届全国人民代表大会第一次会议上的讲话 [N]. 人民日报，2018 - 03 - 21 (002).

[189] 杨灿明. 中国共产党反贫困理论的创新 [N]. 学习时报，2021 - 10 - 25 (02).

[190] 在全国脱贫攻坚总结表彰大会上的讲话，新华社，2021 年 2 月 25 日，https：//www. gov. cn/xinwen/2021 - 02/25/content_5588869. htm.

[191] Barry G. The happy worker：An analysis of educational and occupational differences in determinants of job satisfaction [J]. American Journal of Sociology，1980，86 (2)：247 - 271.

[192] Bhattacherjee A. Understanding information systems continuance：An expectation-confirmation model [J]. Mis Quarterly，2001，25 (3)：351 - 370.

[193] Fischer J A. The welfare effects of social mobility：An analysis for OECD countries. [J]. MPRA Paper，2009 (1)：1 - 78.

[194] Fontinha R，Van Laar D，Easton S. Quality of working life of academics and researchers in the UK：The roles of contract type，tenure and university

ranking [J]. Studies in Higher Education, 2016, 43 (4): 786 – 806.

[195] Gallo L C, Matthews K A. Understanding the association between socioe-conomic status and physical health: Do negative emotions play a role? [J]. Psycho-logical Bulletin, 2003, 129 (1): 10 – 51.

[196] Maslow A H. A theory of human motivation [J]. Psychological Review, 1943, 50 (4): 30 – 37.

[197] Miller, A H. Political issues and trust in government: 1964 – 1970 [J]. American Political Science Review, 1974, 68 (3).

[198] Nunnally J C. Psychometric theory (2nd ed.) [M]. New York: McGraw-Hill, 1978: 245.

[199] Easterlin, Richard A, L Angelescu, and J S Zweig. The impact of mod-ern economic growth on urban-rural differences in subjective well-being. [J]. World Development, 2011, 39 (12): 2187 – 2198.

[200] Alkire S, Roche, José Manuel, Vaz A. Changes over time in multidi-mensional poverty: Methodology and results for 34 countries [J]. World Develop-ment, 2017, 94: 232 – 249.

[201] Amos T, Daniel K. The framing of decisions and the psychology of choice [J]. Science, 1981, 211 (4481): 453 – 458.

[202] Anderson, Eugene W, C Fornell, and S K Mazvancheryl. Customer sat-isfaction and shareholder value [J]. Journal of Marketing, 2004, 68 (4): 172 – 185.

[203] Bech, and Per. Subjective positive well-being [J]. World Psychiatry Of-ficial Journal of the World Psychiatric Association, 2012, 11 (2): 105 – 106.

[204] Bill Clinton, Vice President, A. Gore. Report of the national perform-ance review [R]. New York: Washington D. C, 1994, 5: 16.

[205] Biswas-Diener, Robert, and E Diener. The subjective well-being of the homeless, and lessons for happiness [J]. Social Indicators Research, 2006, 76 (2): 185 – 205.

[206] Blandón, Elmer Zelaya, Källestål, et al. Breaking the cycles of poverty:

Strategies, achievements, and lessons learned in Los Cuatro Santos, Nicaragua, 1990 – 2014 [J]. Global Health Action, 2017, 10 (1): 1272884.

[207] Cardozo, R N. An experimental study of consumer effort-expectations and satisfaction [R]. 1965.

[208] Crosby, Faye J. A model of egoistic relative deprivation [J]. Psychological Review, 1976, 83 (2): 85 – 113.

[209] Curhan, Katherine B, et al. Subjective and objective hierarchies and their relations to psychological well-being: A U. S. /Japan Comparison [J]. Social Psychological and Personality Science, 2014, 5 (8): 855 – 864.

[210] Curr, John, and C Lee. The coal viewer and engine builder's practical companion [R]. 1970.

[211] D Perrotta, Michael Burawoy. The extended case method [J]. Etnografia E Ricerca Qualitativa, 2011.

[212] David Blanchflower. Well-being over time in Britain and the USA [J]. Journal of Public Economics, 2000, 88 (7): 1359 – 1386.

[213] Diener, E. Subjective well-being [J]. Psychological Bulletin, 1984, 95 (3): 542 – 575.

[214] Diener, Ed, C N Scollon, and R E Lucas. The evolving concept of subjective well-being [R]. 2015.

[215] Elmer Zelaya Blandón, Carina Källestål, Rodolfo Peña, et al. A theory of social comparison processes [J]. Human Relations, 1954, 7 (2), 117 – 140.

[216] Galasso E, Ravallion M. Decentralized targeting of an antipoverty program [J]. Journal of Public Economics, 2005, 89 (4): 705 – 727.

[217] Grebenik E. Poverty and progress: A second special survey of York [R]. 1942.

[218] Hero, Rodney E, and Roger Durand. Evaluations of urban services: A comparison of some alternative models [J]. Urban Affairs Quarterly, 1985, 20 (3): 344 – 354.

[219] Hwang, Kim, and M A Tomiuk. Latent growth curve modeling of the re-

lationships among revenue, loyalty, and customer satisfaction by generalized structured component analysis [J]. Asia Pacific Advances in Consumer Research, 2005.

[220] Joseph Hair F Jr, Rolph E Anderson, Ronald L Tathan, and William C Black. Multivariate data analysis [M]. Upper Saddle River, NJ: Prentice Hall, 1998: 449.

[221] Kahneman D, Deaton A. High income improves evaluation of life but not emotional well-being [J]. Proceedings of the National Academy of Sciences of the United States of America, 2010, 107 (38): 16489 – 16493.

[222] Kahneman, Daniel, and A B Krueger. Developments in the measurement of subjective weil-being [J]. Journal of Economic Perspectives, 2006, 20 (1): 3 – 24.

[223] Kao G, Tienda M. Educational aspirations of minority youth [J]. American Journal of Education, 1998, 106 (3): 349 – 384.

[224] Kawakami, Kerry, and K L Dion. The impact of salient self-identities on relative deprivation and action intentions [J]. European Journal of Social Psychology, 2010, 23 (5): 525 – 540.

[225] Khan A K, Samina Quratulain. The mediating role of discrete emotions in the relationship between injustice and counterproductive work behaviors: A study in Pakistan [J]. Journal of Business & Psychology, 2013, 28 (1): 49 – 61.

[226] Lee, Alvin Y. The impact of leisure-sport facility design on customer satisfaction [J]. Theses Doctorates & Masters, 2003.

[227] Li L J. Political trust in rural china [J]. Modern China, 2004 (30): 228 – 258.

[228] Moore, Dahlia. Relative deprivation, entitlement, and perceptions of fairness [J]. Isaconf, 2014.

[229] Nettle, Daniel. Socio-economic status and subjective well-being [J]. Breast Cancer in Women of African Descent, 2005.

[230] Nguyen H T M, Kompas T, Breusch T, et al. Language, mixed communes, and infrastructure: Sources of inequality and ethnic minorities in Vietnam

[J]. World Development, 2017, 96 (8): 145 - 162.

[231] Oliver Richard. Effect of expectation and disconfirmation on postexposure product evaluations: An alternative interpreta-tion [J]. Journal of Applied Psychology, 1977, 62 (4): 480 - 486.

[232] Oliver, Richard L, and G Linda. Effect of satisfaction and its antecedents on consumer preference and intention [J]. Advances in Consumer Research, 1981, 8 (1): 88 - 93.

[233] Osborne, Danny, Y J Huo, and H J Smith. Organizational respect dampens the impact of group-based relative deprivation on willingness to protest pay cuts [J]. British Journal of Social Psychology, 2015.

[234] Pettigrew, Thomas F, et al. Relative deprivation and intergroup prejudice [J]. Journal of Social Issues, 2008, 64 (2): 385 - 401.

[235] Runciman, W G. Relative deprivation & social justice: Study attitudes social inequality in 20th century England [R]. 1966.

[236] Saich, Arie. Community disaster: Implication for management midwest [J]. Review of Public Administration, 2010, 12 (4): 71 - 279.

[237] Salti, Nisreen. Relative deprivation and mortality in South Africa [J]. Social Science Medicine, 2010, 70 (5): 720 - 728.

[238] Schneider S M, Jürgen Schupp. Individual differences in social comparison and its consequences for life satisfaction: Introducing a short scale of the Iowa-Netherlands comparison orientation measure [J]. Social Indicators Research, 2014, 115 (2), 767 - 789.

[239] Smith H J, Pettigrew T F, Pippin G M, et al. Relative deprivation: A theoretical and meta-analytic review [J]. Pers Soc Psychol Rev, 2012.

[240] Stouffer, Samuel Andrew. The American soldier [M]. Regan Books, 1949.

[241] Subramanyam, Malavika, et al. Relative deprivation in income and self-rated health in the United States [J]. Social Science Medicine, 2009, 69 (3): 327 - 334.

［242］Taylor, Marylee C. Relative deprivation：Fraternal deprivation, collective threat, and racial resentment ［J］. Perspective on White Racism, 2001.

［243］Todo Y, Takahashi R. Impact of farmer field schools on agricultural income and skills：Evidence from an aid-funded project in Rural Ethiopia ［J］. Working Papers, 2011, 25（3）：362－381.